U0924016

世界名山·华夏祖脉·文明标识·中央水塔

中国秦岭旅游年鉴

China Qinling Tourism Yearbook

（2022）

让世界爱上中国秦岭

陕西西北旅游文化研究院　编

西安地图出版社

图书在版编目（C I P）数据

中国秦岭旅游年鉴 . 2022 / 陕西西北旅游文化研究院编 . -- 西安 : 西安地图出版社 , 2022.9
ISBN 978-7-5556-0823-3

Ⅰ . ①中… Ⅱ . ①陕… Ⅲ . ①秦岭－旅游业发展－2022 －年鉴 Ⅳ . ① F592.741-54

中国版本图书馆 CIP 数据核字 (2022) 第 170690 号

著作人及著作方式：陕西西北旅游文化研究院　编

责任编辑：陈菊菊

书　　名 中国秦岭旅游年鉴（2022）
ZHONGGUO QINLING LÜYOU NIANJIAN(2022)

出版发行：西安地图出版社
地址邮编：西安市友谊东路 334 号　710054
印　　刷：西安奇良海德印刷有限公司
开　　本：889mm×1194mm　1/16
印　　张：14.5
字　　数：380 千字
版　　次：2022 年 9 月第 1 版　2022 年 9 月第 1 次印刷
书　　号：ISBN 978-7-5556-0823-3
审 图 号：GS（2021）5302 号
定　　价：298.00 元

秦岭和合南北、泽被天下，是我国的中央水塔，是中华民族的祖脉和中华文化的重要象征。保护好秦岭生态环境，对确保中华民族长盛不衰、实现“两个一百年”奋斗目标、实现可持续发展具有十分重大而深远的意义。

——习近平

云涌秦岭 陈宏伟／摄

中国秦岭旅游区域范围图
图 例
比例尺1：4 490 000
省级行政中心
地级行政中心
县级行政中心
自治州 盟行政公署驻地
省级界
地级界
县级界
河流及湖泊、水库
秦岭区域范围线
审图号：GS（2021）5302 号
兰州市
天水市
宝鸡市
西安市
咸阳市
渭南市
商洛市
陇南市
汉中市
安康市
广元市
巴中市
达州市
南充市
遂宁市
广安市
绵阳市
资阳市
定西市
平凉市
庆阳市
固原市
铜川市
甘 肃 省
陕 西 省
四 川 省
重 庆 市
宁夏回族自治区
临夏回族自治州
甘南藏族自治州
阿坝藏族羌族自治州
恩施土家族苗族自治州

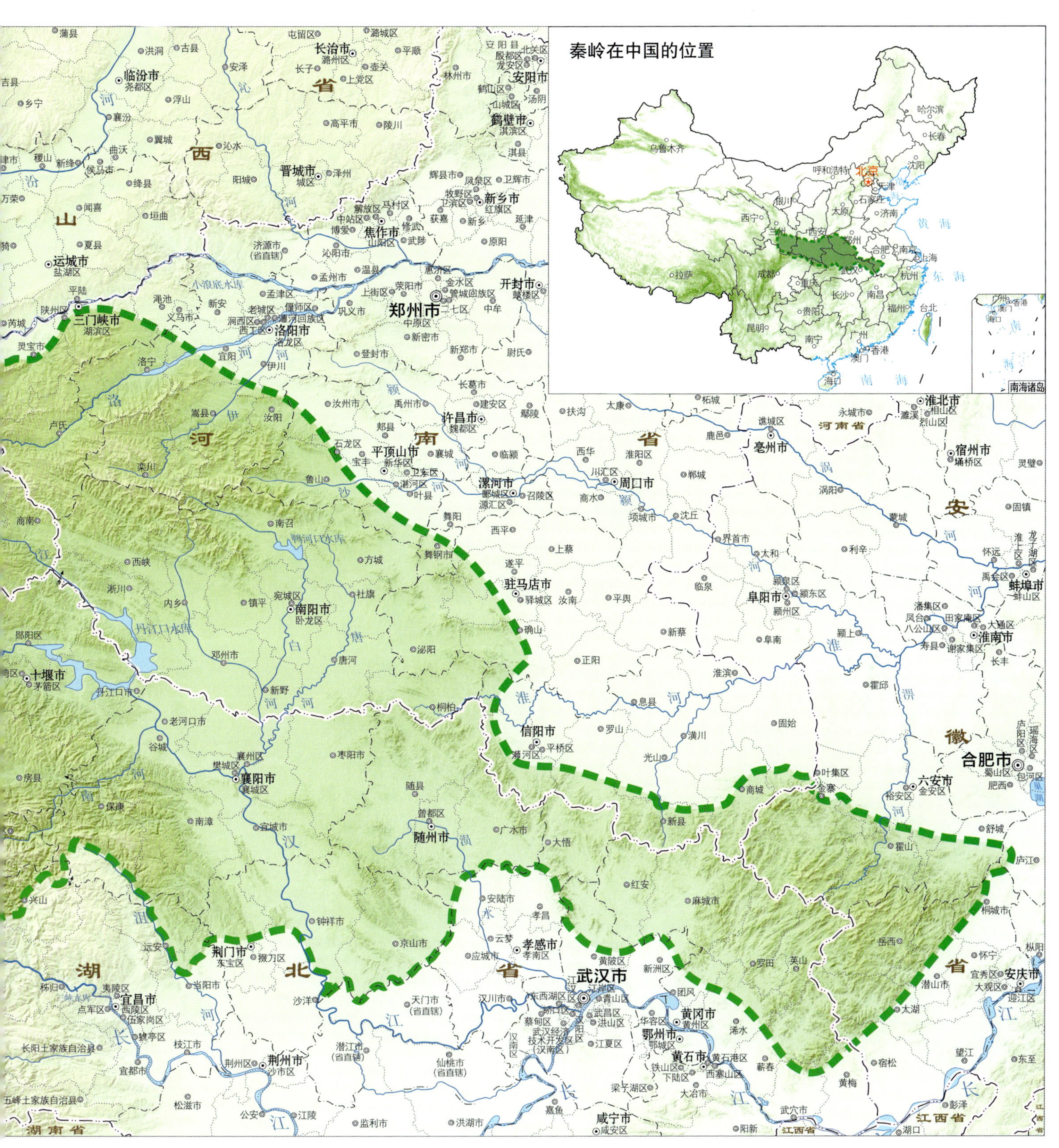
秦岭在中国的位置
河南省
湖北省
安徽省
山西省
郑州市
武汉市
合肥市
洛阳市
南阳市
襄阳市
信阳市
十堰市
南海诸岛

《中国秦岭旅游年鉴》编纂委员会

陕西太白山旅游区管委会／供图

《中国秦岭旅游年鉴（2022）》编辑部

总　编　辑　　王晓民

编辑部主任　　杨新波

副　主　任　　韩小武

主　　　编　　占　方

执行主编　　杨　妙

责任编辑　　陈菊菊

编　　　辑　　王耀辉　张振琪　潘显福　李欣甜

版式设计　　杨　帆

首席摄影　　陈宏伟

数字技术　　西安通软软件科技有限公司

联动支持　　大秦岭文化旅游合作联盟

策　　　划　　陕西西北旅游文化研究院

出　　　版　　西安地图出版社

总序

PREFACE

巍巍大秦岭横亘在中国大陆中部，东西横跨甘肃、陕西、四川、重庆、湖北、河南、安徽6省1市，是我国长江、黄河两大水系的分水岭，中国南北地理分界线。秦岭不仅是世界名山、中华祖脉、中华圣山、中央水塔、中华民族“父亲山”和中华文化重要象征，还是中国乃至亚洲生物基因库、中国大陆自然生态重要屏障，更是承载着底蕴深厚的中国历史文化、丰富多彩的自然与人文景观、妙趣天成的地质地理奇观，是资源丰富、业态多样、中国鲜有、世界罕见的旅游大观园。

关于这座历经数十亿年沧海桑田变迁巨大山系的历史身世，古往今来众多文献多有记载。秦岭是中华民族的古老家园，是中华民族发展壮大的亲历者和见证者，也是中国传统文化的孕育者和缔造者。莽莽秦岭不仅用它逶迤苍茫的身躯养育了中华大地万千生灵，也让古老的中华民族生生不息，巍然屹立于世界民族之林。

▲ 巍巍秦岭　陈宏伟 / 摄

秦岭被称为中华祖脉、中华圣山，这不仅因为它是中华文明曙光升起的地方，也不仅因为它以巍峨的身躯养育了周、秦、汉、唐的绝代风华，更由于它挺立于中国大陆腹地，对中国内陆自然地理产生了重大而深远的影响。巍巍大秦岭从青藏高原东缘起步，蜿蜒东进，用它宽广的山体抵挡了南下的寒风，遮蔽了北上的潮湿。因此，“秦岭—淮河”一线是中国南北地理、气候的天然分界线和长江、黄河两大水系的分水岭。秦岭以南为“南方”，属长江水系，冬季气温 0℃以上，年平均降雨量为 800 毫米以上，土壤多酸性，属我国稻作农业区，居民以稻米为主食，河流多被称为“江”；秦岭以北为“北方”，属黄河水系，冬季气温 0℃以下，年平均降雨量为 800 毫米以下，土壤富钙质，属旱作农业区，农作物以小麦和玉米为主，饮食以面食为主，水流多被称为“河”。由于秦岭，中华大地山川起伏、万物繁荣、江山锦绣；由于秦岭，中国文化南北相融、东西互补、丰富多彩；由于秦岭，中华民族历久弥新、自强不息。

高山湖泊 陈宏伟／摄

麦积山风光 张建华／摄

天柱山云海 宫相恩／摄

巴山秋色 王 荣／摄

作为横亘中国大陆腹地的中央山脉，秦岭对中国大陆自然生态的价值和意义，一直以来被自然科学界不同领域所关注。面对这座对中国历史发展进程影响重大的人文圣山，历史上无数帝王将相、文人骚客登临感怀，留下了不胜枚举的诗词歌赋。然而，正如唐代大诗人李白所感叹的“蜀道之难，难于上青天”一样，莽莽秦岭以其雄伟高大的伟岸身姿，在中国大陆腹地矗立起一道难以逾越的天然屏障，自古以来南北不能相通，东西不知边际，即使后来修筑起来的几条古栈道，也仅能在高山峡谷之间蜿蜒穿行，艰难备至，以至千百年来，莽莽秦岭的真容一直笼罩在缥缈的云雾之中，神秘莫测，令人浮想联翩。

秦岭拥有的丰富多彩的历史、人文、自然、地理、宗教、民俗、生态、动植物资源，是中国现代旅游业发展的巨大宝库。中华人民共和国成立后，特别是改革开放以来，随着山区道路的迅速改善和多条贯通秦岭南北的公路、铁路相继开通，秦岭的亘古荒寂被打破。以 1995 年中国休假制度调整为标志，蓬勃兴起的自然山水游，让秦岭的佳山秀水进入现代旅游行列。秦岭沿线各地纷纷依托得天独厚的山水资源，开发、建设、打造各类旅游景区景点。越来越多的游客被秦岭丰富多彩的自然山水和底蕴深厚的历史人文遗存所吸引，纷纷走进秦岭，享受秦岭自然山水，品味秦岭历史文化精神。秦岭旅游异军突起，成为秦岭沿线各地旅游业由传统向现代转型发展的新亮点。与此同时，秦岭旅游的发展也带动了秦岭文化的传播。以长篇散文《走进大秦岭——中华民族父亲山探寻》、八集电视纪录片《大秦岭》热播为标志，写秦岭、说秦岭的文艺作品，研究秦岭的机构和个人越来越多，秦岭文化、秦岭自然山水、秦岭保护和秦岭旅游，日渐广受关注。然而，由于历史的局限性、地质地理的特殊性，以及秦岭文化研究刚刚起步，不同地区、不同领域的人们对秦岭山域范围、秦岭山脉长度、秦岭文化本体，以及秦岭旅游开发与保护的理解和认知不尽一致，甚至各执一词。因此，从对历史和未来负责、对我们赖以生存的秦岭负责的初心出发，如何在秦岭山脉不同山域处于不同行政管辖的现实体制下，实现秦岭自然生态的保护与旅游资源的科学开发和永续利用，促进秦岭文化资源与旅游资源区块优势整合发展，引导秦岭山系凝心聚力共建共享秦岭生命共同体，加速秦岭旅游由国内型向国内国际双市场、双循环发展，科学有序建设秦岭国家公园和世界级旅游目的地，就必须首先厘清现实中的秦岭地理范围和地域关系。唯有在此基础上系统性梳理秦岭历史、文化、自然、旅游的历史与现状，形成对秦岭历史、人文、自然、山水、生态的整体认知，才能真正理解并贯彻落实习近平总书记 2020 年 4 月 20 日视察秦岭时的重要讲话精神，保护并利用好秦岭的自然与文化资源，造福子孙后代，助推秦岭旅游永续发展。这便是我们主持编纂作为世界上首座大山旅游纪年史——《中国秦岭旅游年鉴》的初衷和目的。

《中国秦岭旅游年鉴》编纂工作是一个庞大繁杂的系统工程，全体参与专家学者和承编单位——陕西西北旅游文化研究院根据总体策划，将其定名为“大秦岭文化传承与旅游联动促进工程”。2020 年 5 月，我们启动了以“让世界认识中国秦岭”为主旨的“丈量大秦岭”科学考察和文化传播行动筹备工作。希望通过一场史无前例的多专业联合科学考察与实地调研，为年鉴确定秦岭地理范围，梳理秦岭文化内涵、山岳关系、水文特点、旅游价值等提供科学依据。

2020 年 9 月 27 日“世界旅游日”，在陕西与甘肃两省文化和旅游厅的支持下，来自全国的地质、地理、水文、社会、民俗、考古、旅游、地名、文化、地图信息等不同领域的专家学者，从秦岭北麓西安和天水出发，踏上了“丈量大秦岭”科学考察的征程。在此后的日子里，考察队围绕秦岭山域，考察地质地貌，寻访水域源头，探秘历史遗迹，追寻秦岭与中国大陆形成的前世今生。途中查阅史料、现场勘查、实地走访、采集水样、科普秦岭知识、传播秦岭文化，围绕秦岭边际线行程达 4000 余千米，途经 5 省 22 市 59 县区。考察队以前无古人的“凿空之旅”，相继完成了对秦岭地质地貌、历史文化的实地考察，对秦岭旅游资源的综合调研，对秦岭山系发源的渭河、汉江、嘉陵江、淮河、丹江、洛河水源进行探访，并在洮河、白龙江、黑河、灞河、丹江口以及黄、渭、洛河交汇

1. 中国科学院院士张国伟审阅秦岭旅游图（左）
2. 丈量大秦岭科考团在甘青交界处考察（中）
3. 著名文化学者肖云儒为《中国秦岭旅游图》样图题记（右）

处采集水样。考察结束后，考察队专家分学科对考察成果进行梳理研究，形成了超过 10 万字的科普资料和研究成果。同时，经过近 3 个月的研讨论证，初步划定了秦岭的范围，并进行地图绘制，于 2021 年 5 月获得由自然资源部地图技术审查中心发放的审图号。《中国秦岭旅游年鉴》首卷编纂工作也随着“丈量大秦岭”各项成果完成而加速推进。《中国秦岭旅游年鉴（2021）》发布的《中国秦岭位置图》《中国秦岭旅游图》，首次明确了秦岭的界址、地域范围、周长和行政区域，即秦岭东西绵延约 1496 千米，南北宽约 689 千米，最宽处约 405 千米，最窄处约 53 千米，周长约 4795 千

米，总面积约 418662 平方千米；秦岭地理关联陕西、甘肃、河南、湖北、四川、安徽、重庆 6 省 1 市，33 个城市、168 个县（区、市）行政区划。这是《中国秦岭旅游年鉴》编纂范围以及所蕴藏旅游资源采集的重要依据，也是记载秦岭旅游发展档案信息的区域界定。

鉴于秦岭山域面积大、文化内涵复杂、旅游资源丰富，根据“大秦岭文化传承与旅游联动促进工程”总体计划，逐年出版的《中国秦岭旅游年鉴》将以“让世界爱上中国秦岭”为主旨，以秦岭旅游百科全书加逐年历史记载相结合的方式，系统呈现秦岭山域丰富多彩的旅游资源、历史文化和秦岭沿线各地旅游优势和发展历史。因此，在《中国秦岭旅游年鉴（2021）》中，我们不仅梳理编纂了跨度达 40 余年的秦岭旅游发展史，还系统介绍了秦岭地质、地理和山峰、水系与秦岭的关系，综合性介绍了秦岭旅游地理范围内经命名、认证的世界级和国家级各类旅游资源概况、名称、类别与分布情况，发布了对秦岭地质地理、历史文化、旅游资源现状的科学考察报告，形成了对秦岭这座伟大山脉文化旅游资源的系统性解读。今后连续出版的年鉴，将分别聚焦不同主题进行解读，同时记载秦岭沿线旅游年度发展历史，以期形成系列化的秦岭知识大全和旅游发展历史档案，以推动秦岭文化传播和旅游业可持续、高质量、科学化发展。

《中国秦岭旅游年鉴（2021）》出版后，有评论说《中国秦岭旅游年鉴（2021）》的编纂出版，开创了世界名山旅游纪年史的新纪元，也开启了秦岭旅游全域联动的新时代。伴随着秦岭旅游的持续健康发展,《中国秦岭旅游年鉴》编纂委员会将以不忘初心、牢记使命、感恩秦岭、服务未来为己任，团结社会贤达和有识之士，争取各级各方参与和支持，用持续不断的“丈量大秦岭”科学考察和传播活动，为每年一卷的《中国秦岭旅游年鉴》提供科学技术支撑，以多领域合作推动的大秦岭数据中心保护秦岭文化、活化年鉴史料、服务旅游发展，将系统化的秦岭知识科普与主题性的文化活动相结合，引导大秦岭关联不同地域、不同行业相互认知，产业合作，促进秦岭地域范围东南西北中之间的民众互游互访和旅游线路共同开发，努力推动国人游秦岭和国际旅游市场共享秦岭，让秦岭富集的资源宝库为人类创造更多福祉。

我们真诚希望各级政府、文旅部门及社会各界积极支持“大秦岭文化传承与旅游联动促进工程”得以持续实施，也更期望通过《中国秦岭旅游年鉴》的持续编纂与出版，为我们所倡导的共建秦岭生命共同体打开一扇窗、架起一座桥、筑起一座历史档案库，由此潜移默化、循序渐进地让世界爱上中国秦岭。

《中国秦岭旅游年鉴》编纂委员会

2022 年 8 月

守护祖脉　留住历史

——《中国秦岭旅游年鉴（2022）》序

2020 年 4 月 20 日，习近平总书记在秦岭视察时指出，秦岭和合南北、泽被天下，是我国的中央水塔，是中华民族的祖脉和中华文化的重要象征。习近平总书记的重要论述，让世人对横亘在中国大陆腹地的秦岭山脉与我国自然地理、历史文化、民族未来之间的关系和意义，有了全新的认识。

为了贯彻落实习近平总书记关于秦岭的重要论述精神，让世人全方位了解秦岭底蕴深厚的历史文化、神奇多样的地质地理奇观、丰富多彩的旅游资源，在有关省市文化和旅游部门及多领域专家学者的支持参与下，长期负责区域旅游研究和秦岭文化传播的陕西西北旅游文化研究院，从 2020 年 5 月启动了旨在让国人认识秦岭、让世界爱上秦岭、让秦岭关联地区共享秦岭、全面助推秦岭文化传播和旅游发展的“大秦岭文化传承与旅游联动促进工程”。根据计划安排，围绕秦岭旅游宣传与文化传播。在 2020 － 2021 年先后完成了如下工作：

2020 年 5 月 31 日，《中国秦岭旅游年鉴》编纂工作启动。这是迄今为止，世界上首座大山旅游纪年史，来自西北大学、陕西师范大学、西安财经学院、陕西省社会科学院等众多院校和专家学者，旅游管理、研究机构和景区代表出席编纂研讨活动。

2020 年 6 月，以探秘秦岭历史文化、考察秦岭地质地理、寻访秦岭江河水源、调研秦岭旅游资源、传播秦岭文化魅力为主旨，探访秦岭边际线为目的的“丈量大秦岭”科学考察与文化传播活动进入筹备阶段，并面向全国招募考察活动参与者。来自中国社会科学院、民政部中国地名研究所、人民文学杂志社、陕西地矿集团、西北旅游协作区、国家级自然保护区、西安地图出版社等单位，众多地质、地理、考古、水文、民俗、文化、旅游、地图等领域专家学者踊跃报名参团。期间，专家组经过查阅古籍史书、地质资料、寻访不同领域专家学者，对照地图确定了行走路线和考察地点。

2020 年“世界旅游日”前后，由中国地名学会、《中国秦岭旅游年鉴》编纂委员会主办的历史上首次“丈量大秦岭”科学考察与文化传播行动，在陕西省、甘肃省文化和旅游厅及众多城市支持下启动。9 月 26 日－ 10 月 5 日，22 名专家学者和随团记者从西安出发，沿秦岭边际线南北绕行，途经甘肃、四川、湖北、河南、陕西的 22 座城市 59 个县区，并在 27 个节点开展科学考察，总行进里程超过 4000 千米。在完成对秦岭主要边际线、江河水源地、重大历史遗址点、重点山岳名峰、代表性文化旅游景区点的考察之后，登上秦岭主峰太白山，在海拔 3511 米的“天圆地方”宣告首次科考行走阶段结束。10 月 5 日，主办方与宝鸡市文化和旅游局、太白山旅游区管委会联合举办大秦岭人文与自然体验对话，现场展示科考行动采集水样，联合发布当

▲《中国秦岭旅游年鉴》编委会在太白山举办直播讲座

好秦岭生态卫士，共建秦岭生态共同体，促进秦岭文化传播与联动发展宣言。

2020 年 10 月－2021 年 3 月，“丈量大秦岭”科学考察与文化传播专家团分地质地理、历史文化、旅游资源、地图信息、年鉴编纂 5 个小组，分专题对秦岭地质地理、历史文化、江河水源与流域、旅游资源分布与价值、秦岭区域地图界址划定、文化旅游关联要素检索等展开梳理研究。先后召开各类研讨、推进、座谈会 50 余次，拜访各领域专家学者不计其数，完成了《中国秦岭位置图》《中国秦岭旅游图》的编辑与绘制工作，首次以科学考察研究方式明确了秦岭关联区域的行政区划范围，为《中国秦岭旅游年鉴》编纂和关联秦岭的研究与文化传播提供了科学依据。

2021 年 3 月 29 日，由《中国秦岭旅游年鉴》编纂委员会主办的“中华秦岭大讲堂”在陕西省商洛市秦鄂豫交会的商南县开讲。“丈量大秦岭”首席文化学者、著名作家王若冰，西北农林科技大学教授、中国农业历史博物馆馆长樊志民以秦岭历史文化、秦岭农耕文明为题首次以线上线下的方式讲述秦岭文化、茶史密码，全国各地 70 万观众通过中国网等直播聆听了这场讲座。其后，中华秦岭大讲堂还在太白山、西岳华山等开展了不同主题的讲座活动，著名文化学者肖云儒等作为主讲嘉宾参与了“让世界爱上秦岭”为主旨的公益讲座。陕西省文化和旅游厅、中国农业发展银行陕西分行、陕西省青年创业导师协会及众多院校等单位，先后向编委会发出了讲座邀请。

2021 年 5 月 27 日，由陕西省文旅厅和渭南市人民政府主办的首届秦岭旅游（华山）合作大会在华山举行，来自秦岭山系 6 省 1 市的城市、县区、知名景区代表首次相聚西岳华山，拉开了大秦岭山系相互认知及旅游合作的大幕。会上，集中发布了“丈量大秦岭”科考团完成的《中国秦岭地理范围科学考察研究报告》《秦岭历史文化科学考察研究报告》《中华秦岭旅游科学考察与研究课题报告》三大课题报告，首次以考察研究报告方式，发布了秦岭旅游地理范围划定，其中包括东西长度、南北宽度、秦岭边际线长度、秦岭地理生态旅游区总面积、关联行政区划等。会上还公布了“中华秦岭 100 景”和“大秦岭边际线上的最美风景”推荐名单，并为首张《中国秦岭旅游图》编辑出版揭幕，同时成立了涵盖秦岭 6 省 1 市的大秦岭文化旅游合作联盟，发表了《携手促进秦岭文化传承和旅游发展（华山）宣言》。联合国世界旅游组织前秘书长弗朗西斯科 · 弗朗加利、国务院发展研

1. 秦岭旅游（华山）合作大会（左）
2.《中国秦岭旅游图》揭幕（右上）
3. 秦岭名景在华山举行“秦岭风景 · 华山论剑”（右中）
4. 年鉴编纂委员会开启“中华秦岭大讲堂”（右下） 马凌云 / 摄

究中心研究员李国强、文旅部“十四五”规划专家张辉、著名文化学者肖云儒等先后进行主旨发言，法国、意大利、亚美尼亚、日本等国家学者通过视频和致电方式参与大会互动，秦岭的概念和文化旅游形态首次得以完整呈现。当天下午和28日上午，又在华山脚下和西岳庙广场举行了“秦岭风景·华山论剑”大型直播和秦岭旅游品牌营销交流会。习近平总书记讲话一年之后，基于科学考察和理论研究的秦岭地理与旅游概念得以清晰界定，大秦岭区域跨山跨地跨业态合作、共建共享秦岭生态和旅游生活福祉的大幕拉开。

2021年9月，《中国秦岭旅游年鉴（2021）》由西安地图出版社出版发行。与此同时，历史上首张《中国秦岭旅游图》出版发行。《中国秦岭旅游年鉴（2021）》系统介绍了秦岭的地质地理、历史文化及秦岭旅游发展历程，同时还详细介绍了大秦岭地区各类世界级和国家级旅游资源及其分布、物质和非物质文化遗产名录、秦岭地区地理标志产品存量及丰富多样的地方风味小吃等，被誉为“关于中华秦岭人文与自然方面具有划时代意义的综合性、科普性、文旅类历史文献和实用工具书”。《中国秦岭旅游图》则突出全山系导游特色，完整呈现了秦岭行政区划、旅游交通、旅游看点、旅游线路等，为人们认识秦岭、畅游秦岭、共享秦岭提供了实用导航。

如果说，因为秦岭课题发布、《中国秦岭旅游年鉴（2021）》和《中国秦岭旅游图》的出版，以及首届秦岭旅游合作大会召开、大秦岭文化旅游合作联盟成立、秦岭大讲堂开办等一系列“大秦岭文化传承与旅游联动促进工程”项目的有序实施，开创了2021年秦岭文化旅游研究与传播“元年”里程碑的话，那么首次站在大秦岭地质地理与历史文化视野上策划、创作的大型人文地理纪录片《中华秦岭》的筹拍进程，也是2021年秦岭全域传播的一道亮丽风景线。该片由“丈量大秦岭”首席文化学者、著名作家王若冰担任总撰稿，目前暂定为12集，解说词撰稿已经完成。

2021年10月起，按年度出版计划，为秦岭旅游写史立传的《中国秦岭旅游年鉴（2022）》开始编纂筹备。按照逐年解读秦岭文化旅游风貌的内容编纂计划，本卷在遵循年鉴体例的基础上，重点介绍秦岭关联县级行政区旅游概况、秦岭地区5A和4A级旅游景区特点、年度旅游发展、旅游节会、旅游大事记等内容。为了便于人们完整认识秦岭自然地理和各类旅游资源的总体风貌，本卷将《秦岭旅游资源概述》作为附录刊发。为了真实记录秦岭旅游管理体制变化和人事更迭历史，《中国秦岭旅游年鉴（2022）》还特别以列表方式，记录了截至2021年12月秦岭各市、县文化旅游管理部门名称、党政负责人姓名。除此之外，从旅游服务需求出发，《中国秦岭旅游年鉴（2022）》对秦岭区域高速公路服务区、各重点山岳型景区制高点海拔等进行了参考性介绍，并特别制作了《中国秦岭旅游区域范围图》，目的是为读者认识秦岭的区域范围和关联市、县级行政区域提供更为直观的资讯。

面对秦岭这座伟大的山脉，我们之所以孜孜不倦，编辑出版《中国秦岭旅游年鉴》，是为了表达对“中华祖脉”“中华民族父亲山”——秦岭的感恩与敬仰，也是希望为正在蓬勃发展的秦岭旅游尽一份菲薄之力。但囿于种种原因，纰漏和遗珠在所难免。欢迎各界专家学者、广大读者对其中的不足提出宝贵意见，尤其欢迎更多关注秦岭的各界人士参与到秦岭保护与发展的行列中来，帮助我们把《中国秦岭旅游年鉴》编得更好，为保护秦岭、研究秦岭、发展秦岭做出更多贡献。

陕西西北旅游文化研究院
《中国秦岭旅游年鉴》编辑部
2022年8月

编纂说明

一、《中国秦岭旅游年鉴》作为秦岭旅游业发展的年度史料性文献，逐年出版，公开发行。《中国秦岭旅游年鉴（2022）》是在秦岭山系关联省（市）文化和旅游部门共同支持下，由《中国秦岭旅游年鉴》编纂委员会主持，陕西西北旅游文化研究院承编的专业性旅游年鉴，力求全面、准确、系统地记述秦岭的旅游资源、旅游特点、年度旅游发展情况、文化传播与旅游宣传营销等事件，同时记录旅游管理体制变化和旅游景区创 A 升级、旅游业态发展情况。

二、《中国秦岭旅游年鉴（2022）》以习近平新时代中国特色社会主义思想为指导，坚持绿色生态发展目标，践行“绿水青山就是金山银山”的理念，为传播秦岭文化、发展秦岭旅游、科普秦岭知识、建设秦岭生命共同体和国际旅游目的地的愿景目标服务。

三、《中国秦岭旅游年鉴（2022）》所涉及的秦岭地理范围依据 2020“丈量大秦岭”科学考察报告及《中国秦岭旅游图》（审图号：GS[2021]2957 号）行政区划范围收集内容和编纂年鉴资料。本卷重点收录了县区级基本情况、旅游资源、管理部门以及县域内 5A、4A 级旅游景区简介，并分别发送各地审核确认。由于存在信息不畅等问题，存在疏漏、表述不准在所难免，不妥之处将于下一年度编纂时修正。

四、《中国秦岭旅游年鉴（2022）》为秦岭旅游年鉴系列第二卷，大事记和资料记述时限为 2021 年 1 月至 2021 年 12 月。为保持事件的完整性，个别内容可适当追溯和延伸。首卷涉及 7 省（市）中的 32 个地级市和 159 个县（区、市），第二卷按照秦岭范围重新进行梳理，记述范围增加到 33 个地级市（含湖北省神农架林区）和 168 个县（区、市）。本卷中涉及各县（区、市）总人口采用 2020 年 11 月 1 日第七次全国人口普查数据。

五、《中国秦岭旅游年鉴（2022）》采用分类条目体，设类目、分目、条目 3 个层次。其中，类目 7 个，分目 70 个，条目 2740 个。不同层次的标题、字体、字号和版式设计有所区别。条目是记载信息的基本单位，其标题用黑体加【】。内容繁复的条目分子目，其标题为宋体加粗。

六、为保持年鉴的延续性，《中国秦岭旅游年鉴（2022）》对秦岭概览及秦岭地理生态旅游区内所拥有的世界级和国家级旅游资源类别及单体进行简要介绍，重点关注各区县和经评定公布的 4A 级及以上旅游景区。由于秦岭在关联地区过渡带范围存在较大差异，秦岭地理与文化影响不可能以图所划截然区分，因此对旅游资源、旅游景区的位置界定会有差异。同时，由于资源和景区级别的可变性和非物质文化遗产的区域代表性，在名录中出现遗漏在所难免。

七、《中国秦岭旅游年鉴（2022）》对单位、机构名称等，原则上第一次出现时用全称，之后用习惯性简称。

八、本年鉴采用的内容，均由相关省、市有关部门、旅游单位、媒体报道以及公开资料梳理编纂，版权归原作者，地质地理和旅游规划资料分别由陕西地矿集团和陕西旅游设计院协助提供，经《中国秦岭旅游年鉴（2022）》编辑部编辑、编纂委员会审查，西安地图出版社审核通过并履行相关出版程序后正式出版。编辑部对所有提供编纂资料的单位、机构、个人和平台的公益支持表示诚挚的谢意！

《中国秦岭旅游年鉴》编辑部

2022 年 8 月

目录

CONTENTS

第一部分　秦岭概览

第二部分　2021秦岭旅游发展概述

第三部分　2021秦岭旅游大事记

第四部分 秦岭县域旅游

陕西省

甘肃省

河南省

湖北省

安徽省

四川省

重庆市

第五部分　秦岭重点旅游景区

国家5A级旅游景区

国家4A级旅游景区

陕西省

甘肃省

河南省

湖北省

安徽省

四川省

重庆市

第六部分 秦岭重点文化旅游节会

陕西省

甘肃省

河南省

湖北省

安徽省

四川省

重庆市

第七部分 附 录

第一部分
秦岭概览

【综述】 秦岭山脉自西向东横亘中国中东部，山域范围涵盖陕西、甘肃、河南、四川、湖北、安徽、重庆6省1市关联地区，旅游地理范围东西绵延1496千米，南北最宽处405千米，最窄处53千米，主峰太白山海拔3771.2米，是青藏高原以东中国大陆第一高峰。秦岭山系地理、气候差异明显，其庞大的山体对南来北往的气流形成天然隔阻，对中国南北自然地理、气候、动植物分布和农业生产都有着重大影响。因此，秦岭和与之平行的淮河一线，成为中国南北方自然地理的分界线、长江与黄河水系的分水岭。秦岭特殊的地理位置和地形地貌造就了极其丰富的动植物资源，是中国重要的生态安全屏障，有“亚洲生物基因库”之美誉。发源于秦岭的汉江、渭河、嘉陵江、丹江、洛河、淮河等众多水系为长江、黄河提供了充沛的水源，所以秦岭也有中国的“中央水塔”之称。秦岭山域内灿若星海的历史文化遗存证明，秦岭是中华民族的摇篮和华夏文明重要发祥地，因此秦岭也被称为中华祖脉、中华民族父亲山，是中华文化的重要象征。本部分延续《中国秦岭旅游年鉴（2021）》，对秦岭地质地理、气候特点、动物植物、山岳江河、历史文化、行政区域等作以介绍。

【地质简史】 地质学界将横亘中国中东部、东西走向的巨型造山系称为昆仑—祁连—秦岭—苏鲁造山系，又称中央造山带。中央造山带西起帕米尔，向东经昆仑、祁连、秦岭、大别山，跨过郯庐断裂带，再经苏北—胶南地区，最东端到达朝鲜临津江。秦岭造山带位于中央造山带的中部，西起茶卡盐湖与昆仑造山带相接；东至郯庐大断裂带（再向东被郯庐大断裂带错动至山东半岛，称为苏鲁造山带），包括积石山、秦岭、大巴山、米仓山、大别山等地区。秦岭造山带是华北和华南两大古板块碰撞、拼合的结果，是亚洲大陆上一条古老的造山带，从太古代至今，经过了30亿年的演化，地层出露齐全，岩浆活动和变质作用强烈，地质构造复杂，矿产资源丰富。

30亿—18亿年前的新太古代—古元古代，地球经过初始陆壳形成和克拉通化，古大陆裂解，古秦岭形成了洋陆间杂的多岛洋。晋宁运动时期，中元代原始古大陆开始汇聚，12亿年前全球形成了统一的超级大陆——罗迪尼亚大陆。7.5亿年前，罗迪尼亚大陆开始裂解，秦岭沿商南、丹凤、唐藏一线裂开形成原特提斯洋（秦岭洋）。加里东运动时期，距今4.5亿年前的中奥陶世，扬子板块和华北板块沿商南、丹凤、唐藏一线开始汇聚，原特提斯洋趋向闭合，北秦岭上升为陆地遭受剥蚀，而南秦岭继续淹没于海水之中接受了古生代的海相沉积。4亿年前的中晚泥盆世开始，秦岭沿康县、略阳、勉县一带裂开形成勉略有限洋盆（为原特提斯洋的分支），并游离出秦岭微板块。

印支运动时期，2.4亿年前的中三叠世末，华北、扬子、秦岭3板块沿商南、丹凤、唐藏带和康县、略阳、勉县带向北俯冲并碰撞造山，秦岭洋和勉略洋闭合，海水向西南退出秦岭，大秦岭全部浮出海面，形成了秦岭俯冲碰撞造山带，造就了秦岭三块两带的基本构造格局（华北板块南缘、商丹板块对接带、秦岭微板块、勉略板块对接带、扬子板块北缘），随后又发生了一系列逆冲——推覆构造。燕山运动时期，受太平洋板块向欧亚板块俯冲远程效应影响，亚洲陆内形成北东向的隆起带和沉降带，1亿—7000万年前（晚侏罗世到早白垩世），秦岭发生差异性升降，形成一系列山间断陷盆地。晚白垩纪以后到始新世中期（7000—5000万年前），秦岭经过风化、剥蚀成为准平原，秦岭北部西峡、山阳、商洛、凤县、两当等地形成白垩系—古近系山间湖盆；秦岭南部安康、汉中等地形成古近系—新近系山间湖盆。喜山运动时期，受印度洋板块向亚洲板块俯冲推挤远程效应影响，从5000万年前的始新世以来，伴随着关中断陷，秦岭发生强烈的断块隆升，最终形成现今雄伟的身姿。

【地理范围】 经2020年，历史上首次“丈量大秦岭”专家团队采用30米分辨率的DEM，并结合带有地理信息注记的1：7万的正射影像作为制图底图数据，利用ArcGIS软件提取DEM等高线，并根据等高线与山体阴影结合遥感影像中明显的地理实体勾绘大秦岭区域范围，从而计算得出大秦岭山域范围的重要数据。秦岭旅游地理范围为：西界从甘肃省定西市渭源县会川镇沿洮河自北西向南，东到岷县，再从岷县向南到四川省九寨县白龙江源头；南界沿白龙江向东到四川省广元市，沿大巴山南坡坡角线到湖北省荆门市，再从荆门市沿大别山南坡坡角线向东，到安徽省黄梅县与郯庐大断裂（带）相接；东界从安徽省黄梅县沿郯庐大断裂向北过潜山市到庐江县；北界从安徽省庐江县沿大别山—秦岭北坡坡角线向北过河南省信阳市到渑池县，再从渑池县沿秦岭北坡坡角线过陕西省渭南市到宝鸡市，从宝鸡市沿渭河向西过甘肃省天水市到甘肃省渭源县会川镇。秦岭旅游地理范围东西绵延约1496千米、南北宽约689千米，其中南北最宽处约405千米、最窄处约53千米，东西南北边际线之和约为4795千米，总面积约418662平方千米。

上述秦岭旅游地理范围为秦岭生态旅游区，向外延伸依次还有秦岭边际旅游区和秦岭历史文化旅游圈。由于受秦岭历史文化、地形地貌、流域关联和影响不同，各地对秦岭边际旅游区和秦岭历史文化旅游圈范围、距离、面积的界定也应因地而定，不宜一概而论。

【气候特点】 秦岭—淮河一线作为中国南北气候、地理分界线，由此过渡以南被称为南方，以北被称为北方。秦岭以南属湿润温带季风气候，以北属半湿润亚热带季风气候。秦岭是800毫米等降水量分界线，秦岭以南年降水量大于800毫米，以北年降水量小于800毫米。秦岭也是中国1月0℃等温线分界线，秦岭以南１月平均气温在0℃以上，冬季基本不结冰；以北１月平均气温在0℃以下，冬季一般结冰。秦岭也是中国重要的植物分界线，秦岭以南多为亚热带常绿阔叶林，以北多为温带落叶阔叶林。秦岭同时还是中国旱作农业和水田农业的分界线，秦岭以南以水稻种植为主，以北以小麦种植为主。

秦岭山地对南北气流运行有明显阻滞作用。由于秦岭隔阻，夏季湿润的海洋气流不易深入西北，因此北方气候干燥。冬季，由于秦岭隔阻寒潮南侵，使汉中盆地、四川盆地少受冷空气侵袭。因此，秦岭也是中国亚热带与暖温带气候的分界线。

【动物植物】 秦岭是中国重要的植物分界线。秦岭以南多为常绿阔叶林，土壤多酸性；秦岭以北多为落叶阔叶林，土壤富钙质。秦岭自西往东，随着气温和降雨量的上升，植物种类逐渐丰富。秦岭特殊复杂的地形地貌为各种动物的生存提供了良好的环境，成为各种动物生存繁衍的天堂，大家熟知的被誉为“秦岭四宝”的大熊猫、朱鹮、金丝猴、羚牛，备受世人关注和喜爱。秦岭主峰太白山独特的自然环境孕育了多种多样的生物种群，有动物300多种，鸟类230多种，植物1900多种。同属秦岭范围的湖北省神农架自然保护区，有高等维管束植物3239种，野生兽类、鸟类、鱼类和两栖类动物493种，昆虫4143种。四川省米仓山国家级自然保护区为秦岭至大巴山的重要组成部分。据不完全统计，该保护区内有维管束植物2597种，动物中鱼类70种、两栖类32种、爬行类31

种、鸟类241种、哺乳类88种、脊椎动物462种。位于河南省西南部的伏牛山为秦岭东段支脉，拥有维管束植物约2879种，野生动物中兽类62种、鸟类213种、昆虫的种类则超过3000种。秦岭还是药用植物的富集地，仅主峰太白山的药用植物就有79科474种。《太白山本草志》收录中草药物1415多种，涉及药源植物约1300多种；在湖北神农架，药用植物超过1800多种，因此也被称为“天然药园”。

【名山秀峰】 秦岭作为中国东西走向的巨大山系，包括终南山、大巴山、伏牛山、大别山、武当山等众多山脉，层峦叠嶂，名山林立，蕴藏着极其丰富的文化旅游资源。

秦岭山系的名山有鸟鼠山、朱圉山、齐寿山、麦积山、米仓山、大巴山、太白山、终南山、骊山、紫柏山、华山、天竺山、化龙山、南宫山、熊耳山、全宝山、伏牛山、老君山、桐柏山、武当山、大别山等。

【重要江河】 秦岭是中国重要的水源涵养地，习近平总书记称秦岭是“我国的中央水塔”。秦岭阻挡了北方寒潮的南侵，也阻挡了东南湿润气流北移。寒冷与湿润相融，使富含水分的气流凝结，形成了秦岭南坡丰沛的降水，为秦岭提供了丰富的水资源。秦岭是黄河、长江的重要水源补给区。秦岭南坡是嘉陵江、汉江、丹江、白龙江发源地；北麓是渭河、淮河、洛河发源地。发源于秦岭山区的众多大河小溪，为长江、黄河提供了源源不断的水源补给，泽被着中华大地。

秦岭山系江河有汉江、嘉陵江、淮河、渭河、玉带河、沮水、漾家河、褒河、濂水河、渭水河、子午河、牧马河、池河、任河、岚河、月河、黄洋河、坝河、旬河、金钱河、丹江、唐白河、堵河、南河、北河、蛮河、浠水、蕲河、大悟河、滠水河、洪河、沙河、史河、潢河、汝河、秦祁河、咸河、榜沙河、散渡河、耤河、黑河、沣河、灞河、零河、赤水河、洛河、伊河、白龙江、白水江等。

【历史文化】 秦岭是中华民族的诞生地和中华文明的发祥地之一。秦岭山系陕西省蓝田县上陈遗址表明，距今212万年前，这一区域已有人类活动的遗迹；湖北省十堰市郧县（现郧阳区）接连发现的猿人头骨化石和石器显示，距今100多万年以前，华夏先民已兼具直立人和早期智人特征。秦岭山区是我国新石器时代考古发掘遗存最集中和丰富的地区，我国已发现以河南省三门峡市仰韶村命名的仰韶文化遗址6000余处，秦岭地区就多达4000处，其中以大地湾、马家窑、北首岭、半坡村、姜寨、仰韶、庙底新石器遗址最为著名。秦岭地区也是包括盘古、伏羲、女娲、炎帝、黄帝等华夏创始神话人物活动遗迹与传说故事最富集的区域。这些考古发现和神话传说同时证明，秦岭地区是中华民族和中华文明的重要发祥地。

【行政区划】 秦岭旅游地域范围课题研究成果显示，秦岭山系范围关联的陕西省、甘肃省、河南省、安徽省、湖北省、四川省和重庆市的地市级城市有33个，共涵盖168个县（区、市）。

地级市（州）包括：陕西省西安市、宝鸡市、渭南市、汉中市、安康市、商洛市；甘肃省天水市、定西市、陇南市、甘南藏族自治州；河南省洛阳市、三门峡市、南阳市、信阳市、平顶山市、驻马店市；湖北省武汉市、十堰市、襄阳市、随州市、荆门市、孝感市、黄冈市、宜昌市、恩施土家族苗族自治州、神农架林区；安徽省合肥市、六安市、安庆市；四川省广元市、巴中市、达州市、阿坝藏族羌族自治州。

涵盖县级行政区包括：陕西省西安市长安区、鄠邑区、临潼区、蓝田县、周至县、灞桥区；宝鸡市渭滨区、金台区、陈仓区、凤县、太白县、眉县、岐山县；渭南市临渭区、华州区、华阴市、潼关县；汉中市汉台区、南郑区、佛坪县、留坝县、勉县、宁强县、略阳县、城固县、洋县、西乡县、镇巴县；安康市汉滨区、紫阳县、石泉县、宁陕县、汉阴县、岚皋县、旬阳市、平利县、白河县、镇坪县；商洛市商州区、洛南县、丹凤县、商南县、山阳县、柞水县、镇安县。

甘肃省天水市秦州区、麦积区、甘谷县、武山县；定西市临洮县、漳县、岷县、陇西县、渭源县；陇南市武都区、康县、文县、成县、徽县、两当县、西和县、礼县、宕昌县；甘南藏族自治州舟曲县、迭部县。

河南省三门峡市湖滨区、陕州区、灵宝市、卢氏县、渑池县；洛阳市洛宁县、伊川县、嵩县、栾川县、汝阳县、宜阳县；南阳市卧龙区、宛城区、邓州市、南召县、镇平县、内乡县、淅川县、新野县、唐河县、桐柏县、方城县、西峡县、社旗县；信阳市浉河区、新县、商城县、罗山县、光山县、固始县；平顶山市石龙区、舞钢市、叶县、鲁山县、宝丰县、汝州市；驻马店市驿城区、确山县、泌阳县、遂平县。

湖北省十堰市张湾区、郧阳区、茅箭区、丹江口市、房县、竹山县、竹溪县、郧西县；襄阳市襄城区、樊城区、襄州区、宜城市、枣阳市、老河口市、谷城县、保康县、南漳县；随州市曾都区、随县、广水市；荆门市东宝区、钟祥市、京山市；孝感市大悟县、孝昌县、安陆市；黄冈市红安县、麻城市、罗田县、英山县、团风县、浠水县、蕲春县、黄梅县；武汉市黄陂区、新洲区；宜昌市兴山县、远安县、当阳市；恩施土家族苗族自治州巴东县。

安徽省六安市裕安区、金寨县、霍山县、舒城县、金安区；安庆市岳西县、桐城市、潜山市、太湖市、宿松县；合肥市庐江县。

四川省广元市青川县、旺苍县、朝天区；巴中市南江县、通江县；达州市万源市、宣汉县；阿坝藏族羌族自治州九寨沟县。

重庆市开州区、巫溪县、巫山县、城口县。

第二部分
2021秦岭旅游发展概述

【综述】 2021年，秦岭山系旅游业继续保持良好发展状态，各省（市）、地市（州）、县（区市）普遍重视秦岭生态保护与旅游发展意识融合、文化与旅游融合及旅游与乡村振兴、体育、康养产业融合，传统旅游中的休闲、体验、智慧化功能得以增强，以民宿为主体的乡村度假、山水体验类服务设施进入特色化、集群式、规模化发展阶段。受新冠肺炎疫情多发和防控措施影响，各地普遍采取景区和旅游服务设施预约限流等措施，严格控制聚集性活动举办和大规模堂食行为，国际旅游全面“熔断”，有序限制跨省、跨市组团和旅游行为，严防疫情通过文化和旅游场所传播。受疫情影响，各地旅游接待人数与旅游综合收入普遍下滑，景区、酒店、演艺、索道、漂流、旅行社等多类旅游业态和关联单位客源与消费继2020年新冠肺炎疫情出现首年之后再次出现“双下降”。各级政府和文旅部门根据疫情防控现状相继出台促进旅游服务业复工复产和企业纾困措施，各类线上旅游促销丰富多彩，“云旅游”成为疫情防控常态化下促进秦岭山系旅游发展的新热词。

【旅游规划】 2021年是国民经济和社会发展第十四个五年规划的开端，《国务院关于印发“十四五”旅游业发展规划的通知》（国发〔2021〕32号）（以下简称《规划》）对“十三五”期间旅游发展情况进行总结时指出：“旅游成为践行‘绿水青山就是金山银山’理念的重要领域。各地区在严格保护生态的前提下，科学合理推动生态产品价值实现，走出了一条生态优先、绿色发展的特色旅游道路。”《规划》对“十四五”旅游发展的总体要求、创新驱动、空间布局、消费体系、治理体系、开放合作体系建设等都进行了综合规划，提出了发展目标和总体要求。根据生态优先、科学利用、尊重自然、顺应自然、保护自然，牢固守住生态底线，增强生态文明意识，合理利用自然资源，加快推动绿色低碳发展等原则，秦岭山系关联省市和地区也都分别编制和通过了“十四五”旅游业发展规划及相关专业规划或行动计划，以此规划旅游业发展行为。与此同时，各地全域旅游发展规划、乡村振兴规划和行动、重点旅游项目规划、河流生态治理规划等也得以继续完善和修编修订，规划先行已成为秦岭山系旅游业发展的一项重要基础性工作。2021年10月，秦岭国家公园创建获国家公园管理局正式批准，将进一步带动秦岭关联地区旅游规划项目向更严、更细发展。

【支持政策】 2021年促进旅游业发展和支持政策，主要表现在扶持旅游行业企业解难纾困、促进重大项目建设、规范行业发展等方面。当年，文化和旅游部等部门相继发出《文化和旅游部办公厅关于进一步用好地方政府专项债券推进文化和旅游领域重大项目建设的通知》《关于抓好金融政策落实进一步支持演出企业和旅行社等市场主体纾困发展的通知》《文化和旅游部关于加强政策扶持进一步支持旅行社发展的通知》，农业农村部办公厅等发布《关于加强金融支持乡村休闲旅游业发展的通知》等，都对各级各地支持旅游业发展，扶持疫情影响下的旅游企业渡过难关提出了具体办法。秦岭山系关联省市也相继出台支持政策，直至向相关旅游企业、导游人员发出纾困帮扶资金等。各省市普遍采取了退还旅行社保证金、企业职工养老保险金缓缴、租用国有办公用房适当减免租金等方式。与此同时，大力推进引导性项目国家补贴、企业税收优惠和小微企业税收减免、加大贷款支持等政策，帮助旅游企业渡过经营困难，支持秦岭地区旅游新业态和数字化产业发展等。

【景区建设】 2021年秦岭山系旅游景区建设成绩斐然。重点工作包括文化类景区沉浸式项目设计，自然类景区休闲项目建设，乡村休闲类景区度假与消费功能完善，博物馆、纪念馆展陈改造和数字化呈现方式改善，各地和景区旅游服务中心不断完善及功能配套，景区创A升级持续推进等。宝鸡市太白山温泉旅游度假区等成功晋级国家级旅游度假区，一大批国家3A级景区年内成功晋级国家4A级旅游景区。秦岭山系各省市管辖范围内均有新景区建成入市。截至2021年12月31日，纳入秦岭生态旅游区范围的国家高A级旅游景区总数已近350家，其中5A级约22家，4A级约305家。

【旅游管理】 旅游行业管理全年突出高质量发展、疫情防控、市场秩序、标准化建设、旅游安全等重点领域。在发展方式上突出文化和旅游融合，旅游业与生态、农业、体育、互联网、乡村振兴等有机结合，推动全域旅游发展；在产业结构上注重传统观光型旅游向休闲、体验、度假型产品供给转型，丰富大众旅游消费产品供给；在疫情防控上，根据各地疫情发现、防控需要和各级疫情防控部门要求，适时调整相应景区、演艺等文旅场所关闭、开放、管控等措施，吸纳宾馆饭店加入隔离管控服务；在旅游市场监管方面严格执法，规范旅游行业经营行为，打击涉黄、涉毒及不正当竞争行为。旅游标准化建设得以加强，旅游安全与市场秩序得以有序管理，全年秦岭山系无重大安全事故发生。文化和旅游部及各省市还大力推进文明旅游和旅游业诚信体系建设，其中2021年11月11日文化和旅游部出台《文化和旅游市场信用管理规定》共九章37条，提出了依法依规加强文化和旅游市场信用管理的具体办法。

【市场促销】 2021年秦岭山系旅游业宣传促销与市场推广呈丰富多彩、百舸竞流态势。市场促销重点聚焦各地旅游形象宣传、不同季节旅游线路与产品推广、旅游节会与活动营销、旅游新业态、新场景宣传等。由于全年新冠肺炎疫情在多地时有发生，疫情防控常态化下旅游市场促销与往年相比呈现出六大特点：一是促销活动规模小、聚集性人员少； 二是活动频次明显减少、旅游促销费用普遍压缩；三是线下线上结合成常态，“云旅游”推广迅速兴起；四是景区预约、网上购票得以大规模推广；五是本地旅游促销力度加大，针对当地人推出的“惠民年卡”品种增多，持卡不限次数进景区的方式受到民众欢迎；六是旅游消费结构发生变化，传统客源地人流下降，重点景区多年建立的客源网络被打破，本省市、本地区客源比例大幅上升，短线游、自驾游成为全年旅游业新特点。2021年5月，《中国秦岭旅游年鉴》编委会联动各方首次向社会发布的“中华秦岭100景”和“大秦岭边际线上的最美风景”，实现了对秦岭山系旅游风景地的首次联动推广和宣传促销。

【生态保护】 秦岭生态保护渐成全国关注和各级党委、政府高度重视的重大话题，在保护好秦岭生态环境，当好“生态卫士”前提下，科学利用资源发展旅游业态成为广泛共识。陕西省和关联省市相继出台、修订《陕西省秦岭生态环境保护条例》和相关生态保护规定、要求，并对各类自然保护区、相关峪口等采取了限流、封控等措施，严格管控开发、建设项目规划审批，规范各类项目建设和游客文明旅游行为，生态保护和文明旅游意识得到社会化广泛普及，秦岭良好的生态资源得到了充分彰显。秦岭地区陕西省范围森林覆盖率达到72.95%，珍稀野生动物种群数量持续增加；湖北省建立南水北调中线水源区生态保护协作体制机制；重庆市编制总体规划，部署渝东北大巴山区生态屏障、生态保护和修复重大工程；四川省确保嘉陵江、渠水两大流域水质优良；甘肃省秦岭关联县区持续抓好区域生态修复治理和环境改善，植树造林数字大幅增加，森林覆盖率逐年提升。

【旅游合作】 2021年秦岭山系旅游合作首次拉开序幕，以历史上首张《中国秦岭旅游图》正式出版发行和“中国秦岭旅游年鉴”系列首卷《中国秦岭旅游年鉴（2021）》出版为开端，在首次向世人展开秦岭旅游画卷、全方位展现秦岭历史文化、山水资源、地理范围、旅游特色、交通现状的同时，也正式拉开了秦岭山系相互认知、民众互游、旅游合作、业态交流的大幕。2021年5月27日，在陕西省渭南市华山风景名胜区举行的2021秦岭旅游（华山）合作大会、“秦岭风景·华山论剑”直播和秦岭旅游品牌营销交流会等系列活动，首次促成了秦岭山系6省1市城市间和风景名胜间以“中华秦岭”之名大牵手，会上成立的大秦岭文化旅游合作联盟引起了国内外广泛关注，大会发表的《携手促进秦岭文化传承和旅游发展（华山）宣言》，向全社会发出了保护秦岭、共建秦岭生态共同体、共建秦岭国际旅游目的地的倡议。大会之后，秦岭城市间、联盟成员间、相同业态间旅游合作逐渐启动。

【疫情防控】 2019年12月起在世界范围内爆发的新型冠状病毒肺炎疫情，至2021年仍然处于高发状态。受此影响，中国出入境国际旅游全年处于停滞状态，国内旅游则根据疫情在不同地区感染情况以及各级疫情防控指挥管理部门要求，采取跨省（区市）旅游适度管控措施，严格控制被划定为高中风险地区的人员跨省、跨市流动。为了避免疫情通过旅游景区、博物馆、影剧院、宾馆饭店等文化旅游场所和旅游途径传播，中华人民共和国文化和旅游部、各省、市疫情防控和文化旅游部门据情适时发布景区等文旅场所关闭或开放通知，要求各级各类文旅单位常态化做好疫情防控措施，采取在各类到达地扫描健康码、行程码，景区预约、限流，落地性旅游节会缓办、限制人员聚集规模，旅行社异地组团受限。在此过程中，秦岭主峰太白山、西岳华山、华清宫等大多数重点旅游景区全年都曾临时性关闭、演艺活动暂停，大量宾馆、饭店等旅游接待服务设施被临时改为隔离场所。西安等城市因疫情施行全域管控，禁止人员、车辆市内流动，文化旅游经营活动在一定时期内全面停止。当年，秦岭山系旅游业将疫情防控作为贯穿全年的重点任务之一，旅游管理部门和各大景区为此投入了大量人力、物力。面对旅游市场低迷，经营收入严重下滑的现状，各级政府和文化旅游部门相继出台措施，帮助、扶持文旅单位共渡难关。

【交通建设】 2021年，秦岭山系公路、铁路、机场等交通设施建设继续呈现快速发展态势，年内有多条列入国家高速公路、高速铁路规划的区间路段建成通车，省内铁路改善运力、服务旅游的“绿巨人”线路得以开通。铁路部门与旅游部门合作，开通了“环西部火车游”“秦岭号”旅游专列等。在2021年，重庆市共开通高速公路7条，全市高速公路通车总里程达到3841千米；河南省2021年在建高速公路达到59条。至2021年底，安徽省实现省内所有县域开通高速公路。在秦岭区域城市，支线航空的航线和通航里程也有大幅增加，秦巴腹地的安康富强机场2021年夏秋航季，共有7家航空公司在此开通9条航线，连通11座城市的11座机场；根据国家发展改革委、民航局安排，2021年，天水军民合用机场迁建，临夏民用机场、玛曲通用机场、岷县通用机场筹建全面启动。交通设施的快速发展和建设力度加大，有效改善了秦岭山系旅游的便捷度，节省了旅游过程的时间和费用成本，随之也开辟了旅游新线路和客源新市场。

【文化传播】 2020年4月20日，习近平总书记在陕西柞水牛背梁国家级自然保护区视察时强调：“秦岭和合南北、泽被天下，是我国的中央水塔，是中华民族的祖脉和中华文化的重要象征。”总书记对秦岭历史、地理、文化的重要定位，吹响了秦岭文化传播的进军号。2021年，随着历史上首次“丈量大秦岭”科学考察与文化传播行动课题成果的发布、首张《中国秦岭旅游图》出版发行，《中国秦岭旅游年鉴》编纂委员会发起以“让国人认识秦岭·让世界爱上秦岭”为主题的秦岭文化传播与旅游促进工程正式启动。2021年5月，首届秦岭旅游合作大会促成了秦岭山系文化旅游行业的历史大牵手，秦岭文化传播阵容逐渐扩大；“中华秦岭大讲堂”的开讲为秦岭文化多元化传播建立了平台。由中央电视台著名导演夏蒙任总导演、著名秦岭文化学者王若冰任总撰稿的大型人文地理纪录片《中华秦岭》开始筹拍，当年完成了全部12集的文字撰稿。秦岭山系文学、艺术、影视剧创作制作也广受关注，著名作家贾平凹以秦岭题材创作的长篇小说《山本》及其有声音频100集全部推出；取景于牛背梁国家森林公园的电影《爷爷的牛背梁》首映；由西北旅游文化产业集团发起的秦岭数字博物馆筹建启动，“送你一个大秦岭”文创产品开发经过多轮研讨进入实施。中国地名学会、国务院发展研究中心等多家研究人员以及著名文化学者肖云儒等均积极参与秦岭文化研究与传播行动。众多文化旅游协会也从不同领域、不同角度出发，宣传普及秦岭文化和生态知识，秦岭文化的大众传播氛围正在形成。

【全域旅游】 全域旅游是我国旅游发展的新理念和新模式。文化和旅游部将创建国家全域旅游示范区作为推进全域旅游发展的现实路径，以鼓励示范区先行先试，推出一批全域旅游示范典型。2019年9月和2020年12月，文化和旅游部先后命名了第一批71个、第二批97个国家全域旅游示范区入围市县，秦岭山系临潼、华阴、巫山、恩施、霍山、金寨、栾川、神农架、石泉、柞水、九寨沟等多地县（区、市、州）成功入围。2021年，全域旅游示范创建在秦岭各地持续开展，各省市大多增设了省级全域旅游示范区创建评定制度，开展验收和命名工作。国家级和省级全域旅游示范区的创建行动，良好凝聚了各级各行业的旅游发展意识，加速了旅游业与多行业的融合发展，促进了全域化的旅游环境改善和旅游景观化提档升级。

【民宿发展】 生态文明、休闲产业、个性化消费需求，催生了旅游新业态——民宿产业的快速发展。作为结合自然特色、反映当地文化、凸显个性化特点、提供休闲方式的住宿场所，特色民宿在秦岭各地生根发展具有充足条件和广阔前景。国务院、国家部委和各省市相继出台政策支持民宿产业发展，秦岭各地区因地制宜普遍出台了支持政策和鼓励、引导民宿发展等措施。根据乡村振兴和疫情防控常态化下旅游发展新需求，不少省市也适时发布了产业引导和民宿建设、标准化指导意见，多地普遍加速了秦岭地区民宿项目招商、集群化和品牌化建设力度，秦岭特色民宿建设得到快速发展，形成了国内知名品牌、连锁企业、社会资本纷纷投资、建设民宿的态势。秦岭深处的留坝楼房沟、道班宿等已快速成为知名品牌。为了规范民宿发展，加强行业自律，秦岭地区各省、市、县等相继成立了民宿协会，建立了预订网络，许多地方特色民宿在年内普遍显现“一房难求”的火爆现象，与疫情影响下普通酒店低迷的客房出租率和低位房价形成了鲜明对比。

【旅游惠民】 推动旅游业让利惠民，让人民群众共享旅游发展红利是近年旅游行业发展运营的新特点，2021年各地惠民周期进一步延长，优惠让利于民幅度进一步加大。全年旅游惠民的特点：一是景区、博物馆门票免费、折扣次数增多、周期延长。河南省组织动员全省景区实施周期性门票免费行动；西安等重点城市文旅部门集中组织全市国有景区免门票接待游客促进市场恢复；二是以城市为单位组织发行“旅游年卡”的数量增加，重点景区积极加盟开展持卡“不限次数”入园；三是受疫情影响各地普遍推出鼓励“本地游”优惠措施；四是对抗疫一线医护人员免景区门票已成为众多景区的一致共识；五是政府注入资金加大惠民力度，如陕西省文化和旅游厅推出的“文旅惠民卡”等。

【旅游产业】 秦岭是中国乃至世界上旅游资源最富集的旅游名山之一。名山秀峰、江河湖泊、森林植被、古镇名村、宗教古刹、历史遗迹、建筑风物、民俗风情、风味特产等都是得天独厚的旅游资源。随着旅游业的发展，众多秦岭旅游资源经过规划开发，现在已经形成了各级各类风景名胜区、地质公园、森林公园、水利景区、文物遗址景区和工农业旅游点，与旅游关联的各类业态得到了快速发展，其中各具特色的县域旅游在推动县域经济转型升级、脱贫致富等方面发挥了重要作用。秦岭还是中国各类自然保护区最为集中的区域，随着秦岭国家公园建设步伐的加快，秦岭旅游资源在保护前提下的开发利用也将进入快车道。不远的将来，秦岭有望建成世界级的旅游体验和休闲度假目的地。

第三部分
2021秦岭旅游大事记

【综述】 2021年受新冠肺炎疫情影响，秦岭山系旅游业遭受了有史以来的最大打击，在跨省旅游受限、疫情防控常态化的形势下，旅游景区、宾馆饭店、旅行社和其他旅游业态经营工作都面临了巨大考验，旅游接待人数、行业收入、企业经营额等都出现了大幅度下滑。同时，第十四个五年规划（简称“十四五”）正式启动，文化和旅游高质量发展列入重点工作，秦岭生态保护广受各级党委、政府和旅游行业、社会各界高度重视，文化旅游市场恢复发展和助力行业纾困成为各级关注热点。本部分收录了秦岭区域2021年文化和旅游行业重大话题、重要事件、重点节会、重要活动相关信息，以期反映全年秦岭旅游发展脉络和大事时间节点。

2021年1月

1月1日　“美丽陕西迎全运”摄影大赛“2021第一缕阳光”摄影活动在陕西省范围内举行，秦岭名峰商洛市山阳县天竺山国家森林公园作为主摄影地，联动全省迎接将于9月在陕西开幕的中华人民共和国第十四届运动会。

△ 河南省汝州市云堡妙境乡村民宿休闲度假区项目开工。

△ 湖北省孝感市完成对全市境内的石窟寺和石刻文物资源调查、核实和数据收集整理。并按要求向湖北省文化和旅游厅上报。

△ 湖北省《神农架林区文化志》出版，填补了神农架文化志书的历史空白，神农架林区有了第一本记录本地文化发展的志书。

1月2日　秦岭地区宝鸡市太白县鳌山旅游度假区、汉中市秦岭佛坪国宝旅游度假区获评省级旅游度假区。

△ 秦岭地区渭南市潼关县潼关古城景区、汉中市南郑区龙头山景区、汉中市宁强县汉江源景区、安康市汉阴县凤堰古梯田景区、安康市旬阳县蜀河古镇景区、商洛市商南县阳城驿景区获评国家4A级旅游景区。

△ 2021年首列“天鹅号”旅游专列从安阳、新乡、郑州等地出发，奔赴三门峡市，开启为期2天的“天鹅之旅”。

1月3日　陕西省宝鸡市2021年元旦假期接待游客68.2万人次，旅游综合收入3.62亿元。

△ 安徽省岳西县乡村旅游示范区项目申报专家评审会召开，全县共有21个乡镇申报27个乡村旅游示范区项目，申报金额达21.59亿元。

1月5日　陕西省汉中市留坝县召开2021年旅游产业突破发展领导小组第一次会议，研究讨论相关议题，并就旅游招商项目、旅游开发重点工作等会诊把脉，共同议问题、谋思路。

△ “醉美鹰城·邮我助力”主题宣传活动启动仪式暨《辛丑年》特种邮票首发式在河南省平顶山博物馆举行。

△ 法国驻武汉总领事馆总领事贵永华先生一行到神农架访问，点赞国家非物质文化遗产《黑暗传》表演、考察神农架国际滑雪场等。

△ 在2021年中国冰雪旅游发展论坛期间，

中国旅游研究院发布“2021年冰雪旅游十强（县）区”。神农架凭借天然的冰雪资源优势上榜。

△ 四川省青川县2021年文化下乡暨送文化进景区活动在房石镇拉开序幕。

1月7日　陕西省人民政府办公厅发布关于命名“全域旅游示范区”的通报，秦岭地区西安市长安区、蓝田县，宝鸡市眉县、凤县，汉中市汉台区、洋县、勉县、留坝县，安康市石泉县、宁陕县，商洛市商南县、柞水县上榜。

△ 陕西省林业局公布全省首批7个森林旅游示范县（市）名单，秦岭地区商洛市、汉中市留坝县、安康市石泉县以及镇坪县、商洛市商南县入围。

△ 河南省汝州市创建省级文旅消费示范市工作推进会召开。

1月8日　四川省第十一届（冬季）乡村文化旅游节在广元朝天区曾家山“云上”开幕。

△ 河南省南召县与河南省文化产业投资有限公司、五朵山旅游开发有限公司进行战略合作签约。

1月10日　神农架林区人民政府与中国旅游集团投资运营有限公司在深圳举行合作项目签约仪式。双方就景区运营管理、品牌营销、游客导流等签订战略合作协议。

△ 安徽省六安市第五届原创文艺作品调演暨2021年“安徽省乡村春晚”六安选拔赛举办。

1月11日　陕西省人民政府发布《关于批准公布第三批历史文化名镇名村街区的通知》，秦岭地区旬阳县红军镇、紫阳县焕古镇，潼关县秦东镇四知村、紫阳县向阳镇营梁村，安康市汉滨区东关街区、紫阳县焕古镇老街、石泉县城关文化街区、旬阳县蜀河镇街区、汉阴县双河口镇老街、山阳县漫川关镇街区、丹凤县棣花镇街区、柞水县凤凰镇街区入选。

1月12日　湖北省随州全市A级旅游景区和文化场馆从12日起全面实行分时预约，游客凭预约码方可检票入内。

△ 四川省巴中全市文化和旅游发展大会召开。

1月13日　《巴蜀文化旅游走廊建设规划》川东北片区（达州、广安）编制调研座谈会在达州召开。

1月16日　甘肃省临洮县冬春季冰雪温泉乡村游暨首届青少年冰雪冬令营活动启动。

1月18日　四川省广元市文化市场综合行政执法支队举行揭牌仪式。

1月19日　陕西省商南县文化馆排练的《花棍舞》被文化和旅游部全国公共文化发展中心收录。

1月20日　四川省万源市第六届人民代表大会第六次会议开幕，提出建设川东北渝东北革命老区振兴发展示范区、生态经济引领区和全国康养度假旅游目的地，再次将生态强市、文旅兴市提升到战略高度。

1月21日　河南省平顶山市文旅商品研发中心成立。

1月27日　陕西省商洛市文化和旅游工作会议召开。会议传达学习了陕西省文化和旅游工作会议及市委四届十次全会精神，总结2020年和“十三五”工作，部署“十四五”和2021年重点任务。

1月28日　商洛市文化和旅游局对全市特色民宿和特色文旅商品进行评定命名。

1月29日　陕西省宝鸡市召开2021年文化旅游工作会，对标中央、省文化旅游工作会、市委十二届九次全体（扩大）会议要求，回顾总结2020年工作，安排部署2021年工作。

1月30日　河南省光山县举办优秀传统文化展演暨第六届糍粑节。

2021年2月

2月1日　武汉城市圈环线高速大随至汉十段（孝感北段）正式通车，成为2021年湖北通车的首条高速公路。

2月5日　陕西省宝鸡2021“福牛迎春、云游宝鸡”春节文化旅游活动全面启动。

△ 陕西省商洛市文化和旅游局会同市金融办，邀请工农中建四大商业银行以及市农发行、陕西开源证券召开全市文化和旅游企业融资对接会，搭建文旅企业与金融机构交流对接

平台，助力大旅游产业发展。

△ 以湖北神农架林区为背景创作的短篇小说《野朋友》上线，根据小说改编的同名贺岁短片也同步上线。

△ 河南省泌阳县2021年森林泌阳生态建设暨创建国家森林城市工作会议召开。

△ 安徽省岳西县大别山主峰国际旅游度假区概念规划方案讨论视频会召开。

2月8日　第九届陕西省艺术节筹办工作总结大会在宝鸡市召开。

2月19日　河南省南阳市社旗县举办赊店古镇规划建设研讨会，听取研究赊店古镇景区（一期）业态运营策划、修建性详细规划设计修改反馈情况，安排部署赊店古镇入景口区域前期建设准备工作。

2月22日　引汉济渭工程秦岭输水隧洞实现全线贯通。这条全长98.3千米，最大埋深2012米的特长输水隧洞是人类历史上首次从底部横穿秦岭，创造了深埋超长世界第一、TBM单机连续掘进世界第一等多项世界纪录。

△ 2021年湖北省黄梅县文化和旅游系统工作大会召开。

2月26日　西安市鄠邑区2021年文化旅游工作会议在区文化中心召开。

2月27日　陕西省汉中市佛坪县第十四届“茱萸花海踏春游”启动，近20项活动一直持续到5月。

△ 湖北省京山青龙山旅游开发项目开工仪式在温泉新区举行。

2月28日　湖北省荆门市文化和旅游工作会议召开。

2021年3月

3月2日　甘肃省天水市召开2021年文化旅游工作会议，贯彻落实省、市相关会议精神，回顾总结“十三五”及2020年全市文化旅游、广播电视、文物保护工作，安排部署2021年各项重点任务。

3月3日　陕西省商南县召开国家全域旅游示范县创建工作推进会，对国家全域旅游示范县创建工作进行再安排、再部署、再推进。

△ 湖北省孝昌县文化和旅游工作会议召开，总结2020年度工作，对2021年工作进行安排部署。

3月5日　安徽省六安市文化和旅游局长会议召开。

3月7日　“武汉·春天的旋律”2021年新洲区非遗进景区展演活动启动。

3月9日　随着D6884次“复兴号”动车组抵达西安市长安区西安南站，秦岭山下的西安南站首次迎来动车组。

3月11日　2021中国最美油菜花海汉中旅游文化节勉县会场活动在定军山下启动。

△ 河南省洛宁县召开2021年创建全国文明城市暨国家森林城市工作动员大会。

△ 湖北省曾都区2021年送“文化下乡”活动启动仪式举行。

3月12日　陕西省宝鸡市“秦岭保护巾帼联盟”启动仪式暨陕西省2021年换树“1+1”美丽秦岭行动走进眉县植树活动在红河谷森林公园举行。

△ 2021中国最美油菜花海汉中旅游文化节汉台区分会场在老君镇启动。

△ 2021中国最美油菜花海汉中旅游文化节洋县分会场暨洋县第十二届梨花节在洋县印象洋州广场开幕。

3月13—14日　河南省文化和旅游厅组织部分民宿专家团队赶赴淅川进行实地考察，为淅川的民宿建设建言献策，并召开“民宿走进淅川” 座谈会，签署了淅川丹江湖区域民宿集群项目战略协议。

3月14日　河南省鲁山县举行耀星国际温泉度假小镇项目启动仪式。

3月15日　陕西省安康市石窟寺田野调查工作总结会在安康市文化和旅游广电局（安康市文物局）召开。本次调查历时3个余月，三个调查组完成了全市137处石窟寺的田野调查工作，其中新发现石窟寺14处。

△ 陕西省西安市鄠邑区在秦岭山下景区管理局太平口村，举行了秦岭生态环境保护宣传周暨“保护秦岭生态环境 当好秦岭生态卫士”

启动仪式。

△ 湖北省、恩施土家族苗族自治州文旅部门组成的专家组来到巴东县，开展武陵山区（鄂西南）土家族苗族文化生态保护实验区建设情况预评验收工作。

3月15—16日 河南省洛阳平顶山伏牛山全域旅游示范区建设调研座谈会在栾川县召开。

3月16日 满载529名来自安阳、鹤壁、新乡、焦作、济源、洛阳等地游客的旅游专列，抵达三门峡市，成为疫情防控形势稳定之后抵达三门峡的首趟旅游专列。

△ 河南省三门峡市召开2021年度全市公共文化服务体系建设工作推进会。

3月18日 湖北省红安县文化和旅游局召开2021年工作会议。

3月19日 陕西省商南县文化市场综合执法大队组织召开全县文化和旅游市场管理工作会议，并对全县文化市场执法人员和文旅企业负责人进行了培训。

△ 安徽省安庆市文化和旅游局召开2021年全市文化旅游营销工作会议。

3月20日 2021中国最美油菜花海汉中旅游文化节镇巴分会场暨镇巴山地花海精品“二日游”线路启动仪式在镇巴县黎坝镇举行。

△ 陕西安康紫阳富硒茶春茶开园暨中国·紫阳第四届“春之茶”文化旅游主题系列活动在紫阳县向阳镇富硒茶观光园举行。

△ 陕西省安康市汉滨区在双龙镇举行2021年春季旅游推介暨双龙镇首届旅游文化季活动。

△ 2021年“宝丰号”尧山旅游专列抵达平顶山火车站，成为2021年抵达平顶山市的首趟旅游专列。

△ 湖北省竹溪县2021年乡村文化旅游年暨中国好声音竹溪赛区选拔赛正式启动，合力促进文旅融合，加速康养产业发展。

△ 2021年“襄城无处不飞花”春季文化旅游季新闻发布会暨启动仪式在湖北省襄城区尹集乡姚庵村莫家堰举行。

3月22日 湖北省谷城县2021年度文化和旅游工作会召开，全面总结2020年文化和旅游工作，对2021年工作进行安排部署。

△ 湖北省武汉市召开文化和旅游招商引资大会。会上共签约项目38个，总投资达1609.05亿元，其中黄陂区共有8个文旅项目签约，投资总额达480.6亿元，占全市总投资近三分之一。

3月23日 “飞越安康”航空旅游市场推介小分队走进紫阳县，开展旅游精品线路“踩线”和航空市场推介活动。

△ 河南省灵宝市森林乡村示范村、森林特色小镇建设工作推进会召开。

3月23日—4月5日 河南省邓州市举办首届“油菜花季双周游”活动，推动全域旅游的快速发展。

3月24日 “巴迪瑞”杯·2021年中国公路自行车联赛洛宁站在河南省洛宁县上亿广场开赛。

3月25日 西安地图出版社有限公司与西北旅游文化产业集团联合召开2020“丈量大秦岭”西安科考与文化传播行动团队座谈会，西北旅游文化研究院介绍秦岭课题研究、秦岭区域旅游图绘制、《中国秦岭旅游年鉴》编纂进度和2021“丈量大秦岭”方案，讨论课题成果发布、年鉴出版等事宜。

3月26日 陕西省宝鸡市文化和旅游局4个政务号短视频直播家乡年活动受到陕西省文化和旅游厅通报表扬。

△ 湖北省神农架林区国家级、省级、区级非遗传承人齐聚一堂举行非遗年会。

△ 由河南省农业农村厅、河南省文化和旅游厅、河南省供销合作总社、三门峡市人民政府等共同主办的“清清卢氏·翘首以待”首届连翘花季在文峪乡望家山万亩果药基地开幕。

△ 焦唐高速方城至唐河段、渑淅高速淅川至豫鄂省界段集中开工建设。

△ 2021“相约春天看襄阳”招商活动襄城站举办。

3月27日 “乡约丹江口·源头四季游”2021南水北调中线源头城市湖北省丹江口乡村旅游之“畅玩桃花岛 田园乐翻天”在三官殿办事处拉开帷幕。

△ 2021中国·灵宝《道德经》文化艺术周在函谷关历史文化旅游区开幕。

△ 第三届全球文旅创作者大会2021“老家河南”美好春游季（嵖岈山站）启动仪式暨第九届嵖岈山西游文化节开幕式在嵖岈山风景区举行。

3月28日 在《道德经》问世2512年、老子诞辰2592周年之际，河南省灵宝市举行2021函谷论道暨弘道积德老子文化奖颁奖典礼。

△ 首届映山蓝旅游文化节暨百名主播带您云上游金寨（抖音大赛）活动开幕。

△ 首届连翘花季“连翘花开·幸福卢氏”2021全国山地车邀请赛在卢园广场开幕。

3月29日 以“让世界爱上中国秦岭”为主旨的“中华秦岭大讲堂”正式开讲。中国著名农业史学者、西北农林科技大学博士生导师樊志民教授以《秦岭农耕文明和茶文化密码》为题进行第一讲，70万观众通过网络直播聆听讲座。

△ 2021年西安市乡村旅游年在长安区唐村启动。

△ “2021神农架·野人五项”巴桃园杯自行车公开赛暨神农架大健康产业发展论坛新闻发布会在武汉举行。

△ 河南省南阳市淅川县召开旅游工作暨全域旅游示范区创建工作推进会。

△ 河南省罗山县召开何家冲景区创建国家4A级旅游景区提升规划设计评审会。

△ “铭记百年党史 助推乡村振兴”2021年平顶山市农村电影放映工程启动仪式在宝丰县中原军区司令部旧址陈列馆前举行。

3月30日 2021陕西省宝鸡市凤县文化旅游暨招商引资推介会在重庆市举办，重点推介了凤县文化旅游资源优势、重点招商项目。现场签约项目15个，总投资11.95亿元。

△ 首届山花烂漫商洛行暨春满秦岭——商南鹿茗开茶节在陕西省商洛市商南县举行。商洛市发布旅游活动和“一机游商洛”惠民措施；商南大展“中国名茶之乡”文化风采。其间举行开茶仪式、品茶、采茶和制茶体验，茶农茶商茶人茶产业茶文化各领域以“茶”为媒交友论道，助力秦岭茶产业发展。

△ 河南省鲁（鲁山县）平（平顶山）城际公交开通。

3月31日 陕西省宝鸡市推出2021年“踏青赏花季”文化旅游系列活动。

△ 陕西省宝鸡市渭滨区“炎帝故里·精彩渭滨”系列文化旅游活动在神农镇刘家槽村举行。

2021年4月

4月1日 河南省文化和旅游厅在驻马店市召开全省艺术创作工作会议。

△ 陕西省“飞越安康 · 茶乡平利”航空和旅游市场招商推介活动在平利县举办。

4月2日 陕西汉中朱鹮国家级自然保护区2021年人工孵化的第一只朱鹮顺利出壳。

△ 以“文旅都市圈，相约牡丹城”为主题的洛阳都市圈文旅联动活动正式启动。

△ 湖北省政府批准公布11处全国重点文物保护单位文物保护规划，荆门市龙王山遗址保护规划、钟祥文风塔保护规划、中共豫鄂边区委员会旧址保护规划入选。

4月3日 陕西省安康市镇坪县2021年“长寿镇坪”旅游季在腊味小镇启动。

4月3－5日 全国统一清明节放假3天。由于全国新冠肺炎疫情防控向好，秦岭山系迎来自2020年2月以来第一次全面开放型假期。全山系城市、县区、景区旅游人气火爆，高速公路、国道、省道、乡道上自驾车骤增，酒店、民宿、农家客栈生意兴隆，秦岭良好的自然环境和青山绿水得到了城乡居民的普遍青睐。4月5日假期结束时，秦岭山系各省、市、县公布的假期接待游客量和旅游综合收入数同比均实现了大幅度增长，其中在携程大数据分析中，西安多项指标位列第一。

4月4日 陕西省西安市长安区柳青文学纪念馆落成揭牌，标志着长安区继柳青文学馆、“创业史”主题公园、柳青墓园、柳青广场后，再增一处柳青系列纪念场馆。

4月初 湖北省神农架林区被国家体育总局命名为“神农架国家体育产业示范基地”。

4月6日 第二届“山花节”暨旅行社采线启动仪式在河南省舞钢市祥龙大峡谷景区举行。

△ 湖北省安陆市召开全域旅游发展大会。

4月7日 陕西省表彰了第九届陕西质量奖获奖单位，汉中石门栈道风景区旅游开发有限公司荣获“陕西质量奖”，实现汉中市省级质量奖零的突破，也是陕西水利系统首个省级质量奖。

△ 2021第四届中国·灵宝苹果花节在河南省灵宝市寺河山苹果小镇拉开帷幕。

△ 河南省浉河区召开2021年A级景区质量提升工作会。

4月8日 川陕革命根据地博物馆暨川陕苏区将帅碑林纪念馆新馆陈列布展工作专题会议在巴中召开。

△ 陕西省汉中市佛坪县举行秦岭大熊猫救护繁育研究基地暨2021年二季度重点项目集中开工仪式。

△ 湖北省神农架林区旅行社协会在木鱼镇挂牌成立。

4月9日 2021年甘肃省舟曲县文化旅游宣传推介暨座谈会在兰州举行。

△ 湖北省孝昌县博物馆新馆基本陈列专家论证会在孝感市博物馆举行。

△ 四川省“重走长征路·奋进新征程”红色旅游年通江县分会场启动仪式现场，通江县正式发布文旅主题宣传语—“度假胜地、红色通江”，同时推介了“红色记忆”红军文化体验游、“天然氧吧”生态休闲度假游和“寻幽访古”原生态康养游等3条精品旅游线路。

4月10日 湖北省兴山县政府、保康县政府、兴发集团在兴山与保康交界的榛子乡，共同举行千家坪森林康养及冰雪类体育运动项目签约仪式，推动两地三方融合发展、协同共进。

4月12日 外交部湖北全球特别推介活动在外交部蓝厅举行。本次活动以“英雄的湖北：浴火重生 再创辉煌”为主题，是外交部疫后举行的首场省区市推介活动。

△ 湖北省兴山昭君美食创新暨厨艺技能大赛在古夫城区开赛，兴山厨高手同台比拼，共同演绎昭君故里美食。

4月13日 陕西汉阴开通县城至双河口公交旅游专线，这是汉阴开通的首条公交旅游专线。

4月14日 陕西省西安市长安区人大常委会召开省、市《秦岭生态环境保护条例》执法检查动员会，更好推进秦岭生态恢复和持久保护。

4月15日 陕西省宝鸡市文化和旅游局启动“旅游摄影作品进酒店”项目，1000余幅展示宝鸡自然风光、城市风貌等旅游摄影作品，进驻宝鸡文化艺术中心、饭店、酒店等涉旅单位和公共场所。

△ “华人圣地——寻根蓝田”2021第五届华胥文化主题论坛暨“中国品牌与《华胥古国》”签约开机仪式在西安举行。

△ 陕西省汉中市文旅局召开2022年度全市文化旅游工作会议，总结2021年工作，安排部署2022年文化旅游、文物广电重点任务。

4月15－16日 以“比技能争当工匠、比质量争创精品”为主题，商洛市重点项目劳动和技能竞赛暨“鹿茗杯”手工采茶制茶技能大赛在国家4A级旅游景区阳城驿举行。

△ 由中国气象局、绍兴市人民政府指导，中央气象台主办的“中国天气”助力美丽中国建设资源发布会上，陕西省宝鸡市获“最受关注的天气预报城市（宜居宜游）”荣誉称号。

4月16日 河南省方城县召开A级景区周边经营环境综合整治工作会议。

4月17日 2021“诗和远方 尽在钟祥”湖北省钟祥市文旅消费季（荆门站）启动仪式在荆门市龙泉公园举行。

△ “流光夜 新襄城”2021夜之襄城启动仪式在昭明台广场举行，汉江游轮“汉江夜游”活动同步进行。

4月18日 陕西宝鸡·陈仓生态半程马拉松赛在宝鸡市陈仓区九龙山景区鸣枪开跑。

△ 中国民宿发展大会在郑州召开，平顶山市在大会上成功签约14个项目，总投资额68.11亿元，并参与了重点推介活动。

△ 2021中国红岭公路越野赛（大湾·马鬃岭站）开幕式在安徽省金寨县大湾景区举办。

4月19日 中国科学院院士、著名地质学家、西北大学教授张国伟听取“丈量大秦岭”专家团代表关于《秦岭地理范围科学考察研究报告》《中国秦岭旅游图》《中国秦岭旅游年鉴》（2021）绘制、编纂情况介绍，对西北旅游文化研究院和产业集团倡导并组织专家实施的这项工作成果大加赞赏，认为以旅游切入研究、科普、保护、利用秦岭是一个历史创新，对于秦岭文化保护、梳理、弘扬也做出了很大的贡献。

4月20日　电影《爷爷的牛背梁》首映。这是一部精彩的儿童教育、生态环保大片，取景于陕西牛背梁国家森林公园，届时电影将送进校园，使更多青少年通过观看本片，亲近大自然，了解热爱秦岭，争做秦岭生态小卫士。

△ 2021中国秦岭生态文化旅游节系列活动之洛南仓颉文化旅游节在陕西省商洛市洛南县开幕。活动以“洛汭之水祭仓圣·汉字寻根游洛南”为主题，包括百人锣鼓表演、仓颉文化旅游节开幕式、恭迎仓颉祭祀活动、仓颉文化研讨会、书法史论研讨会等16项活动。

△ “天华杯”2021年甘肃省青少年自行车锦标赛在甘肃省渭源县开赛，共有来自10个代表队的150名青少年选手参加本次比赛。

△ “花开洛阳 奇境栾川”旅游产品发布会在广州召开。

△ 河南省南阳市民间文艺家协会玉雕专业委员会成立大会召开。

△ 第29届信阳茶文化节“全民饮茶日暨谷雨茶会”在南湖广场举行。

4月20—21日　陕西省宝鸡市文化和旅游局与福建省厦门市文化和旅游局、同安区文化和旅游局、厦门亚太旅游发展中心等17家文化旅游企事业单位，就文旅融合发展、文物活化利用及文化遗产保护等开展交流活动。

△ 陕西省汉中市西乡茶叶首届全国经销商大会暨茶业高质量发展论坛举行。

4月21日　陕西省平利县启动2021中国最美乡村·平利“茶之旅”文化旅游季活动。

4月22日　为期两天的“魅力楚都 幸福宜城”2021美丽乡村摄影展在燕京花苑举行。

△ 2021中国秦岭金丝峡兰花节暨“行走大秦岭·穿越金丝峡”生态勇士挑战赛在陕西省商洛市商南县金丝峡景区启动。此次活动，包含精品兰花展、生态勇士挑战赛、兰香书画采风行、“嗨在商南”创意挑战赛等系列活动，其间发布五大惠游政策。

4月22—23日　陕西省第二届手工制茶技能大赛暨南郑区2021年赛茶大会在汉中市南郑区举行。

4月22—24日　全国公共文化领域重点改革工作总结部署会议在苏州召开。会上，安康市介绍了以“新品牌、高品位、好品质”打造欠发达地区基层公共文化服务“安康样板”的经验做法。

4月23日　甘肃省岷县2021“红色记忆·花儿之乡·药乡岷县”旅游推介会在定西市凤城大酒店召开。

△ 第十四届大别山（安徽·岳西）映山红旅游文化月开幕式暨安徽卫视《相约花戏楼》走进岳西活动启幕。

4月23—24日　为期两天的第二届金寨中国红岭公路大会在金寨县自驾车旅游服务中心召开。

4月24日　河南省鲁山县举行2021年第二季度重点项目集中开工暨河南尧山文化旅游生态综合体项目开工仪式。

4月27日　2021年驻马店文化旅游推介交流会在商丘举行。

△ 长三角红色旅游创新发展合作交流活动在安徽省六安市金寨县举行。

4月27—28日　河南省桐柏县举办“中原茶乡”第四届桐柏玉叶手工制作大赛暨万人品茶活动。

4月28日　河南省南阳市在淅川县九重镇陶岔村、镇平县彭雪枫纪念馆广场与河南省文旅厅在信阳市新县同步举办建党百年群众性文化活动启动仪式。

△ 河南省南阳市镇平县举办“推动玉文化产业向文旅转型建设全域旅游示范县”主题研讨会。

△ 河南省浉河区召开毛尖旅游度假区策划汇报会，进一步优化浉河区茶文化旅游度假区项目，确保项目尽快落地实施。

△ “大别山红旗不倒——黄冈现代革命史陈列展”在黄冈市博物馆开展。

4月29日　第十届宝鸡文化旅游节开幕式暨

太白山国家级旅游度假区授牌仪式在太白山举行。陕西省文化和旅游厅代表国家文化和旅游部为太白山国家级旅游度假区授牌。

△ “站在秦岭之巅——2021秦岭与黄河对话·走进太白山”特别活动在太白山国家森林公园举行，这是每年一届的“秦岭与黄河对话”活动成功举办的第八届，也是继2015年之后第二次走进太白山。

△ 以“天下贵清·康养漳县”为主题的2021年定西漳县贵清山文化体育旅游节在贵清山植物园开幕。

△ 由中国茶叶流通协会主办的“美丽中国茶乡行 · 食在茶乡”河南省商城县分赛区活动举行。

4月30日　湖北省茅箭区举行2021年“百花齐放”文创旅游季开幕暨三益兰花谷开园仪式。

△ 2021年十堰市召开创建全国文明城市新闻发布会，从三大方面介绍新一轮全国文明城市创建工作有关情况。

2021年5月

5月1日　全国开启连续5天的“五一”放假模式，高速公路假期免费。秦岭山系市县、景区游客暴增，宾馆、民宿、客栈近乎全部预订一空。按照疫情防控要求，重点景区全部推行限流和预约措施，大部分景区发出了错峰旅游公告。假期接待数据显示，各地旅游接待人数、旅游收入均实现了爆发式增长。

△ 2021年全国滑雪定向挑战赛在宁陕县广货街镇秦岭峡谷乐园景区、安康国家雪上项目训练基地举办。

5月2日　第六届“巴人美食·岚皋味道”长街宴活动在陕西省安康市岚皋美食街启幕。

△ “青海万人游渭源”旅游直通车开通仪式暨旅游文化交流活动在定西市渭河源景区开幕。

5月5日　合肥市委、市政府提出要打造“乡村旅游到庐江”品牌，为庐江乡村旅游发展带来新动力。

5月5－6日　各大媒体和大数据平台普遍聚焦“五一”全国旅游市场分析和综合评估，秦岭山系西安市进入“五一”全国十大热点旅游城市名单；西岳华山入围全国十大热门景区榜单，名列第三。秦岭山系5A级旅游景区成为外地游客首选地；与过去假期相比，“90后”“80后”成为假日旅游和消费主力军。

5月6日　陕西省商南县文碧峰景区被批准为国家3A级旅游景区。

△ 甘肃省临洮县召开战国秦长城（临洮段）文物保护利用设施建设项目现场推进会，对项目相关工作进行了安排部署。

5月7日　“七彩凤县 · 踏春赏花”短视频创作展播大赛集中采风活动启动。

△ 河南省南阳市淅川县召开全域旅游示范区创建工作观摩现场会。

5月8－9日　第十四届全国运动会铁人三项项目测试赛和“一带一路”陕西2021汉中国际铁人三项赛在汉中举行。

5月9日　“66房车重走红二十五军长征路”在金刚台猫儿峰景区启动，近百辆房车开进大别山汇聚金刚台开启红色之旅。

5月10－12日　四川省通江县举办创建天府旅游名县文旅服务质量提升培训班。

5月11日　陕西省文化和旅游厅在安康市组织召开“安康市秦巴1号旅游风景道规划”评审会议，一致同意通过评审。

5月12日　习近平总书记在河南省南阳市考察调研。当天下午，总书记首先来到医圣祠，了解“医圣”张仲景生平及其对中医药发展作出的贡献。随后，来到南阳月季博览园、南阳药益宝艾草制品有限公司，考察当地依托月季、艾草等资源优势发展特色产业，带动群众就业等情况。

5月13日　习近平总书记来到南阳市淅川县，先后考察了陶岔渠首枢纽工程、丹江口水库和九重镇邹庄村，听取南水北调中线工程建设管理运行和水源地生态保护等情况介绍，了解南水北调移民安置、发展特色产业、促进移民增收等情况。

△ 陕西省临潼区举办“丝路起点·遇见临潼”2021全球驻华使节经贸文化之旅专场活动。

5月14日　习近平总书记在河南省南阳市主持召开推进南水北调后续工程高质量发展座谈会并发表重要讲话。

△ 陕西省宝鸡市召开文化文物旅游行业秦岭生态环境保护工作会，全面贯彻落实陕西省秦岭生态环境保护会议有关精神，进一步压实文化文物旅游行业涉及秦岭生态环境保护责任。

△ “迎老乡、回故乡、建家乡”2021陕西省商洛市商州区招商推介会暨项目集中签约仪式在西安举行。

5月15日　四川省通江县在川陕革命根据地红军烈士陵园启动以“弘扬红军精神·助力乡村振兴”为主题的第四届“唱响红云崖”爱国主义歌曲比赛，比赛以线上线下方式进行。

5月16日　2021西安市蓝田县半程马拉松开跑。

5月17日　以“走进世界天坑 探访民歌之乡 体验生态之美”为主题的2021媒体镇巴行旅游主题采风活动启动。

5月18日　2021中国秦岭生态文化旅游节在陕西省商洛市商州区秦岭江山景区开幕。活动以“畅游秦岭山水·乐享康养之旅”为主题，旨在进一步提升“秦岭最美是商洛”“中国气候康养之都”文化旅游品牌形象。

△ “向幸福出发·美丽紫阳我代言”陕西省紫阳县第一届生态旅游形象大使选拔大赛落幕。比赛决出了生态紫阳、茶乡紫阳、人文紫阳、休闲紫阳四大代言人，及最佳才艺、最佳风采、最佳口才、最佳人气四个单项奖。

△ 天水至陇南铁路征地拆迁及相关前期工作推进会召开，专题安排部署天陇铁路弃渣场选址、先开段征地拆迁等工作。

△ 哈达铺在红军长征中的历史地位及作用学术研讨会在陇南市宕昌县开幕。

5月19日　湖北省罗田县文化和旅游局举行非遗保护工作会议，成立罗田县非物质文化遗产专家评审委员会，与会专家对罗田县第二批非遗项目代表性传承人申报和《非遗展馆展陈大纲初稿》进行了讨论。

△ 第11个“中国旅游日”，河南省开展以“绿色发展，美好生活”为主题的宣传推广活动，分会场设在三门峡市。

△ 在湖南省湘西土家族苗族自治州举行的国家级文化生态保护区建设经验交流活动中，洛阳获评国家级“河洛文化生态保护实验区”。

5月20日　2021宝鸡都市文化旅游系列活动暨首届秦岭玫瑰文化旅游节启动仪式在陕西省宝鸡市渭滨区秦岭玫瑰产业现代农业园举行。活动以“炎帝故里、精彩渭滨”为主题，推出寻知赏花、乐摘田园、潮动街区、红色庆典、寻根祭祖、动感全城、畅想新春等七大系列27项文化旅游活动。

△ 河南省南阳市文广旅局在内乡县举行全市研学旅行培训会暨研学基地授牌仪式。

5月20—22日　甘肃省天水市文化和旅游局举办的天水市文旅振兴乡村旅游培训班，促进乡村旅游产业提质增效，助力乡村振兴及文化旅游强市建设。

△ 湖北省竹山县首届微型马拉松和中国舟钓（路亚）大赛收官，探索体育+旅游模式的创新尝试。

5月21日　2021年“国际茶日”陕西分会场主题活动在平利县老县镇女娲凤凰茶业现代示范园区启动。

△ 河南省浉河区举办2021国际茶日全民饮茶活动。

5月22日　第十五届双胞胎漂流节暨花海音乐节在豫西大峡谷千亩芍药花海举办。

5月23日　2021长城之源山地自行车赛（漳县贵清山·安门村站）开赛，吸引了来自广东、陕西、安徽、云南等全国各地山地自行车爱好者共128人参赛。

△ 河南省渑池县第六届“魅力仰韶行”活动启动仪式在仰韶村举行。

5月24日　河南省南阳市公共文化服务协调领导小组办公室下发《关于在全市基层开展“七个一”文化活动的通知》，助推乡村文化繁荣发展。

5月26日　陕西省宝鸡市召开秦岭生态环境保护重点工作推进会。

△ 河南省驿城区全域旅游暨乡村旅游总体规划编制启动工作座谈会召开，全面启动全域旅游暨乡村旅游总体规划编制工作。

△ 2021湖北省文化和旅游宣传推介会收官。在近一个月的时间里，十堰文旅资源先后走进了南昌、长沙、郑州、广州、深圳、北京、天津、上海、杭州、南京共10个城市。通过文旅推介方式，为十堰引来更多的文旅发展机遇。

5月28日　宝鸡市文化和旅游局及渭滨区、陈仓区、岐山县、眉县、太白县、凤县文旅局和高新管委会文旅广电局主要负责同志在鄠邑考察秦岭生态环境保护智慧管控中心运行情况。

△ 湖北省随州市文旅产业三年行动计划现场推进会在随县洪山镇云峰山万亩茶园景区召开。

△ 保（康）神（农架）高速全线开通试运营，湖北实现了“县县通高速”，结束了最后一个县市——神农架林区不通高速的历史。

5月29日　“流光溢彩醉西安·时尚全运游灞桥”2021年古典服饰走秀活动在鲸鱼沟竹海风景区举行。

△ 湖北省孝感市委、市政府2021年度重点投资项目澴河老码头遗址公园、文昌阁重建项目方案通过专家评审。

2021年6月

6月1日　“氧心南漳 豫您相约”湖北省南漳县文化旅游推介会在南阳市举行。

6月2日　陕西省宁陕县召开秦岭生态环境保护大会。

△ 湖北大别山国家级自然保护区罗田管理局启动第一期野外红外相机监测数据收集工作。

6月4日　2021陕西省商南县旅游暨项目招商（陕豫甘）推介活动首站在南阳市举行。

△ “嗨玩夏季·乐享豫中南”豫中南七市旅游推广联盟文化交流暨夏季旅游产品发布会在鲁山县举行。

6月6日　中国·石泉2021文旅才艺大赛决赛在池河镇金蚕广场举行。

△ 湖北省在武汉启动2021年A级旅游景区提质惠民行动。

△ 辛丑年华夏始祖炎帝祭祀活动在湖北省神农坛景区举办。

6月8日　汉中市汉江源景区举行国家4A级旅游景区揭牌仪式，汉江源正式晋级国家4A级旅游景区。

△ 湖北省张湾区文旅局、区文联组织的“我们的节日 · 端午节暨中华优秀传统文化 · 书法进校园”活动在张湾区汉江路中心小学书画室开展。

6月9日　由河南省文化和旅游厅、信阳市人民政府主办的“发现丝路最美茶乡”活动在浉河区启动。

△ 四川省巴中市光雾山国家5A级旅游景区证书颁发活动在光雾山游客中心举行，副省长罗强为光雾山景区颁发国家5A级旅游景区证书并出席巴中市国家5A级旅游景区建设工作座谈会。

6月10日　陕西省商南县旅游暨项目招商推介会在兰州市举办。商南县推介了3条精品旅游线路、7家A级景区、5个优质文旅项目，现场签署合作协议4个，计划投资总额达1.2亿元。

△ 陕西省略阳县第二届罐罐茶制作技能大赛在略阳县羌文化广场举行。

△ 河南省方城县2021年文化广电和旅游工作会议召开。

△ 2021年“文化和自然遗产日”非遗宣传展示湖北省主会场活动在襄阳盛世唐城景区凯旋门广场启动。

△ 国务院公布第五批国家级非物质文化遗产代表性项目名录，河南省南阳市烙画（南阳烙画）、农历二十四节气（内乡打春牛习俗）两个项目入选。

6月10－11日　第五届老子文化论坛在灵宝函谷关举行。

6月11日　以“绿色发展、全域康养”为主题的2021凤县康养文化（凤文化）发展大会开幕。

△ 陕西省宝鸡市凤县举行2021凤县健康产业项目对接恳谈会。会上签约中药材康养种植观光基地、凤县永生村农旅融合休闲康养度假基地等4个招商引资项目，总投资17亿元。

△ 由安康市文化和旅游广电局、岚皋县人民政府联合主办的“欢乐之夏·凉爽之旅”岚皋

旅游专场推介活动走进西安大唐不夜城。

6月12日　“我要上全运”全民健身“云”行动·陕西省第二届城市激光跑在凤县站开跑。

△ 陕西省宁陕县举行“相约筒车水乡 畅游绿都宁陕”暨2021年宁陕旅游季启动仪式。

△ 湖北省竹山县2021年非遗文化进景区活动在上庸文化旅游区开展，带动旅游发展，推动乡村文化振兴。

6月13日　“秦巴水乡 石泉十美”中国·石泉2021文化旅游推介会在西安大唐不夜城举行。

6月18日　河南省桐柏山佛教文化研究院成立揭牌仪式在龙潭河景区举行。

6月19日　河南省首届石产业发展高峰论坛在镇平县举行，言石小镇项目正式奠基开工。

△ 中宣部公布新命名的全国爱国主义教育示范基地名单，十堰市丹江口水利枢纽工程入选。

6月21日　河南省南阳市首届“群星奖”音乐舞蹈大赛、小戏小品（曲艺）大赛启动仪式在南阳市文化馆百姓剧场开幕。

△ 河南省罗山县举办“群星耀中原·舞动新时代”广场舞展演活动。

6月22日　2021（辛丑）年公祭中华人文始祖伏羲大典在甘肃省天水市隆重举行。

△ 2021年陕西省全域旅游示范区创建工作推进会在石泉召开，秦岭地区西安市长安区、蓝田县，宝鸡市眉县、凤县，汉中市汉台区、洋县、勉县、留坝县，安康市石泉县、宁陕县，商洛市商南县、柞水县等被正式授牌省级全域旅游示范区。

△ 河南省信阳市史灌河、灌河入淮通航及相关合作项目签约仪式在商城县举行。

6月23日　电影《书房沟》在陕西省宝鸡市金台区蟠龙新区举行开机仪式。

△ “我要上全运”2021年陕西省商洛市商州区健步走活动在望江楼广场举行。

6月23—24日　以“与随同行、乐在随州”为主题的首次湖北省内联动大型旅游活动启动。来自湖北省内多个地市的旅游团沉浸式体验随州精品旅游线路。

6月24日　第二十一届洮岷花儿歌手大赛在甘肃省岷县政府礼堂举行。

△ 以“花儿唱响新生活·为建党100周年献礼”为主题的2021年甘肃省岷县非遗宣传周·花儿艺术节开幕。

△ 河南省驻马店市举办2021年红色故事讲解员（导游员）大赛。

△ 广元市在四川省文化和旅游厅召开的2021夏季文化旅游系列产品新闻通气会上，推出文化养成篇（智取葭萌关）、自然生态篇（唐家河自然保护区）、励志成长篇（曾家山军事探险）、剑门蜀道探秘篇（剑门关+翠云廊）、红色基因传承篇（旺苍中国红军城）五个精品研学产品。

6月25日　2021年“美好安徽·红色大别山之旅”启动仪式暨首发团活动在六安市金寨县桂花广场举行。

6月26日　以“发展全域旅游 旅居汉人老家”为主题的“旅居在汉中”暨旅游发展大会在兴汉新区汉文化大会堂举行。镇巴县文旅局成功签约3个旅游开发项目，总投资近9亿元。

6月27日　“百年风华 好看灵宝”寻找文旅推介官2021灵宝消夏短视频大赛活动启动仪式在函谷关天长地久薰衣草庄园举行。

△ 金寨·大别山红色电影展览馆开馆仪式在鄂豫皖红军纪念园举行。

6月28日　河南省平顶山市叶县至鲁山高速公路开工建设。

6月29日　西安至安康高速铁路开工动员会在秦岭太兴山隧道进口举行，西康高铁正式开工建设。

△ 陕西省西安市鄠邑区举行《西安市秦岭生态环境保护条例》修订实施一周年宣传月暨“清洁秦岭行动”活动启动仪式。

△ 陕西省汉中佛坪县研学产业推介暨招商大会举行，会上推介了秦岭佛坪国宝旅游度假区、精品民宿建设、熊猫家园文旅融合、国宝大熊猫论坛永久会址重点招商项目。现场举行了签约仪式，签约项目9个，总投资2.165亿元。

△ 河南省平顶山市叶县玄武大道建成通车。

2021年7月

7月1日　陕西汉阴召开通用机场筹建工作推进会，专题研究汉阴通用机场初步设计、通航产业规划编制、PPP项目包装相关问题。

7月2日　河南省西峡猕猴桃、桐柏玉叶茶成功入选河南省2021年地理标志农产品保护工程项目。

7月3日　“豫见卢氏·好看豫西”第三届卢氏山水音乐季暨首届豫西大峡谷水上嘉年华启幕。

7月5日　“一路有你 全运有约”驻华大使夫人西安行之“见证临潼巨变 领略秦风唐韵”主题活动在西安市临潼区启动。

7月7日　陕西省西安市周至县在秦岭脚下道教祖庭古楼观景区举行《西安市秦岭生态环境保护条例》修订实施一周年宣传活动启动仪式。

△ 旅行者联盟随州大会召开，文旅专家共话文旅产业高质量发展。

7月8日　陕西省宝鸡市召开全域旅游示范市创建工作推进会。

7月9日　陕西省商南县旅游暨项目推介会在银川市举办，现场推介了2个重点景区、3条精品旅游线路、4个优质文旅项目，现场签署合作协议2份，洽谈旅行社30多家。

△ 湖北省安陆市文旅局邀请专家就安陆市昆虫世界项目发展定位和品牌创建等工作开展指导。

△ 四川省旺苍县文化旅游和体育局组织召开旺苍县和成·云著酒店五星级旅游酒店设计方案评审会。

7月10日　陕西省西安市户县农民画家赴京参加全国对外友协国际“友好日”活动。

△ 甘南全州重点工作现场观摩团近300名成员开启迭部之行，对基层党建、巩固拓展脱贫攻坚成果同乡村振兴有效衔接、基层社会治理、文化旅游“一十百千万”工程、“五无甘南”创建等重点工作任务落地落实情况进行集中“检阅”。

△ 河南省全域旅游验收评估专家组来商城县指导验收商城县全域旅游示范区创建工作。

△ 受极端天气影响，陕西省秦岭地区太白山、华山、翠华山、秦岭野生动物园、骊山区域各景区景点相继关闭，陕西省文化和旅游厅发布旅游出行安全提示，提示游客暂缓前往山岳景区旅行。

7月11日　“鸡公山第五届避暑文化季暨坐着高铁游大别山”活动在鸡公山景区启动。

7月12日　陕西省西安市鄠邑区文旅局加挂文物局牌子，实行“一套机构两块牌子”，进一步提高文物保护水平，不断满足文物保护工作的需求。

△ 安康市石泉醉美桑海景区、岚皋巴山珍稀植物园景区、旬阳水泉坪景区、汉滨古西城文化园晋升国家3A级景区。

△ “南北过渡带 康养陇之南”陇南市文旅推介暨品牌融入活动开幕式在成都市举行。

△ “畅游三峡 爱上宜昌”文化旅游推介会在内蒙古呼和浩特市举行。

7月13日　甘肃省陇南市人民政府与成都市人民政府在成都签署协同发展战略合作协议，在多领域全面加强合作交流。

△ 湖北省随州市随县抱朴谷康养旅游区和广水观音生态旅游区两景区通过国家4A级旅游景区景观质量评审。

7月14日　陕西省西安市鄠邑区秦岭违建警示教育中心、秦岭保护智慧管控中心、秦岭生态环境保护研究中心正式揭牌。

7月15日　河南省文物考古学会、三门峡市人民政府联合举行了仰韶文化专题研究图书《大仰韶——黄土高原的文化根脉》首发式。

△ 河南省商城县黄柏山生态文明教育基地落成揭牌。

△ 河南省驻马店市文物局揭牌成立。

△ 河南省遂平县召开创建省级全域旅游示范区工作推进会。

7月16日　陕甘川宁毗邻地区旅游合作联盟成员城市文化旅游（西安）营销活动在西安国际会展中心开幕。联盟成员城市宝鸡市、汉中市、平凉市、绵阳市、广元市、巴中市、南充市、吴忠市共同启动营销活动。

△ 中国西北音乐节第五届“熊猫音乐奖”佛坪流行音乐邀请赛在西安开赛，“古道明珠、静美佛坪”走进西安文化旅游推介活动也同步举行。

△ 文化和旅游部、财政部印发《关于公布第四批国家公共文化服务体系示范区（项目）名单的通知》，秦岭区域陕西省安康市、湖北省黄冈市等被命名为国家公共文化服务体系示范区。四川省巴中市文化智慧服务管理平台建设、四川省阿坝藏族羌族自治州藏羌戏曲进校园、甘肃省甘南藏族自治州民族特色数字图书馆建设等被列入国家公共文化服务体系示范项目。

7月18日起，每日早7点至晚8点，甘南州迭部县扎尕那景区内禁止大小型运输车辆、工程机械车辆通行。

7月20日　陕西省宝鸡市召开秦岭旅游生态环境保护专项规划培训暨农家乐专项整治工作会。

7月21日　陕西省西安市长安区召开秦岭生态环境保护工作会议。

7月21—22日　由中央民族大学、中国少数民族文学学院主办的舟曲民间手抄本文献学术会议在舟曲甘肃省法官学院召开。

7月23日　陕西省宝鸡市第十二届运动会开幕式在眉县文化体育中心举行。

7月24日　“俱”力湖北·“赢”接未来“GZLFZ”2021年湖北省社会体育俱乐部三人篮球联赛在神农架林区体育馆开赛。

△ 河南省宝丰县观音堂林业生态旅游示范区揭牌成立。

7月26日　上午10点12分，东京奥运会男子100米蛙泳决赛打响，湖北省襄阳选手闫子贝以58秒99的成绩位列第六，刷新了中国男子100米蛙泳奥运会的最好成绩。

△ 文化和旅游部、财政部发出通知，命名湖北省黄冈市为国家公共文化服务体系示范区。

△ 中国生态康养旅游名市创建工作情况通报会在四川省朝天区曾家山召开。

7月27日　河南省三门峡市文化志愿者协会成立并举行揭牌仪式。

△ 四川省第十二届（夏季）乡村文化旅游节在达州万源市开幕。

7月28日　在中国福州召开的第44届世界遗产大会上，重庆巫山县五里坡国家级自然保护区作为湖北神农架世界自然遗产地边界微调项目正式通过审议，成为重庆市第三个列入世界自然遗产目录的地方。

△ 以“智慧化管理精细化服务”为主题的2021年四川省旅游景区发展大会在广元市朝天区曾家山举行。

7月28—29日　甘肃省政协文化文史资料和学习委员会在宕昌县开展“甘肃长征文化遗址申报世界文化遗产前期研究”专题调研活动。

7月29日　汉中市佛坪熊猫家园乡村振兴产业发展基金路演暨项目推介大会举办，推动佛坪发掘大熊猫文化内涵，助推旅游产业协同发展，促进乡村全面振兴。

7月30日　河南省十三届人大常委会第二十六次会议审议通过了《信阳市红色资源保护条例》。条例公布实施后，将成为河南全省首部地方性红色资源保护法规。

△ 因疫情防控需要，西安秦始皇帝陵博物院、华清宫景区相继关闭，恢复时间另行通知。

7月31日　东京奥运会4×100米男女混合泳接力决赛打响，湖北省襄阳选手闫子贝携手队友以3分38秒86的成绩摘银。

△ 2021武汉乡村旅游节在新洲区紫薇都市田园开幕。

△ 在甘南藏族自治州舟曲县城关镇庙沟村境内，林业工作人员发现罕见野生红豆杉群落。经当地林业部门专家初步估算，红豆杉有3000余株，是甘南州迄今为止发现的面积最大的野生红豆杉群。

2021年8月

8月1日　河南省内乡县举行寒川影视文化园项目签约仪式，推动内乡文旅高质量发展。

8月3日　东京奥运会跳水男子3米板决赛，湖北省襄阳00后小伙王宗源以总分534.90分的成绩夺得银牌。

8月4日　河南省平顶山说唱文化（宝丰）生态保护发展中心揭牌成立。

8月14日　“云赏七夕·智慧郧西”首届网络天河七夕文化旅游宣传推介活动在湖北省郧西涧池淘宝小镇开幕。

8月15日　G345线舟曲县南峪乡江顶崖滑坡水毁恢复重建工程南峪隧道在参建人员640个日夜鏖战下，顺利贯通。

8月16日　汉中市西乡绿茶出口中亚首发仪式在西乡火车站举行。

8月20日　河南省栾川县民宿产业协会（联盟）成立大会召开。

8月24日　河南省镇平县召开生态保护与汉江流域生态治理EOD项目推进会议。

△ 河南省固始县召开唐人故里项目概念性设计方案评审会，与会人员围绕项目方案进行了研究讨论，提出了意见和建议。

8月26日　经国务院批准，根据《民政部关于同意陕西省撤销旬阳县设立县级旬阳市的批复》（民函〔2021〕6号）精神，同意撤销旬阳县，设立县级旬阳市。

8月29日　贯通河南省卢氏县城区东西的标志性工程——生态廊道暨三淅高速卢氏互通连接线试通车。

8月30日　“襄城无处不飘香”2021年湖北省襄城秋季文化旅游季启动仪式在六0三文创园举行。

2021年9月

9月1日　反映信阳皮影戏故事的微电影《传家宝》荣获斋普尔国际儿童电影节第二名和Crown Wood 国际电影节最佳手机电影。

9月2日　湖北省兴山县出台“昭君人家”精品民宿建设实施方案（试行），以“昭君人家”为统一民宿品牌，发展一批星级乡村旅游精品民宿，迎接高铁时代。

9月3日　湖北神农架林区红十字会在景区等客流量密集场所完成了首批“救命神器”——自动体外除颤器的安装，并对相应场所工作人员进行紧急救护实操培训。

9月4日　陕西安康至汉中“复兴号”动集动车组正式开行。

9月5日　湖北省首批文化遗址公园名单公布，秦岭地区屈家岭遗址、龙湾遗址、炎帝神农故里及关陵入选。

9月6日　湖北省蕲春县蕲艾入选2021年国家地理标志产品保护示范区创建名单。

9月7日　“送你一个大秦岭”文化传播座谈会在西安举行，众多专家学者出席并就世界首座大山旅游纪年史《中国秦岭旅游年鉴》首卷和历史上首张《中国秦岭旅游图》出版的意义、秦岭文化传播传承、旅游联动发展等发表意见，一致认为年鉴和地图首次科学系统地完整呈现了秦岭全貌、历史文化价值和旅游资源现状，特别是梳理了跨度40年的秦岭旅游发展过程和业态情况，堪称第一本秦岭文化与旅游的百科全书，是社会认识秦岭、政府和部门科学决策、各类机构研究秦岭、旅游市场畅游秦岭的大型工具书和导览图，兼具科普、实用、导游、参考等多项功能，是关于传播秦岭文化和促进旅游的创新性突破。

△ 《宝鸡天台山风景名胜区总体规划（2020－2035年）》通过国家部际联席会审查。

9月8日　2021西安非遗传承人才助力乡村振兴高质量发展主题论坛在长安区王莽街道小峪口村非遗乡集正式启动。

△ 湖北省麻城市五脑山国家森林公园、烈士陵园、孝感乡文化园、龟峰山景区4家4A级景区接受省级评定性复核。

9月10日　国槐绿“复兴号” 动集动车组，从西安出发驶入商南火车站，这是西安至商洛方向首次开行“复兴号”动集动车组，结束了商州、丹凤、商南3个县区不通动车的历史。

△ 2021湖北省巴东县秋季旅游推介会在武汉市召开。

9月10－30日　河南省栾川县“一元游栾川”惠民活动全面启动。

9月11日　陕西省国家级文化和旅游公共服务机构功能融合试点单位名单公布，商洛市商南县金丝峡景区游客服务中心通过验收。

9月12日 2021年周至翠香猕猴桃上市暨百泽异美园发车仪式在西安市周至县秦岭国家植物园举行。

△ “灵秀湖北·四季村晚”湖北省巴东神农溪专场活动在神农溪景区纤夫文化走廊举行。

9月13日 陕西省商洛市发布《“22℃商洛·中国康养之都”主题歌曲征集公告》，以歌曲征集的形式，树立22℃是商洛、秦岭最美是商洛、西安“后花园”是商洛、中国康养之都是商洛的对外形象。

△ 陕西省汉中仙毫被国家知识产权局列入“2021年国家地理标志产品保护示范区筹建名单”。

9月15日 中华人民共和国第十四届运动会在陕西省西安市开幕。中共中央总书记、国家主席、中央军委主席习近平出席开幕式并宣布运动会开幕。

△ 陕西省商洛市组织10多名全市抖音网红达人和摄影爱好者进入金丝峡、阳城驿景区开展“22℃商洛·中国康养之都”抖动商洛网红大赛创作活动。

△ 河南省嵩县文旅工作大会召开，会议确定了“嵩县爱你”城市宣传口号。

9月15—16日 《湖北省麻城市省级森林城市建设总体规划（2020—2024）》专家评审会召开，经过专家组评审论证一致同意通过评审。

9月16日 在河南省洛阳市旅行社“引客入洛”奖励发放暨复工复产启动仪式上，洛阳市文化广电和旅游局为14家旅行社发放奖励73.6万元。

9月16—18日 安徽省霍山县举办乡村旅游踩线行活动，促进乡村旅游发展。

9月17日 陕西省商洛市文化和旅游重点工作推进会议召开。会议听取各县区文旅工作年度目标任务推进情况，安排部署下一阶段全市文化和旅游重点工作。

△ 安徽省庐江县举办2021文化旅游（合肥）推介会。

9月18日 湖北省大悟县中原军区旧址荣获全省“十佳”红色旅游经典景区。

9月19日 甘肃省第二届美丽乡村休闲垂钓大赛在定西市渭源县鹿鸣谷开赛，来自全省14个地州市的100余名钓鱼爱好者参赛。

9月19—20日 2021年全民健身·华山论剑赛事系列活动——渭南市第一届“秦东杯”象棋大赛在华阴市举办。

9月20日 湖北省十堰市首届东方橄榄园农旅推介活动在郧阳区杨溪铺镇“东方橄榄园”举办。

9月22日 陕西省西安至临潼复兴号动集动车组开行仪式在临潼火车站广场举行。

△ “秦巴1号风景道”体验之旅融媒直播活动在陕西省宁陕县举行首播启动仪式。

△ 由四川省文化和旅游厅、中共巴中市委、巴中市人民政府主办的巴人巴风·相约巴中——第九届巴人文化艺术节在巴州开幕。本届艺术节围绕“文艺演出、文旅展览、文旅推介、商贸交流、考察畅游、文化访谈”六大类别，举行泛巴区域优秀文艺作品惠民展演、“5+N”城市文化旅游联盟推介会、泛巴区域文旅演艺产品开发推介会等10余项活动。

△ 湖北省黄龙峪山至襄阳城区公交专线正式开通。

9月22—24日 “秋染大别山·多彩在六安”2021年大别山秋季集中宣传推广活动举办。

9月23日 2021陕西·汉中（城固）柑桔旅游文化月暨城固县第四届农民丰收节在桔园景区启动。

△ 湖北省黄冈市2021年中国农民丰收节在蕲春县汤冲村启幕。

△ “我的中国梦”文化进万家暨“灵秀湖北·四季村晚”神农架林区景区专场活动开启。

△ “2021大别山再出发”系列活动第四站——文化旅游铺就光山振兴“好路子”暨48小时短视频极限创作邀请赛在河南省信阳市光山县启动。

△ 由四川省巴中市、广元市、广安市、南充市、达州市，陕西省安康市、汉中市，甘肃省陇南市等8座城市共同组织举办的“5+N”城市文化旅游联盟推介会在四川省巴中市举行。

9月25日 “豫见云中高速 嗨在伏牛山”第

二届快手网红文旅大会暨南阳（西峡）老界岭金秋旅游季在西峡县启动。

△ 从武汉开来的首趟“随州号”旅游专列驶入随州火车站，开启随州“专列旅游季”。

9月26日 2021中国农民丰收节第四届中国农民电影节主会场活动在河南省淅川县举办。

△ 桐柏山淮河源生态环境保护跨区域协作联席会议在随州召开。

△ 达州万源市入选四川省第三批天府旅游名县候选县公示名单。

9月27日 在中国石油企业文化系列成果发布会上，宝鸡钢管“中国焊管发源地”被正式命名为中国石油首批工业文化遗产。

△ 陕西省汉中市文化和旅游局举办2021世界旅游日汉中分会场活动暨“惠游汉中、汉风秋月”主题旅游月启动仪式。

△ 2021年安康金秋旅游季暨“巴山画廊·醉美红叶”岚皋红叶旅游季启动仪式举行。

△ 甘南藏族自治州舟曲县召开白龙江风情线打造工作推进会议，对白龙江风情线打造重点工作进行再安排、再部署。

△ 湖北省神农架林区召开旅游发展大会，总结回顾“十三五”时期的旅游工作，部署推进全区旅游工作，动员全区上下和社会各界提振信心、凝聚合力，加快旅游疫后重振，共同推动泛神农架地区旅游产业高质量发展，奋力使之成为世界著名生态旅游目的地。

△ 泛神农架区域旅游高质量发展论坛在神农架林区旅游发展大会期间“开讲”。来自襄阳、宜昌、随州、神农架、巫山、巫溪、保康、兴山、房县、巴东的旅游专家齐聚神农架，围绕区域旅游合作、旅游业高质量发展各抒己见，展开讨论，共商推动泛神农架区域旅游协同发展。

9月28日 沪蓉高速麻城龟峰山支线高速公路正式通车，这是湖北首条直达景区大门的高速公路。

△ 2021四川省文化和旅游发展大会在阿坝州九寨沟县举行。与文旅大会同步举办的还有第七届中国（四川）国际旅游投资大会开幕式暨九寨沟景区全域恢复开放仪式。

△ 甘肃省陇东南始祖文化旅游经济圈推介活动暨喜迎国庆文化旅游活动启动仪式在天水市秦州区龙城广场举办。

9月29日 陕西省商洛革命文物图片展在商洛市博物馆开幕。

△ 由中共甘肃省委宣传部、甘肃省文化和旅游厅、甘肃省教育厅、甘肃省文联等部门联合主办的以“追寻红色足迹，逐梦砥砺前行”为主题的红色经典诵读（中南部赛区）比赛在甘南藏族自治州迭部县举行。

△ 2021河洛文化旅游节暨第四届中原国际文化旅游产业博览会在洛阳会展中心开幕。

△ 河南省文物考古研究院仰韶村遗址工作站暨仰韶文化考古研学基地揭牌仪式在渑池县仰韶村文化遗址举行。

9月30日 湖北省荆门中天街步行街改造升级后正式开街。

△ 安徽省岳西县举行大家唱群众歌咏活动汇报演出暨“开元杯”第六届大别山绿色运动会颁奖仪式。

△ 中国南山 · 汤池温泉健康小镇项目奠基仪式在安徽省庐江县汤池镇举行。

2021年10月

10月1日 从10月起，商洛市全面开展“礼仪商洛”创建活动，为商洛高质量发展提供有力支撑。

△ “豫见卢氏·好看豫西”第三届山水音乐季暨网红音乐节在豫西大峡谷景区上演。

△ 南水北调中线工程渠首博物馆揭牌暨渠首遗珍——南水北调中线工程南阳段文物保护成果展开展仪式，在南阳市博物馆举行。

△ 河南省镇平汽车客运总站正式投入运营。

10月3日 2021秦岭楼观赏秋旅游节活动火热进行。景区推出55元畅游楼观区域六大景区的优惠措施以及丰富多彩的展演活动。

10月9日 陕西省宝鸡市金台区西府老街入选首批省级旅游休闲街区。

△ 第十届中国（国际）猕猴桃产业发展大

会在陕西省宝鸡市眉县开幕。

△ 湖北省麻城市龟峰山景区召开5A创建省级验收迎检动员会。

10月10日—11月10日　河南省文旅系统开展“豫见金秋·惠游老家”活动，全省共有432家A级景区对全国游客免门票。

10月11日　甘肃全省乡村规划现场推进会在康县召开，以乡村建设示范行动为契机，加快推进全省乡村规划工作。

△ 甘肃省天水市秦州印象·文景园步行街创建省级旅游休闲街区项目通过专家评审。

△ 湖北省黄冈市文化和旅游产业发展现场会在黄梅县召开，持续推进文旅产业发展和项目建设。

10月11—12日　大别山乡村旅游高质量发展推进会在河南省新县召开。

10月12日　首批驻马店市嵖岈山旅游直通车开通，市民从驻马店旅游集散中心坐车可半小时直达嵖岈山景区。

△ 长征国家文化公园建设与生态旅游发展座谈会在河南省罗山县何家冲讲习所召开。

△ 陕西省汉中市佛坪县被列入首批大熊猫国家公园序列。

△ 生态环境部发布第五批“绿水青山就是金山银山”实践创新基地名单，宝鸡市凤县位列其中。

△ 大别山乡村旅游高质量发展推进会在河南省信阳市新县召开。

10月14日　陕西省宝鸡市凤县、汉中市佛坪县、商洛市柞水县荣获第五批“绿水青山就是金山银山”实践创新基地。

△ 陕西省宝鸡市渭滨区被国家生态环境部命名为“国家生态文明建设示范区”。

△ 以体育助力乡村振兴，共创富民兴陇为主题的2021甘肃全省“金色的田野”广场舞比赛在陇西县体育馆举行。

△ 湖北省远安县被国家生态环境部授予“国家生态文明建设示范区”。

△ 河南省邓州市一二三产融合发展试验区被生态环境部授予“绿水青山就是金山银山”实践创新基地。

10月15日　甘肃省大地湾文物保护研究所“大地湾制陶艺术体验中心”举行揭牌仪式。

△ 以“携手区域合作，法护生态家园”为主题的甘陕川秦岭南麓嘉陵江上游环境资源审判协作联席会议暨法治论坛在陇南召开。

△ 甘肃省陇南市县域经济高质量发展推进会在康县“一带一路”美丽乡村论坛会址召开。

10月16日　湖北省丹江口市第八届“库区情·桔乡行”武当蜜桔推介会暨“农民丰收节”在沧浪海旅游港开幕。

△ 由文化和旅游部组织的驻华大使团“发现中国之旅·重庆行”活动走进巫峡·神女景区。

10月16—17日　西南濒危文字丛书发布会暨东亚古文明研讨会在清华大学举行，甘南藏族自治州舟曲民间古藏文文献走进清华论坛。

10月17日　经过近两年的精心打造，沉浸式音乐剧《情恋·大别山》在九资河三胜剧场上演。

△ 2021昭君文化旅游活动“昭君出塞”沿线城市旅游产品推介会在宜昌举行。

△ 仰韶村国家考古遗址公园开园仪式在河南省渑池县仰韶村举行。

△ 仰韶文化发现暨中国现代考古学诞生100周年纪念大会在河南省三门峡市开幕。

△ 2021六安市第三届红色之旅徒步大会暨九十里山水画廊美丽乡村游在大别山风情谷景区举行。

10月18日　由四川省文化和旅游厅、四川省林业和草原局、巴中市人民政府共同主办的第十九届四川光雾山国际红叶节在南江县光雾山开幕，发布了巴中城市形象宣传语及旅游宣传语。

△ 甘肃省大地湾遗址入选中国“百年百大考古发现”。

△ 河南省渑池县首届“大仰韶”研学活动在仰韶文化博物馆广场启动。

10月19日　2021年度中国苹果产业峰会暨品牌大会在河南省灵宝市举行。

△ 秦岭地区洛阳古城特色文化街区、洛阳市栾川县重渡沟风景区、襄阳市襄阳盛世唐城景区、宝鸡市石鼓·文化城入选第一批国家级夜

间文化和旅游消费集聚区名单。

△ 湖北省樊城区成功申报为全省“非遗在社区”试点。

10月20日 《天水市博物馆隋唐屏风石棺床保护修复》入选“2021全国优秀文物藏品修复项目”。

△ 首届仰韶文化国际论坛在仰韶文化发现地河南省渑池县举办。

10月21日 湖北省随州市举行发布会，公布随州城市文旅口号、LOGO和IP。

△ 在2021年森林康养年会上，湖北省罗田县薄刀峰林场荣获全国森林康养林场。

10月22日 2021“神农架·野人五项”巴桃园杯自行车公开赛正式开赛。

10月22－23日 2021年恩施州首届“恩施工匠”职业技能大赛导游竞赛在巴东县巫峡口景区举行。

10月23日 2021年留坝红叶季在陕西汉中留坝县正式启动。

△ 酒祖文化高峰论坛在河南省汝阳县蔡店乡杜康村古酿坊举行。

△ 2021长三角阅读马拉松大赛舒城赛区在安徽省舒城县图书馆开赛。

10月24日 由随州市人民政府主办的随州旅游产品推介会在随县举行。

10月25日 陕西秦岭国家公园创建获国家公园管理局正式批准，将进一步带动秦岭关联地区旅游规划项目向更严、更细发展。

△ 湖北省随州市2021年文化旅游产业发展大会在随县举行。

△ 湖北省随州市文化旅游产业发展大会举行专题讲座，聚焦全域旅游和乡村旅游发展。

△ 宝鸡市金台区召开文化和旅游市场星级场所授牌暨疫情防控大型活动专班工作会，现场对5家一星级场所和4家二星级场所进行了授牌，就加强全区文化和旅游市场及大型活动专班疫情防控工作进行了安排部署。

10月27日 湖北省襄阳市成功入选第二批国家文化和旅游消费试点城市，唐城景区入选第一批国家级夜间文化和旅游消费集聚区名单。

△ 陕西省商南县召开全县旅游产业发展暨旅游名城建设座谈会。加快推进全县旅游业高质量发展，聚力打造“旅游名城”。

△ 中国天然氧吧复查专家组以视频会议的方式，对河南省卢氏县“中国天然氧吧”创建工作进行线上复查。复查专家组对卢氏县生态环境情况、复查材料和生态文明建设重大负面事件等进行审核，对相关问题进行集中审议、讨论，并投票表决，同意通过省级复查初审。

10月27－28日 “多彩大别山 醉美在红岭”2021金寨中国红岭公路抖音达人采风行活动举办。

10月27－28日 四川省九寨沟县国家美丽乡村标准化试点项目顺利通过国家标准化管理委员会考评验收。

10月29－30日 “红色文物说——鄂豫皖三省大别山革命文物优秀讲解推介活动”在信阳市举行。

10月30日 河南省淅川县丹江库区农民迎来了金秋丰收季，丹江大观苑第七届秋获丰收节橘子采摘活动如期举办。

△ 长城、长征国家文化公园（方城段）规划评审会在郑州举行。

10月31日 河南省汝阳县首家主题民宿在陶营镇上坡村举行开工仪式。

2021年11月

11月1日 河南省罗山县举行灵山寺军政干部会议旧址揭牌仪式。

11月1－2日 陕西省西安市周至县迎来陕西省林业局省级森林旅游示范县评审专家组的评审。评审组一行对周至县森林旅游的品质和开发利用工作给予充分肯定和支持，对周至县森林旅游开发重视深度文化体验、独特休闲度假、科普教育、森林康养等功能给予高度认可。同时也指出了相关问题，并提出指导意见和建议。

11月2日 2021陕西省商南县“云端赏金秋”中国秦岭金丝峡红叶节启幕。

11月3日 湖北省黄梅县·黄梅戏被文化和旅游部命名为2021—2023年度“中国民间文化艺术之乡”，这是黄梅县黄梅戏连续五届蝉联

"中国民间文化艺术之乡"。

11月4日　南京和广元两地首条空中航线开通，至此广元市的航线增至12条。

11月4—5日　2021年河南省信阳市大别山舞台艺术创作采风笔会在光山县召开。

11月6日　湖北省体育局与湖北省体育总会联合开展的"百千万"系列赛事活动走进神农架林区。

11月7—8日　第四届中国红色微电影盛典推优展映典礼在安徽省六安市举行。

11月8日　2021年重庆市巫溪文旅网络宣传月启动，活动提升了巫溪文旅的知名度和美誉度。

11月10日　安徽省合肥全市文旅行业打造100个文旅网红打卡点工作推进会在庐江县召开。

11月12日　《国家标准化发展纲要》陕西实施意见制定调研座谈会在华清宫举行。

11月13日　陕西省留坝县2021民宿招商推介会暨签约仪式在汉中市举行。

11月16日　河南省委宣传部下发通知，命名中共洛阳组诞生地纪念馆、洛阳市烈士陵园、宝丰县中华曲艺展览馆、卢氏县豫鄂陕党政军机关旧址、卢氏县兰草街红二十五军军部旧址、渑池县仰韶文化博物馆、灵宝市窄口水库纪念馆、淅川丹江移民民俗博物馆、商城县金刚台红军洞群、光山县邓颖超祖居纪念馆、光山县花山寨会议旧址等34家单位为第八批河南省爱国主义教育示范基地。

11月18日　国家体育总局、文化和旅游部联合认定47家国家体育旅游示范基地，秦岭地区湖北省神农架国际滑雪场、宝鸡市太白县鳌山滑雪度假区入选。

△ 三门峡市群众艺术馆、光山县文化馆获国家一级文化馆拟命名。

△ 2021年洛阳市第十二届红薯擂台赛暨第四届汝阳红薯文化节颁奖典礼在柏树乡窑沟村举办。

△ 人力资源社会保障部、文化和旅游部作出《关于表彰全国文化和旅游系统先进集体、先进工作者和劳动模范的决定》，陕西省宝鸡市文化和旅游局、湖北省黄梅县文化和旅游局获得"全国文化和旅游系统先进集体"称号。

11月19日　陕西省宝鸡市眉县汤峪镇汤峪村、金台区金河镇周家庄村两个项目获批国家文化和旅游部"2021乡村文化和旅游能人支持项目"。

△ 陕西省西安市2021年度秦岭保护工作会议在鄠邑区秦岭生态环境保护总站召开。

△ 陕西省宝鸡市渭滨区召开秦岭生态环境保护委员会全体会议、秋冬季治污降霾暨固体废物污染环境防治工作会。

△ 湖北省随州文旅产业发展专题研讨会召开，邀请文旅专家为文旅产业发展支招献策，听取曾随文化产业和市文化创意产业园项目谋划情况汇报，研究部署下一阶段相关重点工作。

△ 安徽省六安市文化和旅游局就《"十四五"文化和旅游发展规划》相关情况召开新闻发布会，对编制过程、总体考虑、主要目标和重点任务作了简要介绍。

11月20日　陕西省安康市文化和旅游广电局组织开展南宫山、瀛湖创建国家5A级景区景观质量评价技术审查会议。

11月21日　湖北省襄阳成功入选2024年"东亚文化之都"候选城市，迈出了走向国际的步伐。

11月25日　由陕西省汉阴县承办的安康富硒食品品鉴交流会亮相广东东莞。

11月25—26日　安徽省金安区举办全域旅游示范区创建暨乡村旅游培训班，加快国家级全域旅游示范区创建，助推乡村旅游业发展。

11月26日　第六届海峡两岸大学生神农架大九湖环湖自行车赛在神农架林区大九湖举行。

11月26—28日，首届中国（武汉）文化旅游博览会在武汉举行，国内外千余家文旅企业和机构参展。

11月26—29日　2021湖北·随州国际香菇产业博览会在武汉国际博览中心举行。

11月27日　2021"直播西北"大型融媒体推广活动全网举行，陕西省宝鸡市、商南县入选直播点，向全球推介秦岭主峰地和三省交会县特色风光。

△ 商洛全市秦岭山水乡村建设暨民政重点

项目推进现场会在丹凤县召开。

11月28日　第十一届（黄冈）东坡文化节暨第十届湖北省黄梅戏艺术节在黄冈市开幕。

11月30日　汉中市住房和城乡建设局联合留坝县政府举行了省级传统村落挂牌仪式，分别对留坝县火烧店镇堰坎村、留侯镇营盘村和马道镇龙潭坝村进行了现场挂牌和授牌。

△ 湖北省2021“书香农户·耕读人家”农民读书用书赶集活动暨全省“万村数字农家书屋”项目建成上线仪式在新洲区举行。

△ 河南省第二批省级全域旅游示范区名单公示，秦岭地区淅川县、卢氏县、商城县上榜。

△ 第六届天悦湾温泉康养旅游文化月在安徽省岳西县天悦湾温泉幸福小镇启动。

2021年12月

12月1日　西安市生态环境局、西安市秦岭保护局对临潼区秦岭生态环境保护工作开展联合执法检查。

△ “爱我商洛·奋进商南”系列活动之“商南形象我代言”文化旅游宣传推广大使选拔赛落幕。

△ 《河南小秦岭国家级自然保护区条例》实施三周年宣传活动在灵宝市体育馆举行。

△ 大别山片区乡村旅游发展规划中期汇报交流会在信阳市召开。

12月2日　秦岭地区宝鸡市长乐塬抗战工业遗址景区、汉中市张骞墓景区、汉中市午子山景区、安康市雁山瀑布景区、商洛市月亮洞景区、商洛市蟒岭绿道景区晋升国家4A级旅游景区。

12月3日　河南省《平顶山市文化市场轻微违法行为免予行政处罚清单》出台。

△ 安徽省安庆市文化和旅游局、潜山市人民政府共同举办“跟着民宿游安庆”推介活动。

12月5日　湖北·首届“梦之蓝”大众山水运动季——2021年骑遍湖北自行车比赛（荆门站）暨2021环漳河自行车赛在荆门市举办。

12月6日　陕西省汉中市启动“汉中三堰”联合申报国家水利遗产认定工作。

△ 四川省通江县成功创建省级全域旅游示范区。

12月7日　陕西省西安市美丽村庄示范片区建设现场会在长安区太乙宫街道召开。

△ 河南省渑池县召开文旅产业高质量发展座谈会，加快推动全县文旅产业高质量发展。

△ 安徽省安庆市首届美食品鉴会在桐城举办。本次品鉴会采取直播形式，共展示10个县（市、区）107道美食。

△ 2021“美食庐江”餐饮烹饪大赛在安徽省庐江县汤池镇天鸣花海景区开赛。

12月8日　由陕西省文化和旅游厅，汉中市、安康市、商洛市人民政府主办的陕南三市生态旅游森林康养推介会在江苏南京举行。

△ 陕西省秦岭地区宝鸡市金台区、太白县，汉中市南郑区、宁强县、佛坪县，安康市岚皋县，商洛市丹凤县、山阳县、镇安县通过省级全域旅游示范区创建工作验收。

12月9日　河南省栾川县第一届旅游餐饮住宿业服务技能大赛在伊水湾大酒店举办。

△ 河南省南阳市举办文旅康养与高质量跨越发展专题培训会。

△ 襄阳市文化和旅游局发放首轮襄阳文旅消费券，35263张襄阳文旅消费券在8分53秒内抢购一空。

△ 大别山乡村振兴高质量发展研讨会暨大别山航天农业产业园（基地）启动仪式在麻城举行。

12月10日　为进一步加强秦岭旅游生态环境保护工作，推动秦岭区域生态环境保护和旅游产业可持续发展，安康市文旅广电局组织召开秦岭旅游生态环境保护工作专题会议。

△ “奋斗百年路·启航新征程”第八届鄂东民歌大赛云上展演在黄冈市群众艺术馆举行，由各县市区选送的23首原创优秀民歌作品参加比赛。

12月11日　由湖北省文化和旅游厅指导，湖北省群众艺术馆、襄阳市文化和旅游局、十堰市文化和旅游局、神农架林区文化和旅游局、随州市文化和旅游局共同主办的“灵秀湖北四季村晚”暨“襄十随神——文旅走亲”活动在随州市西游记公园举办。

12月11—13日　2021第七届全国天麻会议暨中国（丹凤）天麻产业发展高峰论坛在陕西省丹凤县举办。

12月12日　由湖北省体育局、湖北省卫生健康委员会、湖北省体育总会联合举办的湖北省首届社区运动会(神农架站)开幕式在神农架体育中心举行。

△ 河南省卢氏县成功创建省级全域旅游示范区。

12月14日　位于陕西省西安东郊白鹿原上的“江村大墓” 被考古证实为汉文帝霸陵。

12月15日　西（安）十（堰）高速铁路跨汉江大道大桥正式开钻，西十高铁开工建设。建成后，西安与武汉的旅行时间缩短至2个多小时，与十堰可1小时内通达。

△ 《伏牛山乡村旅游发展规划》中期汇报交流会在河南省鲁山县召开。

△ 湖北省“崇尚人人体育 共创美好生活”“百千万”系列赛事暨2021年湖北省滑翔伞冠军赛开幕式在东宝区圣境山滑翔伞基地举行。

12月16日　甘肃省天水市青鹃山旅游景区成功创建为国家4A级旅游景区。

△ 河南省交通运输与文化旅游融合发展推进会在栾川县召开，会上交流经验，表彰先进，共谋交旅融合新路径。

12月17日　“访圣地仰韶 · 赴天鹅之约”2021三门峡白天鹅旅游季启动。三门峡市文化广电和旅游局发布了旅游惠民措施、精品旅游线路。

△ 河南省洛阳市旅游促消费暨旅游年票管理工作总结会议召开，洛阳对参加2021年“遇见金秋 惠游老家”活动的景区和年票景区进行财政资金补助，财政补贴资金共计3068万元。

△ 湖北省十堰（房县）至宜昌（五峰）高速公路兴山至长阳段环评通过评审，兴山县境内将新增一条高速。

12月17—19日　2021年度河南省考古工作成果交流会在南阳市召开。

12月19日　河南省三门峡市在郑州召开建设仰韶村考古圣地专家咨询会，加快推进仰韶村考古圣地建设。

△ 第八届全国大众冰雪季恩施会场启动仪式在湖北省巴东绿葱坡滑雪场启幕。

△ 2021年安徽省裕安区（包河）文旅招商推介会在合肥市举行。

12月20日　湖北省荆门市长江文物资源调查工作推进会在荆门市博物馆召开。

12月21日　“诗画三峡·逍遥巫溪”新闻发布会在重庆市新闻发布中心举行，唱响“诗画三峡·逍遥巫溪”旅游品牌，助力巫溪县经济社会发展。

12月22日　穿越三门峡市连接豫陕两省，对接郑州的重要干线——三门峡市新国道310全线开通。

△ 河南省西峡县老界岭旅游景区总体发展规划通过省专家组评审验收。

△ 湖北省文化和旅游厅对黄冈市麻城龟峰山景区开展5A级旅游景区省级评定验收。

△ 西安市召开新冠肺炎疫情防控工作新闻发布会，宣布从23日零时起，全市非生活必须场所将暂停营业，全市小区（村）、单位实行封闭式管理。由此，旅游业务全面停止，恢复时间待定。

12月23日　经陕西省商洛市文化和旅游局评定，柞水县阳坡院子、丹凤县丽呈别院·望山居、商南县暮光山院、洛南县亲农·溪乐谷、洛南县音乐小镇民宿达到精品民宿评定标准，并予以公示。

△ 陕西省商南县召开打造中国康养之都工作推进会。

△ 河南省文化和旅游厅发布第五批省级非物质文化遗产代表性传承人名单，三门峡市11人入选。

12月24日　文化和旅游部发布《文化和旅游部资源开发司关于发布2021年智慧旅游典型案例的通知》，秦岭范围渭南市华山景区实名制分时预约实践、六安市文旅综合服务管理系统、宜昌市智慧旅游“精准推荐”助力旅游消费转型升级、“游汉中”平台促进智慧旅游服务升级等案例入选。

△ 河南省桐柏县粤港澳大湾区招商推介暨

产业合作交流会在深圳举办，6个项目在会上集中签约。

△ 信阳至随州（豫鄂省界）高速公路和固始至霍邱（豫皖省界）高速公路开工。

12月25日　河南省商城县平安驿 · 逗街豫南民俗文化体验地开街，豫南地区首个以民俗文化、特色美食为主题打造的文化旅游体验步行街开街迎客。

12月26日　由湖北省安陆市文化和旅游局主办的“文旅杯”安陆市足球联赛落幕。

△ “圆梦冬奥 同享未来”湖北省百万人参与冰雪系列赛事活动暨湖北·首届“梦之蓝”大众山水运动季2021“中国银行”酷滑湖北滑雪比赛（神农架站）在神农架天燕滑雪场开赛。

12月27日　湖北省襄阳市唐白河（唐河）航运开发工程开工仪式在襄州区举行。

12月28日　安徽省六安市启动文旅消费优惠券发放工作。

12月29日　甘肃省定西冬春季冰雪温泉游“西部雪谷·红火渭源”冰雪旅游活动在渭河东源景区启动。

△ 2021年度镇平珠宝玉雕文创产业年度奖项暨昆仑玉杯珠宝玉雕文创大赛颁奖典礼在河南省镇平县玉石智谷产业园举行。

△ 河南省信阳市红色文化创意设计大赛优秀作品新闻发布会举行，会上公布了此次大赛获奖作品。

12月30日　2021“临潼礼物”文创产品征集大赛落幕。

△ 湖北省十堰市职工文旅年票（十堰市旅游一卡通）正式发行，年票售价100元/张，总价值超过3000元。

△ 湖北省襄阳市市场监督管理局批准发布《乡村旅游基础设施管理与服务规范》市级地方标准，这是襄阳首次发布乡村旅游领域的地方标准。

△ 甘肃省定西秦腔艺术联盟、定西秦腔艺术研究中心暨陇中许铁堂秦腔剧院落成揭牌。

△ 河南省平顶山市宝丰县马街书会景区晋升国家4A级旅游景区。

△ 十淅高速公路（湖北段）丹江口水库特大桥主塔顺利封顶。

12月31日　据2021年国民经济和社会发展统计公报显示，截至2021年12月31日，陕西省全年接待国内旅游人数39057.97万人次，比上年同期增长9.4%，旅游综合收入3433.95亿元，比上年同期增长24.3%；甘肃省全年接待国内游客2.76亿人次，比上年增长29.7%，旅游综合收入1842.4亿元，比上年同期增长26.6%；河南省全年全省共接待国内外游客79346.6万人次，旅游综合收入6078.87亿元。重庆市全年实现旅游综合收入1076.09亿元，较上年增长9.9%。（湖北省、安徽省、四川省旅游贡献数据未公布）

第四部分
秦岭县域旅游

【综述】 秦岭生态旅游区范围涵盖6省（市），33个市（含湖北省神农架林区），下辖168个县（区、市），总人口约9250万人。县级是秦岭旅游发展的主体和基石，也是各类旅游区、自然保护区的当地行政依托和发展保障。在各级党委、政府的高度重视下，秦岭县域旅游得到了快速、长足发展，旅游业均已成为各县（区、市）带动社会经济发展和城乡居民就业、致富的新兴产业或主导产业，各县级行政区都已形成了旅游发展体系、产业规模、产品特色，更多县（区、市）还形成了鲜明的发展特色与模式。本部分系统梳理各县级行政区基本情况和旅游资源特色，以便有序建立秦岭县域旅游发展档案，促进县域旅游相互借鉴，互动发展。

陕西省

【概述】 涉及秦岭区域涵盖西安市、宝鸡市、渭南市、汉中市、安康市、商洛市范围内的45个县级行政区，分别为：灞桥区、临潼区、长安区、鄠邑区、蓝田县、周至县；金台区、渭滨区、陈仓区、岐山县、眉县、凤县、太白县；临渭区、华州区、华阴市、潼关县；汉台区、南郑区、城固县、洋县、西乡县、勉县、宁强县、略阳县、镇巴县、留坝县、佛坪县；汉滨区、旬阳市、汉阴县、石泉县、宁陕县、紫阳县、岚皋县、平利县、镇坪县、白河县；商州区、洛南县、丹凤县、商南县、山阳县、镇安县、柞水县。

西安市

【灞桥区】

地理位置 位于西安主城区东部，长安东出通衢。东依白鹿原、洪庆山，西偎浐河滋养半坡聚落，南临鲸鱼沟内蕴碧水修竹茂林，北依渭河沃野平川兴陆港。总面积332平方千米，总人口 70.4万人，常住人口59.9万人。

旅游资源 灞桥区因春秋时期秦穆公称霸西戎，改滋水为灞水，并建桥以图东进，故称“灞桥”。“灞水、灞桥、灞柳”已成为这里独具特征的文化符号。境内拥有国家4A级旅游景区西安浐灞国家湿地公园，以及洪庆山国家森林公园等。2021年全年共接待国内游客900.51万人次，实现旅游综合收入0.67亿元。

管理部门 灞桥区文化和旅游体育局

【临潼区】

地理位置 位于西安市东郊，西接高陵区、三原县，北靠阎良区，东邻渭南市临渭区，南连蓝田县和灞桥区，是古都西安的东大门。总面积915平方千米，总人口73.2万人，常住人口68.1万人。

旅游资源 1997年6月，经国务院批准正式撤销临潼县设立西安市临潼区。这里是母系氏族部落先民生存繁衍的地方，还是“烽火戏诸侯”“鸿门宴”“双十二事变”故事的发生地。拥有国家5A级景区秦始皇帝陵博物院及兵马俑坑、华清宫，还有国家4A级景区骊山风景名胜区。1987年秦始皇帝陵列入联合国教科文组织的世界遗产保护名录。2021年全年共接待国内游客520.86万人次，实现旅游综合收入205.39亿元。

管理部门 临潼区文化和旅游体育局

【长安区】

地理位置 地处关中平原腹地，秦岭北麓，东连蓝田县，南接柞水县，西接鄠邑区，北靠雁塔区、灞桥区和未央区。总面积1583平方千米，人口129万人，常住人口111.1万人。

旅游资源 长安于汉高祖五年（前202）设县，取“长治久安”之意。境内秦岭面积876平方千米。秦岭七十二峪，长安占据二十四峪，“八水绕长安”中的沣、滈、潏、浐4条河流源自或流经长安。主要景观有：秦岭终南山世界地质公园、陕西翠华山山崩景观国家地质公园、西安秦岭野生动物园、关中民俗艺术博物院等。入选国家级非物质文化遗产名录4项，其中何家营西安鼓乐入选联合国非物质文化遗产名录。生态资源丰富，吸引了一大批精品特色民宿集群和康养民宿聚集区在此落地生根。2021年，实现旅游综合收入157亿元。

管理部门 长安区文化和旅游体育局

【鄠邑区】

地理位置 地处陕西关中平原中部，南依秦岭与安康市宁陕县接壤，北临渭水与兴平市隔岸相望，东以高冠河、沣河与长安区毗邻，西以白马河与周至县为界。总面积1282平方千米，总人口60.7万人，常住人口45.9万人。

旅游资源 鄠邑区原名户县，2016年11月24日，国务院批复撤销户县设立鄠邑区。区内有太平国家森林公园、朱雀国家森林公园、金龙峡风景区等4A级旅游景区3个，另有草堂寺等文化景观。2021年全年共接待国内游客1522.07万人次，实现旅游综合收入46.4亿元。

管理部门 鄠邑区文化和旅游体育局

【蓝田县】

地理位置 地处秦岭北麓，关中平原东南部。东、南以秦岭为界，与华州区、洛南县、商州区、柞水县相接；西以库峪河为界，与西安市长安区、灞桥区毗邻；北以骊山为界，与西安市临潼区、渭南市接壤。总面积2006平方千米，总人口65.6万人，常住人口49.5万人。

旅游资源 蓝田是中国南北民族迁徙融汇的焦点，这里有距今115万年的蓝田猿人头盖骨化石。境内拥有国家4A级景区王顺山、白鹿原影视城景区、白鹿原·白鹿仓景区等，还有水陆庵、葛牌镇苏维埃政府纪念馆等资源。2006年，蓝田普化水会音乐列入第一批国家级非物质文化遗产名录；2010年全国十大考古发现中吕氏墓园发掘榜上有名。2021年全年共接待国内游客2145.3155万人次，实现旅游综合收入60.7亿元。

管理部门 蓝田县文化和旅游体育局

【周至县】

地理位置 地处渭河平原中部、秦岭北麓。东以白马河为界与西安市鄠邑区为邻，南以秦岭主脉为界与汉中市佛坪县和安康市宁陕县相连，西与宝鸡市眉县、太白县接壤，北以渭河中心线为界与咸阳市武功县、兴平市和杨凌区毗邻。总面积2974平方千米，总人口69.9万人，常住人口56万人。

旅游资源 周至因“山曲为盩，水曲为厔”而得名，是西安的西大门和主要水源地，道文化发祥地，财神赵公明故里。境内拥有国家4A级旅游景区西安曲江楼观道文化展示区，国家植物园也落户于此。2021年全年共接待国内游客1076.46万人次，实现旅游综合收入31.88亿元。

管理部门 鄠邑区文化和旅游体育局

宝鸡市

【金台区】

地理位置 位于陕西省宝鸡市城区的北半

部。南与渭滨区毗邻，西、北、东三面为陈仓区境所环绕，南望秦岭，西靠陇山，五河环绕。总面积309平方千米，常住人口46.1万人。

旅游资源 金台区是仰韶文化、周秦文化和姜炎文化的发源地，还是中国第一部诗歌总集《诗经》的诞生地。境内拥有国家4A级旅游景区金台太极源文化景区、长乐塬工业遗址等和西府老街民俗体验地，还坐拥宝鸡市文化艺术中心、宝鸡大剧院等两座地标性文化设施，成为人们城市旅游、感受西府文化的重要打卡之地。2021年全年共接待国内游客2513万人次，实现旅游综合收入164.8亿元。

管理部门 金台区文化和旅游局

【渭滨区】

地理位置 位于陕西省宝鸡市的主城区，所辖78%的面积地处秦岭北麓浅山林地。南接太白县、凤县，北与金台区西关、中山路、金陵河毗邻，东西与陈仓区相邻。总面积842平方千米，总人口43.1万人，常住人口53.6万人

旅游资源 渭滨区因地处渭河之滨而得名，是姜炎文化的发祥地，“明修栈道、暗度陈仓”“铁马秋风大散关”等历史典故就发生在这里。拥有国家4A级旅游景区中华石鼓园以及天台山国家级风景名胜区等。2021年全年共接待国内游客1450万人次，实现旅游综合收入105.85亿元。

管理部门 渭滨区文化和旅游局

【陈仓区】

地理位置 位于陕西关中八百里秦川西端。南依秦岭与太白县、凤县毗邻，北靠陇山余脉与陇县、千阳县、凤翔区接壤，西沿渭水与甘肃省天水市麦积区、清水县隔河相望，东与岐山县相连，三面环围宝鸡市金台、渭滨二区。总面积2058平方千米，总人口59.7万人，常住人口47.1万人。

旅游资源 陈仓区古称西虢，是周秦文化的发祥地，“中国”二字最早见于陈仓出土的青铜器何尊。汉高祖刘邦“明修栈道，暗度陈仓”的故事发生于此。境内拥有国家4A级景区九龙山景区、大水川旅游景区，独具地方特色的社火脸谱、泥塑、剪纸、布艺、皮影、天地社火等，从这里走出国门成为陕西优秀传统文化对外交流的名片。2021年全年共接待国内游客582.76万人次，实现旅游综合收入31.1亿元。

管理部门 陈仓区文化和旅游局

【岐山县】

地理位置 位于陕西省西部，宝鸡市境东北部。北接麟游县，南接太白，东与扶风、眉县接壤，西同凤翔县、陈仓区毗邻。总面积856平方千米，总人口46万人，常住人口36.5万人。

旅游资源 岐山古称“西岐”，因其境内东北部箭括岭双峰对峙，山有两歧而得名。境内拥有国家4A级景区周公庙，以及五丈原风景名胜区、诸葛亮庙和周原遗址等。岐山又是一座美食之城，臊子面列入全国非物质文化遗产，“岐山臊子面”声名远播。2021年全年共接待国内游客775.0761万人次，实现旅游综合收入38.7496亿元。

管理部门 岐山县文化和旅游局

【眉 县】

地理位置 位于关中平原西部、秦岭北麓，渭河穿境而过，东接周至县，西邻岐山县，北与扶风县接壤。总面积863平方千米，总人口33万人，常住人口28.1万人。

旅游资源 眉县是秦岭主峰太白山所在地。拥有5A级景区太白山，4A级景区红河谷、扶眉战役纪念馆，3A级景区张载祠、西部兰花园、宝深逸乐园以及滨河新区城市综合体、龙源国家湿地公园、千亩荷塘等百里画廊风景带。太白山旅游区为国家级旅游度假区。2021年全年共接待国内游客1102.21万人次，实现旅游综合收入71.08亿元。

管理部门 眉县文化和旅游局

【凤 县】

地理位置 地处秦岭腹地，嘉陵江源头。西有华夏始祖伏羲之地天水，西南有陇南地区，

东南是富庶汉中，北连西岐关中之地。总面积3187平方千米，总人口11万人，常住人口7.9万人。

旅游资源 凤县古称凤州，是一个因凤凰而得名的地方。境内拥有国家4A级旅游景区通天河、凤凰湖等，还有灵官峡、紫柏山、秦岭花谷、消灾寺等景观，以及以《凤飞羌舞》为代表的羌文化传承，以“两当起义”“工合运动”“宝成铁路建设”和“航天三线建设”为代表的红色人文资源。2021年全年共接待国内游客785.92万人次，实现旅游综合收入39.07亿元。

管理部门 凤县文化和旅游局

【太白县】

地理位置 位于陕西省西部、宝鸡市东南部，地处秦岭腹地，是陕西省107个县区中海拔最高的县。全县横跨黄河、长江两大流域。北连秦川，南通巴蜀。总面积2780平方千米，总人口5.2万人，常住人口3.96万人。

旅游资源 太白县因秦岭主峰太白山在境内而得名。秦岭的两大高峰太白山、鳌山都在境内，长冬无夏，春秋相连，“太白积雪六月天”是有名的关中八景之一。境内拥有国家4A级旅游景区青峰峡景区，黄柏塬等摄影胜地，是天然的避暑胜地、宜居宜游的养生福地、“旅游+体育”的运动高地。2021年全年共接待国内游客157.6万人次，实现旅游综合收入9.88亿元。

管理部门 太白县文化和旅游局

渭南市

【临渭区】

地理位置 位于陕西省关中东部，南依秦岭与蓝田县相接，北部平原与蒲城县相连，东以赤水河为界与华州区为邻，西以零河为畔与临潼区相望，东北以洛河故道与大荔县相间，西北经肖高村与富平县接壤。总面积1221平方千米，常住人口92万人。

旅游资源 临渭区是陕西第一个苏维埃政权的诞生地、渭华起义的发祥地。境内拥有国家4A级旅游景区桃花源景区、葡萄产业园，还有渭南市博物馆、植物园等景观。2021年全年共接待国内游客1207万人次，实现旅游综合收入47.87亿元。

管理部门 临渭区文化和旅游局

【华州区】

地理位置 位于陕西关中平原东部，南依秦岭与洛南县交界，北临渭河与大荔县、临渭区隔水相望，东与华阴市毗邻，西与临渭区接壤，西南一隅与蓝田县相连。总面积1139.5平方千米，总人口37万人，常住人口26.9万人。

旅游资源 华州区非物质文化遗产丰富多彩，华州皮影2006年入选国家首批非物质文化遗产名录，2008年被国家文化部授予“中国皮影艺术之乡”和“国家级文化产业示范基地”。境内拥有国家4A级旅游景区少华山国家森林公园及全国红色旅游经典景区渭华起义纪念馆等。2021年全年共接待国内游客465.38万人次，实现旅游综合收入25.89亿元。

管理部门 华州区文化和旅游局

【华阴市】

地理位置 位于关中平原东部，秦晋豫三省结合地带，陕西省地级市，渭南市代管。东起潼关，西邻华县，南依秦岭，北临渭水。总面积676平方千米，总人口24.8万人，常住人口20.5万人。

旅游资源 1990年12月经国务院批准撤县立市，为国家首批全域旅游示范区。境内拥有国家5A级旅游景区华山风景区，这里保留着新石器横阵龙窝遗址、战国魏长城遗址、西汉京师粮仓、华山西岳庙、玉泉院等历史古迹，华阴老腔、华阴迷胡等国家级非物质文化遗产。2021年全年共接待国内游客329.12万人次，实现旅游综合收入15.48亿元。

管理部门 华阴市文化和旅游局

【潼关县】

地理位置 位于陕西省的最东部，黄河中游大拐弯处，东与河南省灵宝市毗邻，西、西北分别与华阴市、大荔县接壤，南与洛南县依秦岭为界，北与山西省芮城隔黄河相望。总面积526平方千米，常住人口12.5万人。

旅游资源 潼关县是关中的东大门，历来为兵家必争之地。境内拥有古潼关城墙、城楼遗址、李自成南原大战遗址、十二连城烽火台遗址、杨震廉政博物馆（杨震廉政教育基地）、潼关酱菜博物馆、岳渎公园，以及正在建设的古城东山景区、小秦岭黄金矿山公园等。2021年全年共接待国内游客195万人次，实现旅游综合收入12.6亿元。

管理部门 潼关县文化和旅游局

汉中市

【汉台区】

地理位置 位于陕西省西南部，北依秦岭，南屏巴山，地势北高南低，隶属汉中市。总面积556平方千米，常住人口61.8万人。

旅游资源 汉台区是国家历史文化名城，是汉王朝发祥地，历史悠久，文化灿烂；自然景观、人文景观众多。拥有国家4A级旅游景区兴汉胜境，天台国家森林公园，黄花河、莲花池等自然风景区。

管理部门 汉台区文化和旅游局

【南郑区】

地理位置 位于陕西省西南边陲、汉中盆地西南部，北临汉江，南依巴山。区境东与陕西省城固县、西乡县毗连，南部与四川省通江县、南江县、旺苍县接壤，西部与陕西省宁强县、勉县为邻，北与陕西省汉台区隔江相望，隶属汉中市。总面积2809平方千米，总人口46.6万人，常住人口46.4万人。

旅游资源 南郑区因郑人南奔而得名，旅游资源富集。境内拥有国家4A级旅游景区黎坪国家森林公园、龙头山等，还有世界级天坑群、南湖、红寺湖、川陕革命根据地纪念馆、汉山广场等各类景观。

管理部门 南郑区文化和旅游局

【城固县】

地理位置 位于陕南汉中盆地，北依秦岭、南屏巴山，是古丝绸之路的重要地区。总面积2265平方千米，总人口54.3万人，常住人口44.2万人。

旅游资源 城固县是丝绸之路开拓者张骞故里，也是“一人得道、鸡犬升天”传说的发祥地。境内拥有世界文化遗产、国家4A级景区张骞墓，国家级水利风景区南沙湖，桔园景区，以及西北联大、古路坝等知名景点。

管理部门 城固县文化和旅游局

【洋 县】

地理位置 位于陕西南部，汉中盆地东缘，北依秦岭，南屏巴山。总面积3206平方千米，总人口44.5万人，常住人口34.5万人。

旅游资源 洋县是世界珍禽朱鹮唯一的人工饲养种源地和主要的野外栖息地。位于秦岭腹地的华阳古镇远近闻名。县内拥有华阳景区、朱鹮梨园景区等国家4A级景区，以及长青国家级自然保护区、蔡伦墓祠、红二十五军司令部等景观资源。汉调桄桄、架花烟火、悬台社火等被列为国家级非物质文化遗产。

管理部门 洋县文化和旅游局

【西乡县】

地理位置 位于陕西南部，汉中东部，东邻石泉、汉阴，南接镇巴和四川通江，北连洋县，西与城固、南郑接壤。总面积3240平方千米，总人口41.4万人，常住人口31.9万人。

旅游资源 西乡县因张飞封侯西乡，改南乡县为西乡县，是知名的茶乡，出产的“午子仙毫”为中国八大名茶之一。境内拥有骆家坝景区、午子山风景区等国家4A级旅游景区，茶镇湾、枣园湖等景区和樱桃园、茶园等农业观光旅游项目。

管理部门 西乡县文化和旅游局

【勉 县】

地理位置 位于陕西省南部、汉中市(汉中盆地)西端，地处汉江上游，长江最大支流汉江横贯全境，北依秦岭，南垣巴山，居川、陕、甘要冲。东接汉中市汉台区，南邻南郑区，西靠宁强县、略阳县，北连留坝县、宝鸡市凤县和甘肃省两当县。总面积2386平方千米，常住人口34.5万人。

旅游资源 勉县是沔水流出的一座古雅之城。境内拥有国家4A级旅游景区武侯祠、武侯墓等，两汉三国文化浓郁，三国古镇业态丰富，康体养生度假、自然山水、田园风光等，吸引了众多游客前往观光体验。

管理部门 勉县文化和旅游局

【宁强县】

地理位置 位于陕西省西南角、汉中市西部，北依秦岭、南枕巴山，地接三省、襟陇带蜀。总面积3282.73平方千米，总人口34万人，常住人口25.6万人。

旅游资源 宁强县是长江最大支流汉江的发源地。境内拥有国家4A级旅游景区青木川古镇、汉江源景区，还有以炎帝神农文化、三国文化等为特色的历史文化，以禅家岩天坑等为亮点的自然风光文化，以青木川古建筑、巴山民歌、傩舞傩技为特点的民俗风情文化。

管理部门 宁强县文化和旅游局

【略阳县】

地理位置 位于陕西省西南部，嘉陵江上游、汉江北源，秦岭南麓西段，地处陕甘川毗邻地带。东南与勉县、宁强接壤，西北与甘肃康县、成县、徽县相连。总面积2831平方千米，总人口20.1万人，常住人口14.4万人。

旅游资源 略阳县特殊的地理位置，积淀了兼有陕、甘、川地方特色的风俗民情。境内拥有国家4A级旅游景区五龙洞国家森林公园，以及灵岩寺、羌族文化生态区等景观。

管理部门 略阳县文化和旅游局

【镇巴县】

地理位置 位于陕西省南端，汉中市东南隅，大巴山腹地米仓山东段，被誉为陕西省“南大门”。总面积3437平方千米，总人口28万人，常住人口21.1万人。

旅游资源 镇巴县是西北地区最大的苗民聚居地，融三秦文化，汇蜀汉遗风，为汉将班超的封邑。境内拥有白天河风景旅游区，川陕革命根据地以及苗家寨、巴山木竹林、圈子崖天坑等旅游景点。镇巴民歌列入全国非物质文化遗产保护名录。

管理部门 镇巴县文化和旅游局

【留坝县】

地理位置 位于陕西省西南部汉中市北部，地处秦岭南麓腹地。东连洋县、城固县，南接汉中市汉台区，西邻勉县，北靠太白县、凤县。总面积1970平方千米，总人口4.2万人，常住人口3.5万人。

旅游资源 留坝独特的地理位置和气候特征，孕育了丰富的自然资源。境内拥有国家4A级旅游景区张良庙·紫柏山、栈道水世界等，以及紫柏山国际滑雪场、留坝老街、留坝民宿集群等多张旅游名片。山地度假、生态旅游、文化体验、田园休闲等旅居模式已经形成。

管理部门 留坝县文化和旅游局

【佛坪县】

地理位置 位于陕西省汉中市东北部，地处秦岭南麓。东接安康市宁陕县、石泉县，北临西安市周至县和宝鸡市太白县，西南连洋县。总面积1279平方千米，总人口3.5万人，常住人口2.7万人。

旅游资源 佛坪县是秦岭四宝——大熊猫、金丝猴、羚牛、朱鹮的栖息地，也是国家南水北调工程的重要水源涵养地和陕西省引汉济渭工程的主要调水点。境内拥有国家4A级旅游景区熊猫谷，佛坪国家级自然保护区等。

管理部门 佛坪县文化和旅游局

安康市

【汉滨区】

地理位置 位于陕西省东南部、汉江上游，北依秦岭，南接巴山，东接旬阳县，西连紫阳县、汉阴县，北靠商洛市镇安县、安康市宁陕县，南与平利县、岚皋县接壤，隶属安康市。总面积3645.9平方千米，总人口102.6万人，常住人口75.2万人。

旅游资源　汉滨区地处陕南秦巴腹地，集南北之风光，汇秦楚之文化，旅游资源千姿百态。境内有国家4A级旅游景区瀛湖旅游景区、双龙景区和秦巴文化生态旅游区等，另有安康历史博物馆、泸康工业旅游区、凤凰山森林公园、龙王山等自然、人文景观和古文化遗址。2021年全年共接待国内游客838.95万人次，实现旅游综合收入49.35亿元。

管理部门　汉滨区文化和旅游广电局

【旬阳市】

地理位置　地处陕西省东南部，秦巴山区东段，汉江横贯其中，陕西省地级市，安康市代管。由北向南依次同湖北省郧西县、陕西省白河县毗邻；由东向西依次同湖北省竹山县、竹溪县及陕西省平利县接壤，西同安康市汉滨区相邻；北由西向东，分别同陕西省镇安县、湖北省郧西县相接。总面积3541平方千米，总人口44.7万人，常住人口35.5万人。

旅游资源　旬阳因旬水得名，历史悠久，秦、楚、蜀文化交融。境内拥有太极城、蜀河古镇、红军纪念园、高山草甸、田园风光、溶洞瀑布、汉江航道等众多自然人文景观。2021年全年共接待国内游客302.45万人次，实现旅游综合收入14.06亿元。

管理部门　旬阳市文化和旅游广电局

【汉阴县】

地理位置　位于陕南秦巴山区，北为秦岭，南倚大巴山，与安康市汉滨区、紫阳县、石泉县、宁陕县和汉中市镇巴县毗邻。总面积1365平方千米，总人口31.3万人，常住人口23.9万人。

旅游资源　汉阴县历史悠久，文化灿烂。境内凤堰古梯田为国家4A级旅游景区，还有阮家坝、杨家坝等新石器时代遗址和古村落、石刻文化遗址，田园风光优美。2021年全年共接待国内游客302.45万人次，实现旅游综合收入14.06亿元。

管理部门　汉阴县文化和旅游广电局

【石泉县】

地理位置　位于陕西省南部，安康市西部。北依秦岭、南枕巴山，地处秦巴腹地、汉水之滨，东接襄渝、西连宝成、南通巴蜀、北抵关中。总面积1525平方千米，总人口18.2万人，常住人口15.3万人。

旅游资源　西魏废帝元年（公元552年），石泉因“城南石隙多泉、泉水清冽、径流不息”而得名，是国家全域旅游示范区、先秦文化的重要发祥地、国宝“鎏金铜蚕”出土地。境内拥有鬼谷岭、汉江石泉古城、燕翔洞、中坝大峡谷、雁山瀑布5个国家4A级景区，中坝作坊小镇、饶峰驿站、秦巴风情园、醉美桑海、子午银滩5个国家3A级景区，国家级旅游休闲街区——秦巴老街，全国乡村旅游重点镇——后柳镇，以及省级旅游特色名镇5个、全国乡村旅游重点村2个、省级乡村旅游示范村9个，打造和固化了四季文化旅游品牌活动。2021年全年共接待国内游客650万人次，实现旅游综合收入45.16亿元。

管理部门　石泉县文化和旅游广电局

【宁陕县】

地理位置　位于陕西省南部秦岭中段南坡，安康市西北部。东接柞水县、镇安县，南连石泉县、汉阴县、汉滨区，西邻佛坪县，北靠长安区、周至县、鄠邑区。总面积3678平方千米，总人口7.4万人，常住人口5.9万人。

旅游资源　宁陕县自清朝设立“宁陕厅”取其“安宁陕西”之意。宁陕生态旅游资源丰富，拥有国家4A级旅游景区筒车湾休闲景区，还有悠然山、上坝河森林公园等旅游资源和秦岭漂流项目，是国家一类保护动物大熊猫、金丝猴、羚牛、朱鹮汇聚之地。

管理部门　宁陕县文化和旅游广电局

【紫阳县】

地理位置　位于陕西省南部，地处汉江上游，大巴山北麓，隶属陕西省安康市，县境西与四川省万源市毗邻，东南方向与重庆市城口县接壤。总面积2204平方千米，总人口35万人，常住人口26.1万人。

旅游资源 紫阳县生态环境优美，汉江纵贯全境，秦巴山色、汉水风光、茶乡风情独具特色。境内有仙人洞真人宫景区、擂鼓台森林公园、文笔山等景点。紫阳民歌被列入国家首批非物质文化遗产名录，是国家文化部命名的“中国民间艺术之乡”。

管理部门 紫阳县文化和旅游广电局

【岚皋县】

地理位置 位于陕西南部、巴山北麓、汉江之滨，毗邻湖北、重庆两省市，与安康市平利县、紫阳县、汉滨区和重庆市城口县接壤。总面积1956平方千米，总人口17.2万人，常住人口13.5万人。

旅游资源 岚皋县是国家南水北调中线工程水源涵养地、秦巴生物多样性生态功能区和全国为数不多的魔芋最佳适生区。境内旅游资源丰富，拥有国家4A级旅游景区南宫山景区，笔架山、千层河、神禾源等景区风光独特。岚皋乡村旅游起步较早，生态旅游“岚皋特色”发展模式已成为全国县域旅游发展典型模式之一。

管理部门 岚皋县文化和旅游广电局

【平利县】

地理位置 位于陕西省东南部，大巴山北麓。东接湖北省竹溪县，南邻重庆市城口县，西北分别与岚皋县、汉滨区和旬阳县接壤。总面积2647平方千米，总人口23万人，常住人口18.1万人。

旅游资源 平利县是女娲文化史料记载最早、最集中的原发地，中国名茶之乡。拥有国家4A级旅游景区天书峡景区及万顷高山草甸、长安硒茶小镇、桃花溪、芍药谷、龙头村、蒋家坪村等景区景点，还有4万余户著名的徽派居民群。

管理部门 平利县文化和旅游广电局

【镇坪县】

地理位置 位于陕西省东南部，大巴山北麓。东与湖北省竹溪县接壤，南与重庆市巫溪县、城口县毗邻，西北与本省平利县连界。总面积1503.26平方千米，总人口5.86万人，常住人口4.7万人。

旅游资源 镇坪县为陕、渝、鄂交界点，镇坪古盐道已有5000多年的历史。境内拥有国家4A级旅游景区飞渡峡·黄安坝景区，腊味小镇是具有秦巴山区地域文化特色的休闲度假、生态观光、文化体验旅游景区。2021年全年共接待国内游客69.01万人次，实现旅游综合收入4.725亿元。

管理部门 镇坪县文化和旅游广电局

【白河县】

地理位置 位于陕西省东南部，大巴山东段。北临汉江，隔江与湖北省郧西县相望，东、南部分别与湖北省郧县、竹山县接壤，西与旬阳市相连。总面积1455平方千米，总人口20.9万人，常住人口16.3万人。

旅游资源 白河县是陕西“南大门”。境内拥有国家4A级旅游景区天宝梯彩农园景区，还有城关古镇、红石河景区、东坡景区、女儿寨景区、二凤山、五龙山等独特的景点景观。

管理部门 白河县文化和旅游广电局

商洛市

【商州区】

地理位置 位于陕西省东南部，秦岭东段南麓，丹江上游。东与丹凤县毗邻，南与山阳县接壤，西以秦岭山脉为界，与蓝田、柞水二县相连，北与洛南县相接，隶属商洛市。总面积2672平方千米，总人口55.7万人，常住人口47万人。

旅游资源 商州区横跨长江、黄河两大流域，文化积淀丰厚，历史遗存众多。境内拥有国家4A级旅游景区江山景区，还有仙娥湖、秦王山、恐龙遗迹、紫荆遗址、大云寺等景观。盛产核桃、板栗、柿子等农特产品。2021年全年共接待国内游客626.65万人次，实现旅游综合收入38.41亿元。

管理部门 商州区文化和旅游局

【洛南县】

地理位置 位于陕西省东南，秦岭东段南麓，洛河上游。北依秦岭与华阴、潼关县相邻，南凭蟒岭与商州区、丹凤县毗连，东与河南省灵宝、卢氏县接壤，西同华县、蓝田县、商州区交界。总面积2830平方千米，总人口46.1万人，常住人口36.6万人。

旅游资源 洛南县横跨黄河、长江两大流域，地处亚热带与温带分界线。道教圣地老君山、佛教名刹华严寺、鞑子梁石板房古村落遗址、秦岭原乡禹平川、洛河源头草链岭等景观分布于境内。盛产核桃、豆腐、橡子凉粉等农特产品。“仓颉造字传说”“谷雨公祭仓颉典礼”“洛南静板书”列入国家非物质文化遗产名录。洛南猿人、花石浪猿人遗址列入国家重点文物保护单位。2021年全年共接待国内游客520万人次，实现旅游综合收入31.7亿元。

管理部门 洛南县文化和旅游局

【丹凤县】

地理位置 位于陕西省东南部，秦岭东段南麓，东邻商南县，西邻商州区，南接山阳县，北连洛南县，东北接河南省卢氏县。总面积2407平方千米，总人口31.1万人，常住人口24.5万人。

旅游资源 丹凤县是著名改革家商鞅封地、四皓隐居之处，当代著名作家贾平凹的故乡。境内拥有国家4A级旅游景区丹江漂流景区，龙驹寨国家水利风景区等水域景观4处，商鞅封邑、商山四皓等遗址遗迹9处，二郎庙、船帮会馆等人文景观17处，是鄂豫陕苏区和豫鄂陕革命根据地的中心区域。2021年全年共接待国内游客820万人次，实现旅游综合收入48亿元。

管理部门 丹凤县文化和旅游局

【商南县】

地理位置 位于陕西省东南部，商洛市东南，地处秦岭东段南麓。北依蟒岭与河南省卢氏县接壤；南屏郧西大梁与湖北省郧阳区郧西县为邻；东界界牌与河南省西峡县相接；西至冀家湾与丹凤县雷家洞毗连。总面积2314平方千米，总人口24.8万人，常住人口20.2万人。

旅游资源 商南县仰韶文化、龙山文化、楚汉文化、秦汉文化、明清陕南移民等历史积淀深厚。汉刘邦、明闯王曾在此挥戈跃马，奠定霸业，李先念、徐海东等老一辈革命家，在此创建鄂豫陕革命根据地。盛产茶叶、花生、核桃、板栗、食用菌、猕猴桃等特产。境内拥有国家5A级旅游景区金丝峡，国家4A级旅游景区阳城驿，以及闯王寨、任家沟、后湾等旅游景区和乡村旅游点。2021年全年共接待国内游客769.36万人次，实现旅游综合收入46.84亿元。

管理部门 商南县文化和旅游局

【山阳县】

地理位置 位于秦岭南麓、商洛市南部。东与丹凤、商南为邻，西与镇安、柞水交界，南与湖北省郧西县毗邻，北与商州区接壤。总面积3531平方千米，总人口46.4万人，常住人口35.8万人。

旅游资源 山阳县曾是秦楚和宋金的国界，拥有多元融汇的地域文化；革命战争年代是鄂豫陕革命老区和豫鄂陕革命根据地的中心区域；有文物保护点860多处，馆藏文物1000多件，入选非物质文化遗产代表作名录36项。拥有天竺山、漫川古镇、天蓬山寨、月亮洞4个国家4A级旅游景区。2021年全年共接待国内游客776.5万人次，实现旅游综合收入46.93亿元。

管理部门 山阳县文化和旅游局

【镇安县】

地理位置 位于陕西省东南部，秦岭南麓，商洛市西南部，汉江支流乾佑河与旬河中游过境，东接山阳县和湖北省郧西两县，西邻宁陕县，南与旬阳县相接，北与柞水县相连。总面积3487平方千米，总人口30.3万人，常住人口25.5万人。

旅游资源 镇安县历史悠久，生态良好，境内拥有岩屋村落遗址、赵家湾村落遗址、前湾村落遗址等古遗址，国家4A级旅游景区塔云山景区以及木王国家森林公园、金台山等自然景观。“镇安大板栗”被列入国家地理标志性产品名录。

管理部门 镇安县文化和旅游局

【柞水县】

地理位置 位于陕西南部，地处秦岭南坡，东与商州区、山阳县相连，南邻镇安县，西接宁陕县，北与长安区、蓝田县相接。总面积2332平方千米，总人口16万人，常住人口13.8万人。

旅游资源 柞水县山水旅游资源富集，境内有国家4A级旅游景区牛背梁国家森林公园、柞水溶洞、九天山风景区等3个，还有秦楚古道、凤凰古镇、朱家湾等景观、乡村旅游点和民宿集群，盛产核桃、木耳、板栗、猕猴桃等。

管理部门 柞水县文化和旅游局

甘肃省

【概述】 涉及秦岭区域涵盖天水市、定西市、陇南市、甘南藏族自治州范围内的20个县级行政区，分别为：秦州区、麦积区、甘谷县、武山县，陇西县、渭源县、临洮县、漳县、岷县，武都区、成县、文县、宕昌县、康县、西和县、礼县、徽县、两当县，舟曲县、迭部县。

天水市

【秦州区】

地理位置 位于甘肃省东南部，秦巴山区西秦岭北部。东北与麦积区相连，南与陇南市西和县、礼县、徽县相连，西接甘谷县，隶属天水市。总面积2442平方千米，总人口69万人，常住人口65.7万人。

旅游资源 秦州区是中华民族和中华文明的发祥地之一，中国历史文化名城。拥有国家4A级旅游景区伏羲庙、玉泉观、南廓寺等3个，已形成伏羲文化、秦宗文化、三国文化、明清建筑文化和民俗风情文化五大文化旅游景观。

管理部门 秦州区文体广电和旅游局

【麦积区】

地理位置 位于甘肃省东南部，秦岭西端北麓。东邻陕西省宝鸡市，南接秦州区、两当县、徽县，西濒甘谷县，北连清水县、秦安县，隶属天水市。总面积3480平方千米，总人口65万人，常住人口55.6万人。

旅游资源 麦积区横跨长江、黄河两大水系，是中国农耕文明的主要发祥地之一，也是世界文化遗产麦积山石窟所在地。境内旅游资源丰富，拥有国家5A级景区麦积山，还有许多古遗址、古建筑、古墓葬等。

管理部门 麦积区文体广电和旅游局

【甘谷县】

地理位置 位于甘肃省东南部，天水市西北部，渭河上游。东邻天水市秦安县、麦积区，南接天水市秦州区、陇南市礼县，西与天水市武山县接壤，北与定西市通渭县相连。总面积1572.6平方千米，总人口61.2万人，常住人口50.7万人。

旅游资源 甘谷县历史悠久，是中华民族和华夏文明的重要发祥地之一，中华民族人文始祖太昊伏羲氏的出生地。境内拥有国家4A级旅游景区大像山，还有姜维墓、天门山、尖山寺、蔡家寺、古坡草原等多处景区景点。

管理部门 甘谷县文体广电和旅游局

【武山县】

地理位置 位于甘肃省东南部，天水市西北部的渭河上游。东连甘谷，南靠岷县、礼县，西接漳县，北邻陇西、通渭二县。总面积2011平方千米，总人口47万人，常住人口36.4万人。

旅游资源 武山县因武城山而得名。境内水帘洞景区既是国家4A级旅游景区，又为全国重点文物保护单位，还有木梯寺、老君山森林公园、草川大草原等景点。武山旋鼓被列入国家级非物质文化遗产名录。

管理部门 武山县文体广电和旅游局

定西市

【陇西县】

地理位置 位于甘肃省东南部，定西市中部，与之接壤的县市有：东边通渭县，西边渭源县，南边漳县、武山县，北边安定区。总面积2408平方千米，总人口 52.48万人，常住人口42.3万人。

旅游资源 陇西因在陇山以西而得名，是天下李氏的发祥地，陇西李氏文化是与敦煌文化、天水伏羲文化、拉卜楞寺藏传佛教文化齐名的甘肃四大文化之一。境内拥有国家4A级旅游景区李家龙宫景区等。

管理部门 陇西县文体广电和旅游局

【渭源县】

地理位置 位于甘肃省中部，定西市西南部，地处陇中，北靠定西、临洮，东接陇西、南连漳县，西与卓尼、临潭、康乐少数民族地区毗邻。总面积2065平方千米，总人口34.7万人，常住人口27.8万人。

旅游资源 渭源县因渭河源头而得名。文化底蕴深厚，自然风光秀美，境内拥有国家4A级旅游景区渭河源景区、首阳山景区，渭河源国家级森林公园，融汇了仰韶文化、马家窑文化、齐家文化等三大古代文化。2021年全年共接待国内游客190万人次，实现旅游综合收入7.9亿元。

管理部门 渭源县文体广电和旅游局

【临洮县】

地理位置 位于甘肃省中部、定西市西部。东临定西市安定区，北接兰州市，南连渭源县，西与临夏回族自治州东乡、广河、康乐县接壤。总面积2851平方千米，总人口55.5万人，常住人口47.8万人。

旅游资源 临洮县因境内有洮河而得名，古称狄道，是马家窑文化命名地、战国秦长城西起点、老子飞升地和貂蝉故里。境内拥有国家4A级旅游景区岳麓山景区，佛归寺生态旅游园、南屏山、马家窑遗址、秦长城遗址、貂蝉湖、卧龙湾水镇等自然和人文景观。

管理部门 临洮县文体广电和旅游局

【漳 县】

地理位置 位于甘肃省东南部、定西市南部，地处黄土高原陇西地台和西秦岭山地交会过渡地带。东连武山、西邻卓尼、南靠岷县、北与陇西、渭源接壤。总面积2165.18平方千米，总人口21.17万人，常住人口16.7万人。

旅游资源 漳县历史悠久，资源丰富。境内拥有国家4A级旅游景区、国家森林公园贵清山、遮阳山等自然景观，红军长征“中共中央西北局盐井会议”会址等红色旅游资源，古盐井、汪氏元墓群等历史文化遗址，还有武阳扇鼓、金钟花儿、盐川社火等地域风俗。

管理部门 漳县文体广电和旅游局

【岷 县】

地理位置 位于甘肃省南部，洮河中游，地处青藏高原东麓与西秦岭陇南山地接壤区，是定西、天水、陇南、甘南的几何中心。西北与临潭、卓尼、迭部三县相邻；东北和漳县、武山接壤；东南与宕昌、礼县毗邻。总面积3578平方千米，总人口49.59万人，常住人口42.3万人。

旅游资源 岷县历史文化灿烂悠久，红色基因厚重。境内拥有“岷州会议”纪念馆、二郎山、狼毒湿地草原等景点，洮岷花儿被列入世界非物质文化遗产名录，洮砚加工制作技艺、巴当舞、青苗会、岷州宝卷、岷县当归生产加工技艺等被列入国家级非物质文化遗产名录。

管理部门 漳县文体广电和旅游局

陇南市

【武都区】

地理位置 位于甘肃省东南部，长江流域嘉陵江水系白龙江中游，秦巴山系结合部。东与康县相接，南连陕西省宁强县、四川省青川县和甘肃文县，西接文县、舟曲县、宕昌县，北邻宕昌县、礼县、西和县，东北与成县隔水相望，隶属陇南市。总面积4683平方千米，总人口60.6万人，常住人口54.5万人。

旅游资源 武都区拥有国家4A级风景区万象洞以及水帘洞、朝阳洞、千坝草原、裕河保护区等景区，白水江、裕河等2个国家级自然保护区，与四川九寨沟、天水麦积山、甘南腊子口连成一条旅游热线。

管理部门 武都区文体广电和旅游局

【成 县】

地理位置 位于甘肃省东南部，地处秦岭山脉南麓丘陵河谷地带。东北与徽县接壤，西与西和相邻，南以西汉水为界与康县相望，东南与陕西省略阳县毗邻。总面积1676.54平方千米，总人口26.7万人，常住人口24.2万人。

旅游资源 成县拥有国家4A级旅游景区和国家重点文物保护单位西狭颂，鸡峰山国家级森林公园，还有五仙洞、大云寺、甸山、金莲洞、泥功山、石门沟、浪沟峡等独具特色的旅游景观。2007年被联合国教科文组织命名为“千年古县”。

管理部门 成县文体广电和旅游局

【文 县】

地理位置 位于甘肃省最南端，四川省、陕西省交界处，地处秦巴山地，是甘肃的南大门。东南与四川省青川县、平武县接壤，西邻四川九寨沟县和甘南藏族自治州，北接武都区。总面积4994平方千米，总人口24.01万人，常住人口19.7万人。

旅游资源 文县因沿用古文州之文而得县名。境内拥有国家4A级旅游景区文县天池、白水江国家级自然保护区、大熊猫自然保护区等。文县白马藏家山寨跳的面具舞“池哥昼”被列入全国首批“非遗”保护工程项目。

管理部门 文县文体广电和旅游局

【宕昌县】

地理位置 位于甘肃省南部，陇南市西北部，地处青藏高原边缘和西秦岭、岷山两大山系支脉的交错地带。东与礼县接壤，西与甘南州舟曲县、迭部县相邻，南与武都区毗邻，北与定西市岷县相连。总面积3331平方千米，总人口30.03万人，常住人口24.8万人。

旅游资源 宕昌县是甘肃为数不多的集红、绿、古三色旅游于一身的旅游资源富县。境内拥有国家地质公园、国家森林公园和国家4A级旅游景区官鹅沟，还有国家4A级旅游景区哈达铺红色旅游景区及大坝河国家森林公园，加之独特的羌藏风情旅游资源。2021年全年共接待国内游客204.7万人次，实现旅游综合收入11.79亿元。

管理部门 宕昌县文体广电和旅游局

【康 县】

地理位置 位于甘肃省东南部，毗邻陕西、四川。全境处西秦岭南侧陇南山中，嘉陵江上游，西汉水之滨，东邻陕西略阳县，南邻陕西宁强县，西与武都区毗连，北以西汉水为界与成县相望。总面积2958.46平方千米，总人口20.32万人，常住人口16.2万人。

旅游资源 康县拥有阳坝旅游景区、花桥村旅游景区、王坝生态民俗旅游区、岸门口古村康养旅游区等4个国家4A级旅游景区。民间唢呐吹奏、羊皮扇鼓舞、唱书、打锣鼓草、康南花鼓、手工造纸等都是康县民间民俗文化中的奇葩。

管理部门 康县文体广电和旅游局

【西和县】

地理位置 位于甘肃省东南部，陇南市北部，西秦岭南侧，系长江流域西汉水上游。东临徽县、成县，南依武都、康县，西北与礼县交界，东北与礼县、天水秦州区接壤。总面积

1858平方千米。总人口44.3万人，常住人口35.1万人。

旅游资源 西和县因古西和州而得县名，是人文始祖伏羲的诞生地。境内拥有国家4A级旅游景区晚霞湖景区，还有云华山、八峰崖和仇池山等知名景观景点。

管理部门 西和县文体广电和旅游局

【礼 县】

地理位置 位于甘肃省东南部，陇南市北部，长江二级支流西汉水上游，东邻天水秦州区、西和县，西接宕昌、岷县，南连陇南市武都区，北与武山、甘谷县接壤。总面积4299.92平方千米，总人口52.1万人，常住人口42.4万人。

旅游资源 礼县县名源于地名“李店”，是秦人和先秦文化的发祥地。境内拥有国家4A级旅游景区甘肃秦文化博物馆，以及祁山武侯祠、香山自然保护区、秦公陵园、铁笼山、大堡子山遗址、赵世延家庙碑等重要的旅游资源。

管理部门 礼县文体广电和旅游局

【徽 县】

地理位置 位于甘肃省东南部，陕、川交界地带，地处西秦岭南麓，嘉陵江上游的徽成盆地。西接成县、西和县，北接天水市，南邻陕西省略阳县，东与两当县接壤。总面积2722平方千米，总人口22.5万人，常住人口19万人。

旅游资源 徽县因城北隅徽山下有徽山驿而得名。境内有国家4A级旅游景区金徽酒文化生态旅游景区、金徽矿业景区等2个，有三滩风景区、嘉陵江漂流、青泥岭、文池等风景名胜，以及徽县文庙大殿、郇庄白塔、红二方面军军部等历史文化印记。

管理部门 徽县文体广电和旅游局

【两当县】

地理位置 位于甘肃省东南部、陇南东北部，地处陕甘川交界的秦岭山区，属长江上游嘉陵江水系，北靠天水，西邻徽县，东南二面与陕西省宝鸡市、汉中市相连。总面积1408平方千米，总人口5万人，常住人口4万人。

旅游资源 两当县因境内有两当河而得名。境内拥有两当兵变红色文化景区和云屏三峡景区2个国家4A级旅游景区，以及灵官峡张果老登真洞、黑河自然保护区等旅游景点。两当兵变纪念馆被列为全国第四批爱国主义教育基地和全国第二期红色旅游经典景区。

管理部门 两当县文体广电和旅游局

甘南藏族自治州

【舟曲县】

地理位置 位于甘肃南部，甘南藏族自治州东南部，地处南秦岭山地，岷山山系呈东南—西北走向贯穿全境。东邻陇南市，北接宕昌县，西南与迭部县、文县和四川省九寨沟县接壤。总面积3010平方千米，总人口14.4万人，常住人口12.5万人。

旅游资源 舟曲是典型的高山峡谷区，特殊的地理位置形成了深厚的地域文化积淀。境内拥有国家4A级旅游景区拉尕山景区，还有沙滩林区、大峡沟国家森林公园，以及藏民族原生态舞蹈、音乐、服饰和宗教活动等民俗风情旅游资源。

管理部门 舟曲县文体广电和旅游局

【迭部县】

地理位置 位于甘南藏族自治州南部甘川交界处，白龙江上游的高山峡谷地带。东邻舟曲县、宕昌县，北接卓尼县、岷县，西南与四川省若尔盖县、九寨沟县接壤。总面积5108.3平方千米，总人口5.6万人，常住人口5.2万人。

旅游资源 迭部县境内拥有国家4A级旅游景区扎尕那景区、腊子口景区、俄界会议旧址等3个，还有茨日那毛主席旧居、腊子口战役遗址、多尔自然保护区、然闹遗址等。腊子口战役遗址被列入全国12个重点红色旅游景区、30条红色旅游精品线路、100个红色旅游经典景区和雪山草地红色旅游景区。

管理部门 迭部县文体广电和旅游局

河南省

【概述】 涉及秦岭区域涵盖洛阳市、平顶山市、三门峡市、南阳市、信阳市、驻马店市范围内的40个县级行政区，分别为：栾川县、嵩县、汝阳县、宜阳县、洛宁县、伊川县；石龙区、舞钢市、汝州市、宝丰县、叶县、鲁山县；湖滨区、陕州区、灵宝市、渑池县、卢氏县；卧龙区、宛城区、邓州市、南召县、方城县、西峡县、镇平县、内乡县、淅川县、社旗县、唐河县、新野县、桐柏县；浉河区、罗山县、光山县、新县、商城县、固始县；驿城区、确山县、泌阳县、遂平县。

洛阳市

【栾川县】

地理位置 位于河南省西部，东与嵩县毗邻，西与卢氏接壤，南与西峡相连，北与洛宁相依。总面积2477平方千米，总人口35万人，常住人口32万人。

旅游资源 栾川因传说远古时期鸾鸟群栖于此而得名。境内拥有国家5A级旅游景区老君山、鸡冠洞，还有国家4A级旅游景区龙峪湾、重渡沟、养子沟、伏牛山滑雪场度假乐园、抱犊寨、天河大峡谷等景区景点，“栾川模式”为全国著名的县域旅游发展典型之一。

管理部门 栾川县文化广电和旅游局

【嵩 县】

地理位置 位于河南省洛阳市西南部，地处伏牛山北麓及其支脉外方山和熊耳山之间。东与汝阳、鲁山县接壤，西与栾川、洛宁县毗邻，南与南召、内乡、西峡县相依，北与伊川、宜阳县为邻。总面积3009平方千米，总人口63.7万人，常住人口54.3万人。

旅游资源 嵩县境内拥有国家5A级旅游景区白云山景区，国家4A级旅游景区天池山、木札岭等景区景点以及白云小镇、石头部落、陆浑湖等。

管理部门 嵩县文化广电和旅游局

【汝阳县】

地理位置 位于河南省西部，洛阳市东南部，北汝河上游，东邻汝州，西接嵩县，南界鲁山，北连伊川。总面积1332平方千米，总人口53.28万人，常住人口43.5万人。

旅游资源 汝阳县因地处汝河北岸而得名。境内拥有国家4A级旅游景区西泰山旅游风景区、恐龙谷漂流景区等，还有仰韶文化遗址、魏明帝高平陵、恐龙遗址、杜康造酒遗址、杜康庙等历史文化遗迹。2021年全年接待游客567.6万人次，实现旅游综合收入13.45亿元。

管理部门 汝阳县文化广电和旅游局

【宜阳县】

地理位置 位于河南省洛阳市西部。东连洛阳，西接洛宁，南与嵩县、伊川交界，北与新安、渑池为邻。总面积1616平方千米，总人口70万人，常住人口57.6万人。

旅游资源 宜阳县因地处宜水之阳而得名。境内拥有花果山、香鹿山森林公园、锦屏山生态园、灵山风景区、召伯听政之处、韩国故城以及李贺故里等景区景点。

管理部门 宜阳县文化广电和旅游局

【洛宁县】

地理位置 位于河南省洛阳市西部，洛河中游。东与宜阳县接壤，南与嵩县、栾川县为邻，西与卢氏县、灵宝市相连，北靠陕县、渑池县。总面积2306平方千米，总人口52万人，常住人口38.6万人。

旅游资源 洛宁县是河洛文化发祥地，境内拥有国家4A级旅游景区神灵寨国家森林公园，标志中华文明代表的“洛出书处”“仓颉造字台”“伶伦制管”等众多历史文化遗存，还有楼梯山狩猎场、全宝山森林公园、西子湖等景区景点。

管理部门 洛宁县文化广电和旅游局

【伊川县】

地理位置 位于河南省西部，北依洛阳城区，南接嵩县，东临登封，西望宜阳，东北与偃师接壤，东南与汝州市毗邻。总面积1234平方千米，总人口92万人，常住人口79.3万人。

旅游资源 伊川因县境地处伊河川地而得名。境内拥有国家4A级旅游景区二程文化园，还有鹤鸣峡、大觉寺、荆山森林公园、伊川书院、范园等景区景点。

管理部门 伊川县文化广电和旅游局

平顶山市

【石龙区】

地理位置 位于河南省中西部，地处伏牛山系外方山东麓浅山丘陵地带、韩梁煤田腹地，周边与宝丰县、鲁山县接壤，隶属平顶山市。总面积60.6平方千米，总人口6.1万人，常住人口4.3万人。

旅游资源 石龙区因石龙河贯穿辖境而得名。境内拥有龙湖公园、花果山生态公园、娘娘山、青草岭、祖师庙岭等景观景点。

管理部门 石龙区文化广电和旅游局

【舞钢市】

地理位置 位于河南中部，地处伏牛山东部余脉与黄淮平原交接地带，河南省县级市，平顶山市代管。东靠西平县、遂平县，南邻泌阳县，西与方城县、叶县接壤，北和舞阳县毗连，隶属平顶山市。总面积645.67平方千米，总人口35.11万，常住人口30.1万人。

旅游资源 舞钢市是以当地最大的舞阳钢铁公司而命名。境内拥有国家4A级旅游景区石漫滩风景区、二郎山景区、灯台架景区、祥龙谷风景区等，还有天池山风景区、九头崖风景区、九龙山风景区、虎头山新四军革命烈士陵园。

管理部门 舞钢市文化广电和旅游局

【汝州市】

地理位置 位于河南省中西部，河南省县级市，平顶山市代管。东与禹州、郏县接壤，南与宝丰、鲁山毗邻，西与汝阳、伊川交界，北与登封相连。总面积1573平方千米，总人口120万人，常住人口97.1万人。

旅游资源 汝州市因北汝河贯穿全境而得名。境内拥有风穴寺风景区、九峰山、怪坡风景区、中国汝瓷小镇、丹阳湖景区、汝水湾景区、汝河沙滩公园等景区景点。

管理部门 汝州市文化广电和旅游局

【宝丰县】

地理位置 位于河南省中西部外方山东麓，北依汝河，南临沙河。东与平顶山市郊区接壤，南与鲁山县、平顶山市区及石龙区相连，西与汝州市交界，北与郏县毗邻。总面积722平方千米，总人口54.4万人，常住人口49.8万人。

旅游资源 公园1120年（北宋宣和二年），因“宝货兴发，物宝源丰”，宋徽宗赐名“宝丰”。境内拥有石漫滩景区、宝丰香山寺、马街书会、湛河源莲花湿地景区、宝丰白雀寺、清凉寺汝官窑遗址、中共中央中原局、中原军区司令部、刘邓大军“宝丰会议”旧址等景观。

管理部门 宝丰县文化广电和旅游局

【叶 县】

地理位置 位于河南省中部偏西南，黄淮平原与伏牛山余脉结合部，东邻舞阳县和舞钢市，西接鲁山县，南与方城县接壤，北靠平顶山市区和襄城县。总面积1387平方千米，总人口89万人，常住人口70.2万人。

旅游资源 叶县因春秋为叶邑而得名。境内拥有县衙博物馆、七彩沙河景区、中国岩盐博物馆、燕山湖风景区、燕山趣园景区、叶公故城、叶县文庙、昆阳故城、楚长城遗址等人文自然景观。

管理部门 叶县文化广电和旅游局

【鲁山县】

地理位置 位于河南省中部偏西，伏牛山东麓，淮河流域颍河水系沙河上游。东邻宝丰县、叶县和平顶山市新城区，西接汝阳县、嵩县，南邻方城县、南召县，北靠汝州市、宝丰县和平顶山市石龙区。总面积2409.21平方千米，总人口92.7万人，常住人口78.1万人。

旅游资源 鲁山县古称鲁阳，因故城地处鲁山之阳而得名。境内拥有国家5A级旅游景区尧山—中原大佛景区，还分布有画眉谷景区、十八垛景区、昭平湖风景名胜区、元次山碑、汉代望城岗冶铁遗址、唐宋段店瓷窑遗址、豫陕鄂前后委联席会议旧址、豫陕鄂军政大学旧址等景观景点。

管理部门 鲁山县文化广电和旅游局

三门峡市

【湖滨区】

地理位置 位于河南省西部，黄河中游南岸，河南、陕西、山西三省交界处。北隔黄河与山西省平陆县相望，西、北、南三面为黄河和青龙涧河环抱，隶属三门峡市。总面积185平方千米，常住人口32.7万人。

旅游资源 湖滨区因地处黄河三门峡水库之滨而得名。境内拥有尧山大峡谷漂流、黄河公园及三门峡大坝国家水利公园等景观景点。

管理部门 湖滨区文化和旅游局

【陕州区】

地理位置 位于河南省西部黄河南岸。东与渑池县交界，西与灵宝市接壤，南依甘山与洛宁县毗邻，北临黄河与山西省平陆县隔岸相望，东西南三面环抱三门峡市区和湖滨区，隶属于三门峡市。总面积1763平方千米，总人口34.9万人，常住人口28.9万人。

旅游资源 陕州区地名源于战国陕邑。境内拥有陕州地坑院景区、甘山国家森林公园、天鹅湖景区、雪花谷景区、高阳山温泉度假区、空相寺、石壕古道等景区景点。

管理部门 陕州区文化广电和旅游局

【灵宝市】

地理位置 位于河南省西部，北濒黄河，河南省县级市，三门峡市代管。分别与陕西省洛南县、潼关县，山西省芮城县、平陆县，河南省陕县、洛宁县、卢氏县接壤。总面积3011平方千米，总人口75万人，常住人口65.7万人。

旅游资源 灵宝市公元596年（隋开皇十六年）建桃林县，公元741年（唐开元二十九年），唐玄宗因在函谷关掘得“灵符”，遂易年号为“天宝”，赐桃林县为灵宝县。境内拥有函谷关历史文化旅游区、燕子山风景区、小秦岭国家地质公园娘娘山风景区、亚武山风景名胜区、汉山旅游区等景区景点。

管理部门 灵宝市文化广电和旅游局

【渑池县】

地理位置 位于河南省西部，处于西安和洛阳两大古都之间。北濒黄河与山西省垣曲、夏县、平陆隔河相望，南连熊耳与洛阳市洛宁、宜阳相连，东裹义马与洛阳市新安为邻，西界崤函与陕州区接壤。总面积1368平方千米，总人口35.95万人，常住人口31万人。

旅游资源 渑池县是仰韶文化发现地。境内拥有国家4A级旅游景区黄河丹峡景区、仰韶文化博物馆等，还有刘少奇旧居、秦赵会盟台、吕祖庙山、涧河生态园、韶山森林公园、柳庄生态观光园等文化旅游资源和景区景点。

管理部门 渑池县文化广电和旅游局

【卢氏县】

地理位置 位于河南省西部，三门峡市西南方向。北邻灵宝，东连洛宁、栾川，南接西峡，西南与陕西省的洛南、丹凤、商南三县接壤。总面积4004平方千米，总人口36.8万人，常住人口31.7万人。

旅游资源 卢氏县因境内卢氏山而得名。境内拥有国家4A级旅游景区豫西大峡谷、双龙湾、豫西百草园等，还有大鲵湾、冠云山、熊耳山汤河温泉风景区、玉皇山、红石谷·樱桃沟等景区景点。

管理部门 卢氏县文化广电和旅游局

南阳市

【卧龙区】

地理位置 地处豫、鄂、川、陕交通要冲，东与南阳宛城区、方城县相邻，西与镇平县、邓州市接壤，南界新野，北连南召、鸭河工区，隶属南阳市。总面积1017平方千米，总人口101.3万人，常住人口86.7万人。

旅游资源 卧龙区因诸葛亮曾在此隐居躬耕，其隐居之地被称为卧龙岗，卧龙岗纵贯辖区而得名。境内拥有国家4A级旅游景区卧龙岗武侯祠，还分布有汉画馆、南阳府衙、白河游览区等景区景点。

管理部门 卧龙区文化广电和旅游局

【宛城区】

地理位置 位于河南省西南部，南阳盆地腹心。北与方城交界，东与社旗、唐河接壤，南与新野相联，西与卧龙区毗邻，隶属南阳市。总面积683平方千米，总人口90.3万人，常住人口63.4万人。

旅游资源 宛城区因从春秋开始在这里建宛邑，后演变为宛城。境内拥有王府山、南阳府衙、医圣祠、汉代冶铁遗址、张衡墓、白河游览区等景区景点。

管理部门 宛城区文化广电和旅游局

【邓州市】

地理位置 位于河南省西南部，北依伏牛，河南省县级市，南阳市代管。东接南阳市卧龙区、新野县；西连淅川县；南界湖北省襄阳市、老河口市；北邻内乡县、镇平县，隶属南阳市。总面积2369平方千米，总人口185万人，常住人口124.8万人。

旅游资源 邓州市因夏朝至春秋属邓国，隋开皇三年（公元583年）开始称邓州。境内拥有花洲书院、八里岗仰韶文化遗址、汲滩陕山会馆、湍河国家湿地公园、邓国春秋园等景区景点。

管理部门 邓州市文化广电和旅游局

【南召县】

地理位置 位于河南省西南部，伏牛山南麓，南阳盆地北缘，东邻方城，南接南阳市卧龙区、镇平县，北靠鲁山、嵩县。总面积2946平方千米，总人口64万人，常住人口54.6万人。

旅游资源 南召县因县城南边宛洛大道上著名驿站南召店而得名。境内拥有国家4A级旅游景区宝天曼风景区、五朵山风景区等，还有丹霞寺、鹿鸣山风景区、百尺潭景区、楚长城遗址、鸭河口水库、杏花山猿人遗址、华阳宫等景区景点。

管理部门 南召县文化广电和旅游局

【方城县】

地理位置 位于河南省西南部，南阳盆地东北隅，伏牛山东麓，唐白河上游。东邻舞钢、泌阳县，南接社旗县、宛城区，西连南召县，北依鲁山县、叶县，是南阳市的北大门。总面积2542平方千米，总人口110.8万人，常住人口87.4万人。

旅游资源 方城县因县东北部有方城山而得名。境内拥有七峰山生态旅游区、七十二潭景区、望花湖风景区、大乘山森林公园、楚长城遗址、佛沟摩崖造像等景区景点。

管理部门 方城县文化广电和旅游局

【西峡县】

地理位置 河南省西南部，伏牛山南麓，淅水中游。西与陕西省商洛市接壤，北临三门峡市、洛阳市，东接内乡。总面积3454平方千米，总人口46万人，常住人口45万人。

旅游资源 西峡县因位于伏牛山西部的峡谷地带，又处于南阳西峡口而得名。拥有国家5A级旅游景区老界岭·恐龙遗迹园景区，还有龙潭沟生态景区、老鹳河漂流景区、老君洞景区、寺山国家森林公园、伏牛山国家级自然保护区、南阳恐龙蛋化石群国家级自然保护区、河南西峡伏牛山国家地质公园等景区景点。

管理部门 西峡县文化广电和旅游局

【镇平县】

地理位置 位于河南省西南部，地处南阳盆地西北缘，伏牛山南麓。东依卧龙区，南毗邓州市，西接内乡县，北连南召县。总面积1580平方千米，总人口110万人，常住人口83万人。

旅游资源 镇平县是金朝统治者取“镇压平定”之意而得名。境内拥有国家4A级旅游景区国际玉城，还有五垛山风景区、千年古刹菩提寺、彭雪枫纪念馆、玉雕大师创意园、中原荷花博览园、老庄万亩樱桃园等景区景观。

管理部门 镇平县文化广电和旅游局

【内乡县】

地理位置 位于河南省西南部，南阳盆地西缘。东接镇平，南连邓州，西邻淅川、西峡，北依嵩县、南召。总面积2465平方千米，总人口73万人，常住人口54.2万人。

旅游资源 内乡县因地处伏牛山最深处，历史上与外界接触较少故称内乡。境内拥有内乡县衙景区、宝天曼峡谷漂流景区、宝天曼生态文化旅游区、云露山景区、二龙山风景区等众多国家4A级旅游景区。内乡宛梆被国务院确定为第一批国家级非物质文化遗产。

管理部门 内乡县文化广电和旅游局

【淅川县】

地理位置 位于河南省西南边陲，伏牛山脉南麓，豫、鄂、陕三省交界处。总面积2820平方千米，总人口67万人，常住人口53.3万人。

旅游资源 淅川县因淅水纵贯境内形成百里冲积平川而得名。境内拥有国家4A级旅游景区丹江风景名胜区，还有香严寺、八仙洞、龙山景区、荆紫关明清古建筑群、王岗遗址等景区景点。

管理部门 淅川县文化广电和旅游局

【社旗县】

地理位置 位于河南省西南部，南阳盆地东北部边缘。东与泌阳县接壤，西和宛城区毗连，北与方城县交界，南同唐河县为邻。总面积1203平方千米，总人口76.9万人，常住人口56.2万人。

旅游资源 社旗县县城所在地赊店镇古称“赊旗店”，因东汉光武帝刘秀曾在此“赊旗访将，起师反莽”而得名。赊店古镇内有国家4A级旅游景区社旗山陕会馆景区等，境内还分布有赊店酒乡小镇、赵河公园、霸王山、文化周庄、彰新寨革命纪念馆、中共唐北地下交通站旧址等景区景点。2021年全年接待游客203万人次，实现旅游综合收入20亿元。

管理部门 社旗县文化广电和旅游局

【唐河县】

地理位置 位于河南省西南，南阳盆地东部。西与新野县、南阳市区接壤，北与社旗县毗邻，东与泌阳县、桐柏县交界，南与湖北省襄阳市襄州区、枣阳市相连。总面积2512平方千米，总人口150万人，常住人口105.3万人。

旅游资源 唐河县因唐河纵贯县境而得名。境内拥有唐河国家湿地公园、大尖山、石柱山森林公园、九龙湖风景区、凤山地质公园、龙泉禅寺、普化寺、唐河县革命烈士纪念馆等景区景点。

管理部门 唐河县文化广电和旅游局

【新野县】

地理位置 位于河南省西南部，南阳盆地中心，属汉水流域，与湖北省襄樊市接壤。总面积1062平方千米，总人口83万人，常住人口60万人。

旅游资源 新野县在春秋时称“烝野”，西汉初年在此设县改名新野，因“火烧新野”而驰名。境内拥有议事台、汉桑城、邓禹故里、汉画砖、凤凰山遗址、召父渠等景观景点。

管理部门 新野县文化广电和旅游局

【桐柏县】

地理位置 位于河南省南部、南阳盆地东缘，豫鄂之交，桐柏山腹地。东邻信阳，南界湖北省随州、枣阳两市，北邻泌阳、确山二县，西接唐河县。总面积1915平方千米，总人口48万人，常住人口37.5万人。

旅游资源　桐柏县因县境所处位置在桐柏山区而得名。境内拥有桐柏山淮源风景区、桐柏水帘洞、水帘寺、叶家大庄、桐柏红叶景区、高乐山自然保护区、桐柏革命纪念馆、桐柏县楚长城遗址等景区景点。

管理部门　桐柏县文化广电和旅游局

信阳市

【浉河区】

地理位置　位于河南省南部，地处淮河上游、大别山北麓。东部、北部与罗山县、平桥区近邻，南与湖北的应山、大悟县接壤，西接湖北省随州市，隶属信阳市。总面积1512平方千米，总人口67.1万人，常住人口66.4万人。

旅游资源　浉河区因浉河穿城而过而得名。境内拥有国家4A级旅游景区鸡公山风景区、南湾湖风景区、灵龙湖生态文化旅游区、鸡公山桃花寨景区等，以及鄂豫皖革命纪念馆、波尔登森林公园等景区景点。

管理部门　浉河区文化广电和旅游局

【罗山县】

地理位置　位于河南省南部，大别山北麓，淮河南岸。南与湖北省大悟县、河南省新县接壤，东以竹竿河为界与光山县为邻，北隔淮河与息县、正阳县相望，西与信阳市平桥区毗连。总面积2071平方千米，总人口76.5万人，常住人口75.4万人。

旅游资源　罗山县因县南有小罗山（又名龙山）和大罗山而得名。境内拥有国家4A级旅游景区灵山风景名胜区，还分布有董寨国家级自然保护区、龙池、石山湖、何家冲景区、莲塘景区、九里湖、罗山会议谈判旧址等景区景点。

管理部门　罗山县文化广电和旅游局

【光山县】

地理位置　位于河南省东南部，北临淮河，南依大别山，处于鄂豫皖三省交界地带。东临潢川和商城，西连罗山、南接新县、北与息县相望。总面积1835平方千米，总人口86.31万人，常住人口59.57万人。

旅游资源　光山县因县北的浮光山而得名。境内拥有国家4A级旅游景区大苏山国家森林公园，还分布有白雀园革命旧址群、净居寺、龙山湖风景区、泼河湖风景区、司马光故居、五岳湖风景区、紫水塔等景区景点。

管理部门　光山县文化广电和旅游局

【新 县】

地理位置　位于河南省南端,大别山腹地，鄂豫皖三省六县结合部。东与商城县接壤，南、西面分别与湖北省麻城市、红安县、大悟县及本省罗山县毗邻，北与光山县缘连。总面积1612平方千米，总人口37.4万，常住人口29.1万人。

旅游资源　新县原为经扶县，是刘伯承、邓小平亲自改的县名。境内拥有国家4A级旅游景区金兰山国家森林公园、许世友将军故里、大别山露营公园等，还有连康山国家级自然保护区、香山湖国家水利风景区等景区景点。

管理部门　新县文化广电和旅游体育局

【商城县】

地理位置　位于河南省东南部，大别山北麓，属信阳市。东临安徽省金寨县，南界湖北省麻城市，商城县西与光山县、新县接壤，北与潢川县、固始县毗邻。总面积2130平方千米，总人口80.1万人，常住人口53万人。

旅游资源　商城县隋代叫殷城县，宋建隆元年（公元960年），因避赵匡胤父赵弘殷之讳，改名商城县。境内拥有黄柏山国家森林公园、鲇鱼山国家级水利风景区、金刚台（西河）生态旅游区、金刚台猫儿峰旅游区、汤泉池旅游度假区、思乡谷景区、石鼓山景区、仙石谷景区、观音山等景区景点。2021年全年接待游客676万人次，实现旅游综合收入43.9亿元。

管理部门　商城县文化广电和旅游局

【固始县】

地理位置　固始县位于河南东南部，豫皖两省交界处，北临淮河，南依大别山。东与安徽霍邱县相接，北与安徽阜南县隔淮河相望，西北、西、西南分别与信阳市的淮滨、潢川、商城三县相连，南与安徽金寨县依长江河分界，东南角邻安徽六安市叶集试验区。总面积2946平方千米，总人口185万人，常住人口103.3万人。

旅游资源 固始古为番、蓼、蒋等国，光武帝刘秀取“欲善其终，必固其始”之意，封大司农李通为固始侯，固始因此得名。境内拥有国家4A级旅游景区西九华山旅游风景区，还分布有安山森林公园、华阳湖景区、陈氏将军祠等景区景点。

管理部门 固始县文化广电和旅游局

驻马店市

【驿城区】

地理位置 位于河南省中南部，黄淮平原西南隅。东邻汝南县，北与遂平县相连，西、南与确山县毗邻，隶属驻马店市。总面积1327平方千米，总人口104万人，常住人口75.7万人。

旅游资源 驿城区因明成化十年（公元1474年）皇家在此设立驿站而得名。境内拥有金顶山风景区、板桥水库国家水利风景区、驻马店博物馆、驻马店古城、南湖公园等景观景点。

管理部门 驿城区文化和旅游局

【确山县】

地理位置 位于河南省南部，淮河北岸，西依桐柏、伏牛两山余脉。南靠信阳市、桐柏县，西邻泌阳县、驻马店市驿城区，东接汝南县、正阳县。总面积1630平方千米，总人口51万人，常住人口40.3万人。

旅游资源 确山县因县域内有确山而得名。境内拥有国家4A级景区竹沟革命纪念馆、乐山旅游景区等，还有薄山湖风景名胜区、北泉寺等景观景点。

管理部门 确山县文化广电和旅游局

【泌阳县】

地理位置 位于驻马店市西南部，南接桐柏，北连方城、舞阳，西临唐河、社旗，东交遂平、确山、驿城区。总面积2335平方千米，总人口93万人，常住人口69.5万人。

旅游资源 泌阳因在泌水之阳而得名。境内拥有铜山湖森林公园、盘古山、白云山风景区、五峰山象河谷景区、铜山风景名胜区等景观景点。

管理部门 泌阳县文化广电和旅游局

【遂平县】

地理位置 位于河南省中南部，紧邻驻马店市区。东与上蔡、汝南为邻，北与西平接壤，西与舞钢市、泌阳毗连，南与驿城区、确山县交界。总面积1080平方千米，总人口56万人，常住人口44.1万人。

旅游资源 遂平县古称房，为房姓发源地。唐元和十二年（公元817年），李愬据此雪夜入蔡州平定吴元济叛乱，唐宪宗敕改县名为遂平至今。境内拥有国家5A级旅游景区嵖岈山风景区，主景区周围还分布有嵖岈山卫星人民公社旧址博物馆、丹霞地貌红石崖、高山湿地凤鸣谷、飞瀑流泉龙天沟等景区景点。

管理部门 遂平县文化广电和旅游局

湖北省

【概述】 涉及秦岭区域涵盖武汉市、十堰市、宜昌市、襄阳市、荆门市、孝感市、黄冈市、随州市、神农架林区、恩施土家族苗族自治州范围内的40个县级行政区，分别为：黄陂区、新洲区；茅箭区、张湾区、郧阳区、丹江口市、郧西县、竹山县、竹溪县、房县；当阳市、远安县、兴山县；襄城区、樊城区、襄州区、老河口市、枣阳市、宜城市、南漳县、谷城县、保康县；东宝区、钟祥市、京山市；安陆市、孝昌县、大悟县；麻城市、团风县、红安县、罗田县、英山县、浠水县、蕲春县、黄梅县；曾都区、广水市、随县；巴东县。

武汉市

【黄陂区】

地理位置　黄陂是武汉的北大门，是武汉面积最大、人口最多的新城区。北枕大别山，南临长江水，河湖密布、山水相拥，隶属武汉市。总面积2261平方千米，总人口116.3万人，常住人口115.2万人。

旅游资源　黄陂区糅合古黄城与武湖而得名。境内拥有国家5A级旅游景区黄陂木兰文化生态旅游区，还分布有木兰清凉寨、锦里土家风情谷、大余湾、木兰胜天、木兰花乡等景区景点等。2021年全年接待游客2490.4万人次，实现旅游综合收入128.59亿元。

管理部门　黄陂区文化和旅游局

【新洲区】

地理位置　位于湖北省武汉市东北部，大别山之南，长江中游北岸。东邻黄冈，西接黄陂，南与青山区、鄂州市隔江相望，北同红安、麻城交错毗连，隶属武汉市。总面积1463.43平方千米，总人口96.12万人，常住人口86.4万人。

旅游资源　新洲建城时因处举水之旁，所以在原州字加了水字旁而得名新洲。境内拥有国家4A级旅游景区凤娃古寨等，还分布有花朝河湾景区、香草伊甸园、紫霞寺、报恩禅寺及涨渡湖生态保护区等景区景点。

管理部门　新洲区文化和旅游局

十堰市

【茅箭区】

地理位置　地处湖北省十堰市城区东部，位于武当山的西北麓，属秦岭、大巴山的东延余脉，东与丹江口市毗邻，西与张湾区相连，南与房县接壤，北与郧县搭界，隶属十堰市。总面积540平方千米，总人口26.56万人，常住人口39.94万人。

旅游资源　茅箭区因有一尖形土梁子伸向河湾，上面长满茅草，形状似箭而得名。境内拥有国家4A级旅游景区赛武当旅游区、十堰市博物馆等，还分布有紫薇岛生态旅游度假区、泗河国家级湿地公园等景区景点。

管理部门　茅箭区文化和旅游局

【张湾区】

地理位置　位于湖北省十堰市中部，东与郧阳区、茅箭区接壤，西与郧阳区相连，南与房县、茅箭区交界，北与郧阳区相邻，隶属十堰市。总面积657平方千米，总人口25.6万人，常住人口43.3万人。

旅游资源　张湾区因域内昔日张湾村而得名。境内拥有东风汽车工业旅游区、四方山生态公园、黄龙滩工业生态旅游区、牛头山国家森林公园、龙泉寺旅游区、十堰市人民公园等景区景点。

管理部门　张湾区文化和旅游局

【郧阳区】

地理位置　位于湖北省十堰市北部，三面环抱十堰城区。郧阳是丹江口水库坝上第一区，东联武当、南依车城，汉江穿境而过，隶属十堰市。总面积3863平方千米，总人口63万人，常住人口39.5万人。

旅游资源　郧阳区因府治所在地位于汉水之北而得名。境内拥有国家4A级旅游景区九龙瀑、虎啸滩，还分布有沧浪山国家森林公园、恐龙蛋化石群国家地质公园、郧阳湖国家湿地公园、辽瓦店子遗址、“郧县人”头盖骨化石等景区景点。

管理部门　郧阳区文化和旅游局

【丹江口市】

地理位置　位于湖北省西北部、汉江中上游，地处江汉平原与秦巴山区结合部、鄂豫两省交界处，湖北省县级市，十堰市代管。东与老河口市交界，南与房县接壤，东南与谷城县相连，西与十堰市城区、西北与郧县相接，东北与河南省淅川县为邻。总面积3121平方千米，总人口47万人，常住人口40.71万人。

旅游资源 丹江口市因地处丹江汇入汉江的口子处而得名。境内有世界文化遗产、5A级旅游景区武当山与国家级风景名胜区丹江口水库，还分布有丹江口大坝、静乐宫、太极峡、南神道、沧浪海、南水北调中线工程纪念园等景区景点。

管理部门 丹江口市文化和旅游局

【郧西县】

地理位置 地处湖北省西北部，北依秦岭，南临汉江，与陕西商南、山阳、镇安、旬阳、白河五县及本省郧阳区毗邻。总面积3509平方千米，总人口51万人，常住人口37.1万人。

旅游资源 郧西县因位于郧阳区以西得名。境内拥有国家4A级旅游景区天河、五龙河、龙潭河、上津古镇等，“郧西七夕”列入国家级非物质文化遗产代表性项目名录。

管理部门 郧西县文化和旅游局

【竹山县】

地理位置 位于湖北省西北部，十堰市西南，界于秦岭、大巴山、武当山之间。东与房县毗邻，南与神农架林区、重庆巫溪交界，西与竹溪县相连，北与陕西白河、旬阳、湖北郧县为邻。总面积3586平方千米，总人口44.67万人，常住人口34.61万人。

旅游资源 竹山县因境内茂林修竹、山清水秀而得名。境内拥有国家4A级旅游景区女娲山等，还分布有太和·梅花谷景区、上庸文化旅游区、武陵峡桃花源风景区、九女峰森林公园、观音沟景区、秦巴民俗风情苑、绿松石文化旅游区、堵河·神龙谷旅游区等景区景点。

管理部门 竹山县文化和旅游局

【竹溪县】

地理位置 位于鄂、渝、陕三省交界的秦巴山区，西接陕西省平利、镇坪、旬阳三县，南交重庆市巫溪县，东邻竹山县。总面积3310平方千米，总人口35.72万人，常住人口31.4万人。

旅游资源 竹溪县因域内竹溪河而得名。境内拥有国家4A级旅游景区龙王垭茶文化旅游区等，还分布有十八里长峡、八卦山等两个国家自然保护区及龙湖国家湿地公园、汇湾河国家水利风景区、偏头山国家森林公园等景区景点。

管理部门 竹溪县文化和旅游局

【房 县】

地理位置 位于湖北省西北部、十堰市南部，东连保康、谷城县，东北交丹江口市，南临神农架林区，西与竹山县毗邻。总面积5110平方千米，总人口48.9万人，常住人口36.98万人。

旅游资源 房县是古房陵县的简称，明洪武十年（公元1378年），取“房陵”简称设房县。境内拥有国家4A级旅游景区野人洞（谷）、观音洞、神农大峡谷等，还分布有南潭、庐陵王、花田酒溪、樱花岛、西关印象及野人谷国家级自然保护区、诗经源国家森林公园、古南河国家湿地公园等景区景点。

管理部门 房县文化和旅游局

宜昌市

【当阳市】

地理位置 位于湖北省中部偏西，地处江汉平原向鄂西山地过渡地带。湖北省县级市，宜昌市代管。东临荆门、东南接荆州、南邻枝江、西抵宜昌、北连远安。总面积2159平方千米，总人口46.5万人，常住人口43.1万人。

旅游资源 当阳市因市北有当阳坂而得名。境内拥有国家4A级旅游景区玉泉山等，还分布有关陵、磨盘山遗址、偃月湖、长坂坡古战场遗址、襄西革命烈士纪念馆等景区景点。

管理部门 当阳市文化和旅游局

【远安县】

地理位置 位于湖北省西部、宜昌市之东北，隶属于宜昌市。县域之东、东南与荆门市、当阳市(县级市)毗邻，西南、西与夷陵区为邻，北与保康县、南漳县接壤。总面积1752平方千米，总人口18.8万人，常住人口18.1万人。

旅游资源 远安县地名自北周武成元年（公元559年），取永远平安之意。境内拥有国家4A级旅游景区鸣凤山、武陵峡口旅游生态区等，还分布有嫘祖文化园、灵龙峡、西河大峡谷、百里荒高山草原等景区、景点。

管理部门 远安县文化和旅游局

【兴山县】

地理位置 位于湖北省西部，长江西陵峡北侧，隶属于湖北省宜昌市。东与宜昌市夷陵区接界，南和秭归县毗邻，西同巴东县相交，北与神农架林区接壤，东北连接保康县。总面积2328平方千米，总人口16.6万人，常住人口15.4万人。

旅游资源 兴山县因环邑皆山，县治兴起于群山之上而得名。境内拥有国家4A级旅游景区高岚朝天吼漂流景区、昭君村古汉文化游览区等，还分布有三峡香溪景区、昭君故里、高岚风景区、龙门河国家森林公园等景区景点。2021年全年接待游客515.72万人次，实现旅游综合收入32.5亿元。

管理部门 兴山县文化和旅游局

襄阳市

【襄城区】

地理位置 位于湖北省西北部，汉水中游南岸，北临樊城区，东依襄州区，南与宜城市、南漳县接壤，西与谷城县毗邻，隶属襄阳市。总面积664.08平方千米，总人口46.4万人，常住人口47.56万人。

旅游资源 襄城区因以襄阳古城为中心而得名。境内有国家5A级旅游景区古隆中文化旅游区，还分布有中国唐城景区、岘首山、习家池、中华紫薇园、福恩牡丹园、尹集乡村游、襄水源湿地公园、黄家湾等景区景点。

管理部门 襄城区文化和旅游局

【樊城区】

地理位置 位于湖北省西北部，汉水中游，东面和北面与襄州区接壤，南面以汉江为界与襄城区接壤，西面与谷城县、老河口市接壤，隶属襄阳市。总面积566平方千米，总人口60.4万人，常住人口63.2万人。

旅游资源 樊城区因周宣王元年（前827年）在此分封要臣仲山甫（樊穆仲）而得名。境内拥有长寿岛国家湿地公园、西周邓国遗址、米公祠、山陕会馆等景区景点。

管理部门 樊城区文化和旅游局

【襄州区】

地理位置 地处鄂西北部、居汉江中游。西与老河口市、谷城县接壤，东与枣阳市为邻，南与宜城市隔汉江相望，北与河南省邓州、新野、唐河3个县市交界，隶属襄阳市。总面积2306平方千米，总人口86.16万人，常住人口76.7万人。

旅游资源 襄州区因州南有襄水而得名。境内拥有鹿门山风景名胜区、鹿门寺、孟浩然墓、引丹水利风景区、朝阳城遗址、楚王城遗址等景区景点。

管理部门 襄州区文化和旅游局

【老河口市】

地理位置 位于湖北省西北部边缘，湖北省县级市，襄阳市代管。东北部与河南省邓州市接壤，北部与河南省淅川县相邻，东部、南部毗邻襄阳县，西北部连接丹江口市，西部和西南部以汉水为界与谷城县相望。总面积1032平方千米，总人口50.5万人，常住人口42.05 万人。

旅游资源 老河口因地处汉江故道口而得名。境内有国家湿地公园老河口西排子湖，还有李宗仁司令部旧址（老河口市博物馆）等景区景点。

管理部门 老河口市文化和旅游局

【枣阳市】

地理位置 位于湖北省西北部，唐白河入汉水汇合处的东部，隶属襄阳市。湖北省县级市，襄阳市代管。东与随州市接壤，西与襄州区毗连，南与宜城市为邻，北与河南省唐河县相连，东北与河南省桐柏县交界，西北与河南省新野县为邻。总面积3277平方千米，总人口万人，常住人口88.9万人。

旅游资源 枣阳市因区域内古枣阳村而得名。境内拥有国家4A级旅游景区汉城景区、白水寺景区等，还分布有白竹园寺国家森林公园、全国重点文物保护单位九连墩战国古墓群及中国古石雕大观园等景区景点。

管理部门 枣阳市文化和旅游局

【宜城市】

地理位置 位于湖北西北部、汉江中游，湖北省县级市，襄阳市代管。东与随州、枣阳市接壤，南与钟祥、荆门市毗连，西与南漳县为邻，北与襄阳市相连。总面积2115平方千米，总人口56万人，常住人口46.9万人。

旅游资源 宜城市原为夷城，后改名宜城。境内拥有万洋洲国家湿地公园、张自忠将军纪念馆、楚皇城遗址、郭家岗春秋时代遗址等景区景点。

管理部门 宜城市文化和旅游局

【南漳县】

地理位置 位于湖北省西北部，汉水以南，荆山山脉东麓，属鄂西北山区向汉水中游过渡地带；东临宜城市，西接保康县，东北与襄城区为邻，西北同谷城县接壤，南依远安县，东南与荆门市毗连。总面积3859平方千米，总人口54.64万人，常住人口45.57万人。

旅游资源 南漳县因域内的南漳水而得名。境内拥有国家4A级旅游景区春秋寨、香水河等，还分布有水镜庄、楚桑丝博园、天池山休闲农业观光产业园等景区景点。

管理部门 南漳县文化和旅游局

【谷城县】

地理位置 位于湖北省西北山区，属秦岭、大巴山东延余脉与江汉平原接壤地带，东临汉水，西偎武当，南接荆楚，北通宛洛。总面积2553平方千米，总人口58.89万人，常住人口48.33万人。

旅游资源 谷城因建城于谷山而得名。境内拥有薤山风景区、南河小三峡风景区、汉江国家湿地公园、五山堰河乡村旅游区、承恩寺、沈垭天主教堂、县城老街明清古建筑群等景区景点。

管理部门 谷城县文化和旅游局

【保康县】

地理位置 地处湖北省西北，是襄阳市唯一的全山区县。东依襄阳，南接宜昌，西连神农架，北交武当山。总面积3225平方千米，总人口26.3万人，常住人口22.36万人。

旅游资源 保康县取保民安居康乐之意。境内拥有国家4A级旅游景区尧治河、五道峡、九路寨等，还分布有温泉小镇、九路寨、黄龙观村、野花谷、蜡梅谷等景区景点。

管理部门 保康县文化和旅游局

荆门市

【东宝区】

地理位置 位于湖北中部、江汉平原西北角。东临钟祥市，西接远安县、当阳市，南连掇刀区、漳河新区，北靠南漳县、宜城市，隶属荆门市。总面积1298平方千米，总人口35万人，常住人口32.8万人。

旅游资源 东宝区因域内隋代所建的东山宝塔而得名。境内拥有国家4A级旅游景区漳河风景名胜区等，还分布有香龙洞国家水利风景名胜区、东宝塔、龙泉书院、象山、捉马洞、仙人岩、老莱子山庄、圣境山、九龙谷、白云楼等景区景点。

管理部门 东宝区文化和旅游局

【钟祥市】

地理位置 位于湖北省中部，汉江中游，江汉平原北端，湖北省县级市，荆门市代管。东连京山市，西接荆门市，北邻宜城、随州市，南依天门市、沙洋县。总面积4488平方千米，总人口103.9万人，常住人口86.8万人。

旅游资源 钟祥取“风水宝地、祥瑞所钟”之意。境内拥有世界文化遗产、国家4A级旅游景区明显陵等，还分布有黄仙洞、彭墩乡村旅游世界、黄仙洞、莫愁湖、大口国家森林公园、温峡景区等景观景点。

管理部门 钟祥市文化和旅游局

【京山市】

地理位置 位于鄂中，地处大洪山南麓、江汉平原北端，湖北省县级市，襄阳市代管。东连安陆、应城市，南邻天门市，西连钟祥市，北接随州市。总面积3520平方千米，总人口64.05万人，常住人口万人54.81万人。

旅游资源 京山市因域内东部有京源山而得名。境内拥有国家4A级旅游景区大洪山风景名胜区绿林景区、太子山生态旅游区等，还分布有空山洞风景区、惠亭湖风景区、温泉国际旅游度假区、虎爪山国家森林公园、太子山国家森林公园、高关水库和石龙水库等景区景点。

管理部门 京山市文化和旅游局

孝感市

【安陆市】

地理位置 位于湖北省东北部鄂豫边界，地处大别山西端南麓，隶属孝感市。湖北省县级市，孝感市代管。东与孝感毗邻，南与云梦、应城接壤，西与京山相连，北与随州市和广水市接界。总面积1355平方千米，总人口63万人，常住人口49.8万人。

旅游资源 安陆市地名取地势高平少水患之意命名。境内拥有国家4A级旅游景区李白文化旅游景区，还分布有钱冲古银杏国家森林公园、府河国家湿地公园、太平寨、双泉山、赵家棚革命根据地等景区景点。

管理部门 安陆市文化和旅游局

【孝昌县】

地理位置 位于湖北省东北部，地处大别山南麓、江汉平原北部。东与武汉市黄陂区接壤，西接云梦县、安陆市，南邻孝感市孝南区，北靠大悟县、随州广水市。总面积1217平方千米，总人口65.64万人，常住人口48.3万人。

旅游资源 孝昌县因此地孝行之昌隆而得名。境内拥有国家4A级旅游景区双峰山、观音湖等，还分布有桃画山谷、香溪谷、洋泗峡谷、井边湾乡村旅游区等景区景点。

管理部门 孝昌县文化和旅游局

【大悟县】

地理位置 位于湖北省东北部鄂豫边界，地处大别山西端南麓，跨长江、淮河两大流域。北与河南省信阳市、罗山县、新县交界，南与武汉黄陂区、孝昌县接壤，东与红安县相邻，西与广水市相连。总面积1986平方千米，总人口61.6万人，常住人口48.3万人。

旅游资源 大悟县因县境大悟山而得名。境内拥有国家4A级旅游景区中原军区旧址景区等，还分布有悟峰山、龙潭湖、九女潭、金鼓铁寨、新四军五师司令部旧址等景区景点。

管理部门 大悟县文化和旅游局

黄冈市

【麻城市】

地理位置 位于湖北省东北部，黄冈市北部，长江中游北岸的大别山中段南麓，鄂豫皖三省交界处。湖北省县级市，黄冈市代管。东邻罗田县，南接团风县、武汉市新洲区，西与红安县毗邻，北与河南省新县、商城县依山脊分野，东北同安徽省金寨县以界岭分水为界。总面积3747平方千米，总人口114.9万人，常住人口87.4万人。

旅游资源 麻城相传因“献寿仙子”麻姑而得名。境内拥有国家4A级旅游景区麻城市烈士陵园、龟峰山景区、五脑山森林公园、孝感乡文化园等，还有杏花村、麻城博物馆、九龙山等景区景点。

管理部门 麻城市文化和旅游局

【团风县】

地理位置 位于湖北省东部，大别山南麓，长江中游北岸。东临巴河，西傍举水、沙河，北倚大崎山，南滨长江，与鄂州市、武汉市新洲区、黄冈市黄州区、浠水县、罗田县、麻城市相邻。总面积838平方千米，总人口38万人，常住人口26.6万人。

旅游资源 团风县因其政府所在地团风镇而得名。境内拥有杨汊湖度假休闲风景区、回龙山旅游风景区、牛车河旅游休闲风景区、大崎山森林公园、杜皮烈士陵园、龙王山避暑山庄、罗霍洲休闲度假区等景区景点。

管理部门 团风县文化和旅游局

【红安县】

地理位置 位于湖北省东北部，大别山南麓，鄂豫两省交界处。东邻麻城，西接黄陂区、大悟县，南连新洲区，北靠河南省新县。总面积1793平方千米，总人口64万人。

旅游资源 红安，原名黄安，又称“将军县”，是“黄麻起义”的策源地和鄂豫皖革命根据地的中心，也是中国人民革命武装斗争的重要发祥地、中国工农红军的重要诞生地、土地革命战争时期的重要根据地、中国共产党培养治党治国治军杰出人才的重要基地，曾走出过223位共和国高级将领。境内拥有国家4A级旅游景区黄麻起义和鄂豫皖苏区纪念园、李先念故居纪念馆、天台山风景区等，还分布有七里坪长胜街、帝王湖、长河缘、钓鱼台、红二十五军军部、中国工农红军第四方面军诞生地等景区景点。2021年全年接待游客1107.3万人次，实现旅游综合收入50.29亿元。

管理部门 红安县文化和旅游局

【罗田县】

地理位置 位于湖北省东北部、大别山南麓，是大别山主峰和核心景区所在地。东邻英山县，西接团风县与麻城市，南连浠水县，北依安徽省金寨县。总面积2144平方千米，总人口60万人，常住人口46.5万人。

旅游资源 罗田县是大别山世界地质公园核心区。境内拥有国家4A级旅游景区天堂寨、大别山薄刀峰景区等，还分布有大别山国家森林公园、天堂湖国家湿地公园、大别山国家自然保护区等景区景点。

管理部门 罗田县文化和旅游局

【英山县】

地理位置 位于湖北省的东部，大别山主峰——天堂寨的南麓，东与安徽省岳西、太湖县交界；南与蕲春、浠水县接壤；西与罗田县相邻，北与安徽省金寨、霍山县毗连。总面积1449平方千米，总人口31万人，常住人口30.5万人。

旅游资源 英山县因区域内有英山而得名。境内拥有国家4A级旅游景区大别山主峰、桃花冲、四季花海等，大别山红色旅游线路贯穿全境。

管理部门 英山县文化和旅游局

【浠水县】

地理位置 位于湖北省东部，长江中游北岸，大别山南麓，长江北岸。东邻蕲春县，西界团风县，西南与鄂州市、黄石市隔江相望，北及东北与罗田县、英山县毗邻。总面积1949.3平方千米，总人口100.25万人，常住人口71.6万人。

旅游资源 浠水县因区域内浠水而得名，是爱国诗人闻一多先生的故乡。境内拥有三角山旅游风景区、斗方山禅寺、天然寺、白莲河水库、闻一多纪念馆、大别山民俗博物馆等景区景点。

管理部门 浠水县文化和旅游局

【蕲春县】

地理位置 位于湖北省东陲、大别山南麓、长江中游下段北岸，南临长江黄金水道。总面积2398平方千米，总人口100.4万人，常住人口79.2万人。

旅游资源 蕲春县因“水限多蕲菜”而得名，是医药学家李时珍的故乡。境内拥有国家4A级旅游景区云雾山生态旅游景区、李时珍医道文化旅游区等，另有横岗山国家森林公园、赤龙湖国家湿地公园及云丹山、仙人台、蕲河、赤西湖、雨湖、仙人湖等景区景点。

管理部门 蕲春县文化和旅游局

【黄梅县】

地理位置 位于鄂、赣、皖三省交界处，东邻宿松县，南连九江市，西接武穴区，北依蕲春县。总面积1701平方千米，总人口99.3万人，常住人口78.8万人。

旅游资源 黄梅县因域内有黄梅山、黄梅水而得名。境内拥有国家4A级旅游景区四祖寺、五祖寺禅宗文化旅游区等，还分布有龙感湖国家级自然保护区、摘星楼、柳林南北山等景区景点。“黄梅戏”“黄梅挑花”“佛教禅宗祖师传说”和“黄梅岳家拳”入选国家非物质文化遗产保护名录。

管理部门 黄梅县文化和旅游局

随州市

【曾都区】

地理位置 位于湖北省随州市腹地，地处长江流域和淮河流域的交汇地带。东连武汉，西接襄樊，北邻信阳，南达荆州，隶属随州市。总面积1425平方千米，总人口66.3万人，常住人口69.9万人。

旅游资源 曾都区因古随国之都而得名。境内有国家4A级旅游景区千年银杏谷风、随州文化公园和炎帝神农故里等，还分布有擂鼓墩、七尖峰森林公园、新四军第五师旧址群等景区景点。

管理部门 曾都区文化和旅游局

【广水市】

地理位置 位于湖北省东北部，桐柏山脉东南麓，大别山脉西端，湖北省县级市，襄阳市代管。东部与大悟毗连，南部与安陆市、孝昌县相邻，西部与随州曾都区交界，北部与河南省信阳市接壤。总面积2647平方千米，总人口88.76万人，常住人口69.35万人。

旅游资源 广水市因区域内广水河而得名。境内拥有黑龙潭风景区、三潭风景区，中华山、大贵寺国家森林公园及徐家河国家湿地公园等景区景点。

管理部门 广水市文化和旅游局

【随 县】

地理位置 位于湖北省北部，地处桐柏山南麓、大别山西端、大洪山东北部。东与随州市曾都区、广水市、河南信阳市相接，西与枣阳、宜城市毗邻，南与安陆、京山、钟祥等县市相连，北与河南桐柏县接壤。总面积5673平方千米，总人口89.89万人，常住人口63.8万人。

旅游资源 随县因西周封国随而得名。境内拥有国家4A级旅游景区西游记公园、西游记漂流、大洪山名胜风景区等，另有玉龙温泉公园、林泉生态园、火山地质公园等景观景点。

管理部门 随县文化和旅游局

神农架林区

地理位置 位于湖北省西北部，东连荆襄，西通巴蜀，南濒长江，北倚武当。位于湖北省西部边陲，东与湖北省襄阳市保康县接壤，西与重庆市巫山县毗邻，南依兴山、巴东而濒长江三峡，北倚十堰市房县、竹山县，总面积3253平方千米，人口总人口7.8万人，常住人口6.66万人。

旅游资源 相传华夏始祖炎帝神农氏在此搭架采药，神农架因此得名。作为全国唯一以“林区”命名的行政区，神农架不仅拥有国家5A级旅游区、国家级自然保护区、国家森林公园、国家湿地公园、国家生态旅游示范区等多个国字号招牌，还拥有联合国教科文组织世界生物圈保护区、世界地质公园、世界自然遗产、国际重要湿地、国际慢城等多张世界级名片，是中国第一个获得联合国教科文组织三项保护制度共同录入的“三冠王”名录遗产地。林区内还有国家4A级旅游景区天燕景区、红坪景区、巴桃园景区等。完好的原始生态系统，丰富的生物多样性，宜人的气候，独特的内陆高山文化使神农架成为当今世界人与自然和谐共存的净土和乐园。2021年全年接待游客1785万人次，实现旅游综合收入66.8亿元。

管理部门 神农架林区文化和旅游局

恩施土家族苗族自治州

【巴东县】

地理位置 位于湖北省西南部，长江中上游两岸，隶属恩施土家族苗族自治州，东连宜昌兴山、秭归、长阳，南接五峰、鹤峰，西交建始、重庆巫山，北靠神农架林区。总面积3351.6平方千米，总人口48.15万人，常住人口39.5万人。

旅游资源 巴东县因在巴东郡东部而得名。境内有国家5A级旅游景区神农溪纤夫文化旅游区，国家4A级旅游景区巴人河旅游区以及链子溪生态文化旅游区等景区景点。

管理部门 巴东县文化和旅游局

安徽省

【概述】 涉及秦岭区域涵盖合肥市、安庆市、六安市范围内的11个县级行政区，分别为：庐江县；桐城市、潜山市、太湖县、宿松县、岳西县；金安区、裕安区、舒城县、金寨县、霍山县。

合肥市

【庐江县】

地理位置 位于皖中，为安徽省合肥市下辖县。周边与居巢区(巢湖市)、无为县、枞阳县、桐城市、舒城县、肥西县毗连。总面积2343.7平方千米，总人口101.4万人，常住人口88.8万人。

旅游资源 庐江地名源于古郡名，“庐江郡”设于西汉初。庐江是周瑜故里，温泉之乡。境内拥有冶父山风景区、金孔雀温泉旅游度假村2个国家4A级旅游景区和天鸣花海、三冲巢湖源、阳家墩景区等8个国家3A级旅游景区。2021年，全年共接待游客818.4万人次，实现旅游综合收入66.8亿元。

管理部门 庐江县文化和旅游局

安庆市

【桐城市】

地理位置 位于安徽省中部偏西南，长江北岸，大别山东麓，地处合肥、安庆中间。安徽省地级市，安庆市代管。东邻庐江、枞阳两县，西连潜山县，北接舒城县，南抵怀宁县和安庆市。总面积1552.74平方千米，总人口74.5万人，常住人口59.4万人。

旅游资源 桐城古称“桐国”，因其地适宜种植油桐而得名。境内拥有国家4A级景区西子湖生态旅游区，“桐城歌”入选国家级非物质文化遗产，桐城文庙、文和园入选全国重点文物保护单位。

管理部门 桐城市文化旅游体育局

【潜山市】

地理位置 位于安徽省西南部，大别山东南麓。安徽省地级市，安庆市代管。东南与怀宁县毗邻，西南与王河镇、黄铺镇接壤，西抵痘姆乡，北与天柱山镇、龙潭乡山脉相连。总面积1688平方千米，总人口58.6万人，常住人口44.1万人。

旅游资源 潜山市因潜山而得名，是革命老区、京剧发源地，长篇叙事诗《孔雀东南飞》故事发生地。境内拥有世界地质公园、国家5A级旅游景区、国家首批风景名胜区天柱山景区，有薛家岗遗址、山谷流泉摩崖石刻、太平塔、野寨抗日阵亡将士公墓等4处国家级文保单位。“孔雀东南飞传说”、桑皮纸制作技艺、痘姆陶器烧制技艺等入选国家级非遗名录。

管理部门 潜山市文化旅游体育局

【太湖县】

地理位置　位于安徽省西南部、大别山区南缘。东邻潜山、怀宁，南连望江，西南接宿松，西接湖北蕲春、英山，北毗岳西。总面积2040平方千米，总人口58万人，常住人口43.1万人。

旅游资源　太湖县在龙山湖之侧，大小湖泊遍布，因而得名“大湖”，而“大”字在当地方言发“太”字音，误读为太湖。境内拥有国家4A级景区花亭湖旅游区、五千年文博园，还有刘邓大军刘家畈会议旧址、赵朴初文化公园、佛图寺、海会寺、西风禅寺等景观景点。

管理部门　太湖县文化旅游体育局

【宿松县】

地理位置　位于安徽省西南边陲的皖、鄂、赣三省的结合部，地处长江下游之首的北岸。东与望江县湖面毗连，南滨长江与江西省湖口、彭泽县隔江相望，西和湖北省黄梅、蕲春县接壤，北连太湖县。总面积2394平方千米，总人口86.6万人，常住人口62.4万人。

旅游资源　宿松县是中国四大地方剧种之一黄梅戏的发源地。境内拥有国家4A级景区、国家森林公园石莲洞景区，国家3A级景区小孤山、白崖寨等。民间戏曲文南词被列入国家级非物质文化遗产名录。

管理部门　宿松县文化旅游体育局

【岳西县】

地理位置　位于安徽省西南部、安庆市西部，地处大别山腹地。东与潜山市接壤，西与湖北省英山县交界，南与太湖县毗邻，北与舒城县、霍山县相连。总面积2372平方千米，总人口41.36万人，常住人口32.4万人。

旅游资源　岳西县是江淮流域皖河、淠河等水系重要发源地。境内拥有明堂山、天峡湖及大别山彩虹瀑布等3个国家4A级旅游景区，还有山林泉瀑、奇花珍木、古寺石刻、峡谷山寨、革命纪念地于一体的综合性旅游资源。红二十八军军政旧址被列入全国100个红色旅游经典景区名录。

管理部门　岳西县文化旅游体育局

六安市

【金安区】

地理位置　位于六安市东部，东倚省会合肥市，北接寿县，南邻舒城县，西邻裕安区，隶属六安市。总面积1657平方千米，总人口89万人，常住人口82.9万人。

旅游资源　金安区是司法鼻祖皋陶部族的聚居地，闻名于世的淠史杭灌区总干渠穿境而过。境内拥有东石笋景区、皖西大裂谷景区、大别山石窟风景区、悠然蓝溪文化旅游度假区、皖西博物馆、悠然南山旅游度假区等6个国家4A级旅游景区。

管理部门　金安区文化和旅游局

【裕安区】

地理位置　位于安徽省中西部、大别山北麓，六安市区以西。东接金安区，南临霍山县，西靠金寨县，北倚寿县，隶属六安市。总面积1926平方千米，总人口104万人，常住人口92.6万人。

旅游资源　裕安区是典型的革命老区、生态大区、发展新区。境内拥有龙井沟景区、九公寨风景区、独山革命旧址群景区、横排头景区、梦幻海洋世界等5个国家4A级旅游景区，还有黄莲寺、大别山革命历史纪念园、西海生态园等景观景点。

管理部门　裕安区文化和旅游局

【舒城县】

地理位置　位于安徽省中部，大别山东北麓、江淮之间。东邻庐江，西连岳西、霍山，南接桐城、潜山，北毗金安、肥西。总面积2100平方千米，总人口99.3万人，常住人口69.7万人。

旅游资源　舒城县山川秀丽，旅游资源富集。境内拥有国家5A级旅游区、国家级水利风景区万佛湖景区，国家4A级旅游景区、国家森林公园万佛山景区，还有汤池温泉、周瑜城、百丈岩大瀑布等，形成了“一山、一湖、一泉、一城、一瀑”的旅游格局。

管理部门 舒城县文化旅游体育局

【金寨县】

地理位置 位于安徽省西部，大别山主脉北坡。县境与鄂、豫两省相邻，东连六安、霍山，南接英山、罗田，西邻麻城、商城，北接固始、霍邱。总面积3814平方千米，总人口68.4万人，常住人口49.7万人。

旅游资源 金寨县是中国革命的重要策源地、人民军队的重要发源地，鄂豫皖革命根据地核心区。境内拥有1个国家5A级旅游景区天堂寨，6个国家4A级旅游景区梅山、响洪甸两大水库，燕子河大峡谷、金寨县革命博物馆、金寨红军广场、小南京乡村旅游扶贫示范区等。

管理部门 金寨县文化旅游体育局

【霍山县】

地理位置 位于安徽省西部，地处大别山北坡。东与金安区、舒城县接壤，南与岳西县、湖北省英山县毗连，西与金寨县相依，北与裕安区为邻。总面积2043平方千米，总人口35.9万人，常住人口28.6万人。

旅游资源 霍山县因区域内霍山而得名，是中国革命的重要策源地、人民军队的重要发源地，国家首批全域旅游示范区，国家级“两山”理论创新实践基地。境内拥有国家4A级旅游景区大别山主峰景区、佛子岭风景区、南岳山景区、铜锣寨景区等。

管理部门 霍山县文化旅游体育局

四川省

【概述】 涉及秦岭区域涵盖广元市、达州市、巴中市、阿坝藏族羌族自治州范围内的8个县级行政区，分别为：朝天区、旺苍县、青川县；万源市、宣汉县；通江县、南江县；九寨沟县。

广元市

【朝天区】

地理位置 位于四川省东北部，广元市北，嘉陵江上游，川陕甘三省交界的边陲地带。北邻陕西宁强，西接青川，东毗旺苍，南壤市中区，隶属广元市。总面积1613平方千米，总人口21万人，常住人口12.7万人。

旅游资源 朝天区因唐天宝年间玄宗避“安史之乱”幸蜀，百官在此接驾朝拜天子而得名。境内拥有曾家山景区、明月峡景区、龙门阁景区、水磨沟景区等4个国家4A级旅游景区，是先秦古栈道文化、蜀道文化、三国蜀汉文化的核心区域。

管理部门 朝天区文化旅游和体育局

【旺苍县】

地理位置 位于四川盆地北缘，米仓山南麓，东邻巴中市南江县，西接朝天区、利州区和昭化区，南与苍溪县毗邻，北和陕西省的南郑区、宁强县接壤。总面积2987平方千米，总人口53万人，常住人口33万人。

旅游资源 旺苍县因县境“满目苍翠，一派兴旺”而得名。境内拥有鼓城山—七里峡景区、红军城景区、木门景区等国家4A级旅游景区。

管理部门 旺苍县文化旅游和体育局

【青川县】

地理位置 位于四川盆地北部边缘，白龙江下游，川、甘、陕三省结合部。周边与陕西省汉中市宁强县，甘肃省陇南市文县、武都区，四川省绵阳市江油市、平武县，广元市利州区、朝天区、剑阁县等八县（区）相邻。总面积 3216平方千米，总人口25万人，常住人口15.6万人。

旅游资源 青川县因“其水清美”而得名。

境内拥有清溪古镇、战国木椟文化生态园、东河口地震遗址公园、唐家河景区等国家4A级旅游景区，白水关、摩天岭关、北雄关、明月关等著名关隘和古蜀道金牛道、阴平道等。川北薅草锣鼓被列入第一批国家级非物质文化遗产名录。

管理部门　青川县文化旅游和体育局

达州市

【万源市】

地理位置　位居四川省东北部、大巴山腹心地带、川陕渝结合部、7个县市交会处，是中国南北气候的分界线和嘉陵江、汉江的分水岭。四川省地级市，达州市代管。北与陕西省镇巴县、紫阳县接壤，东与重庆市城口县接壤。总面积4065平方千米，总人口60万人，常住人口40.7万人。

旅游资源　万源市因地处万顷池和诸水源头而得名。境内拥有国家4A级旅游景区红军公园旅游景区、八台山旅游景区，国家级自然保护区花萼山、国家地质公园八台山及古蜀道荔枝古道等。

管理部门　万源市文化体育和旅游局

【宣汉县】

地理位置　位于四川盆地东北大巴山南麓，川渝鄂陕结合部。东北与重庆市城口县接壤，东与重庆市开州区相邻，南连开江县，西接达川区、通川区和平昌县，北与万源市交界。总面积4271平方千米，总人口126.9万人，常住人口95.1万人。

旅游资源　宣汉县出自东汉思想家王充所著《论衡》里的《宣汉》篇。境内拥有巴山大峡谷、洋烈水乡、峨城山等国家4A级旅游景区和6个国家3A级旅游景区，“薅草锣鼓赛歌会”为国家级非物质文化遗产。

管理部门　宣汉县文化体育和旅游局

巴中市

【通江县】

地理位置　位于四川省巴中市东北部，米仓山东段南麓大巴山缺口处，县域东接万源市，南邻平昌县，西靠巴州、南江二区县，北连陕西省南郑、西乡、镇巴三县。总面积4119平方千米，总人口52.2万人，常住人口51.3万人。

旅游资源　通江县因通川江而得名。境内拥有诺水河世界地质公园、空山天盆、唱歌石林、王坪等国家4A级旅游景区。川陕革命根据地红军烈士陵园为全国最大的红军烈士陵园，被列入全国红色旅游经典景区名录和建党百年百条精品线路、爱国主义教育基地。

管理部门　通江县文化广播电视和旅游局

【南江县】

地理位置　位于四川盆地东北缘，大巴山脉米仓山系南麓，地处中国秦岭—淮河南北分界线南侧。东邻通江，南接巴州，西界旺苍，北靠陕西省汉中市南郑县，西南与恩阳区、苍溪县接壤。总面积3389.5平方千米，总人口65.59万人，常住人口46.8万人。

旅游资源　南江县取“江水难涉”之义而得县名。境内拥有国家5A级旅游景区、国家风景名胜区、世界地质公园光雾山景区，另有米仓山、最美玉湖·七彩长滩、云顶茶乡等国家4A级旅游景区，为国家首批生态旅游示范区。

管理部门　南江县文化广播电视和旅游局

阿坝藏族羌族自治州

【九寨沟县】

地理位置　位于四川省北部高原，阿坝藏族羌族自治州东北部。东、北与甘肃省文县、舟曲县、迭部县交界，西、南与四川省若尔盖县、平武县、松潘县接壤。总面积5286平方千米，总人口6.7万人，常住人口6.6万人。

旅游资源　九寨沟县因有荷叶、树正、则渣洼等9个藏族村寨而得名。境内拥有世界级自然遗产、国家5A级旅游景区九寨沟风景名胜区，有勿角大熊猫自然保护区、白河金丝猴国家级保护区、甘海子国家森林公园、勿角白马藏族风情园等生态及人文景观，国家级非物质文化遗产4项。

管理部门　九寨沟县文化体育和旅游局

重庆市

【概述】 涉及秦岭区域涵盖4个县级行政区，分别为：开州区、城口县、巫山县、巫溪县。

【开州区】

地理位置 位于重庆市东北部，地处渝东北三峡库区与秦巴山脉交会地带。西邻四川省开江县，北接城口县和四川省宣汉县，东毗云阳县和巫溪县，南邻万州区，隶属重庆市。总面积3963平方千米，总人口168万人，常住人口120.5万人。

旅游资源 开州区因南河古称开江，州、县由此得名。境内拥有国家4A级旅游景区刘伯承同志纪念馆（故居）、汉丰湖景区、开州博物馆、龙头嘴森林公园，还有雪宝山国家森林公园（马扎营养生旅游区）、温泉仙女洞旅游景区、盛山植物园、童话森林王国、天心桥景区等景区景点。2021年全年接待游客1242万人次，实现旅游综合收入77.69亿元。

管理部门 开州区文化和旅游发展委员会

【城口县】

地理位置 位于长江上游地区、重庆东北部，地处大巴山南麓，渝、川、陕三省（市）交界处。东与陕西省镇坪、平利等县毗邻，西与四川省宣汉、万源等县（市）相交，南与重庆市开县、巫溪等县接壤，北与陕西岚皋、紫阳等县相连。总面积3289.088平方千米，总人口25万人，常住人口19.8万人。

旅游资源 城口县因踞三省门名“城”、扼四方咽喉称“口”而得名。境内拥有国家4A级旅游景区城口亢谷景区、城口土城红军老街景区，大巴山国家级自然保护区、九重山国家森林公园、巴山湖国家湿地公园及神田草原、城口县苏维埃政权纪念公园等景区景点。2021年全年接待游客430.28万人次，实现旅游综合收入8.85亿元。

管理部门 城口县文化和旅游发展委员会

【巫山县】

地理位置 位于重庆市东部，处三峡库区腹心，地跨长江巫峡两岸，东邻湖北巴东，南连湖北建始，西抵奉节，北依巫溪。总面积2958平方千米，总人口65万人，常住人口46.4万人。

旅游资源 巫山县因巫山而得名。境内拥有1个世界自然遗产地（五里坡国家级自然保护区）、1个国家5A级旅游景区（小三峡·小小三峡景区），3个国家4A级旅游景区（巫峡·神女景区、文峰景区、巫山博物馆）、1个国家森林公园（梨子坪森林公园）、1个国家湿地公园（大昌湖国家湿地公园）、3个国家级乡村旅游重点村（曲尺乡柑园村、两坪乡朝元村、竹贤乡下庄村）、2个全国重点文物保护单位（龙骨坡遗址、玉米洞遗址）等自然、人文资源。2021年全年接待游客2226万人次，实现旅游综合收入96.4亿元。

管理部门 巫山县文化和旅游发展委员会

【巫溪县】

地理位置 位于重庆市东北部，南近长江天险，地处渝陕鄂三省市交界，东连湖北省神农架林区、竹溪县，南接奉节县、巫山县，西临开县、云阳县，北与城口县和陕西省镇坪县接壤。总面积4030平方千米，总人口54万人，常住人口39万人。

旅游资源 巫溪县由“天地灵巫，融水汇溪”而得名，是巫盐文化的发祥地。境内拥有国家森林公园、市级旅游度假区、4A级旅游景区红池坝，国家历史文化名镇宁厂古镇，2个全国重点文保单位（荆竹坝岩棺群、大宁盐场遗址），2个国家级乡村旅游重点村（古路镇观峰村、红池坝镇茶山村），以及阴条岭、兰英大峡谷、大官山、灵巫洞、大宁河（妙峡）、云台峰等景观景点。2021年全年接待游客859.79万人次，实现旅游综合收入44.64亿元。

管理部门 巫溪县文化和旅游发展委员会

第五部分
秦岭重点旅游景区

【综述】 秦岭是华夏民族的诞生地和华夏文明的发祥地之一。大秦岭东西横跨甘肃、陕西、四川、重庆、湖北、河南、安徽6省1市，是长江、黄河水系分水岭，中国南北自然分界线和中国地理重要坐标。秦岭不仅是世界名山、华夏祖脉、中华圣山、中央水塔、中华民族父亲山和中华民族文化精神的重要标识，还是中国乃至亚洲生物基因库、呵护中国大陆生态安全的重要屏障，更是承载着厚重中国历史文化、自然景观和人文景观妙趣天成、丰富多彩的旅游大观园。《全国主体功能区规划》确定秦岭是国家“两屏三带”生态安全战略格局的重要组成部分。

秦岭是中国乃至世界旅游资源最富集的旅游名山之一。秦岭旅游资源门类齐全，数量巨大，区域广泛，资源秉赋高，开发利用前景广阔。秦岭区域范围内有名山大川、历史遗迹、自然风景、文化景观、传承项目、风土人情等。可分为地理生态旅游区、边际旅游区和历史文化旅游圈。秦岭自然生态与整个中国乃至亚洲的重要联系，在秦岭历史文化对中华民族史、中国发展史、中华文明史都有着重要的意义。经过40多年的持续发展，截至2021年底，秦岭山区范围内列入世界文化遗产5处，世界地质公园6处。有A级以上景区1000余家，其中5A、4A级300余家。有国家级旅游度假区3处、国家级重点风景名胜区19处、国家森林公园94处、国家级水利风景区74处。本部分重点介绍陕西、甘肃、河南、湖北、安徽、四川省和重庆市的国家5A、4A级景区。

国家5A级旅游景区

【陕西华清宫文化旅游景区】 位于陕西省西安市临潼区，是骊山国家级风景名胜区的重要组成部分。周、秦、汉、隋、唐等历代帝王在此建有离宫别苑，是烽火戏诸侯、唐明皇与杨贵妃的爱情故事、“西安事变”的发生地。华清宫内集中着唐御汤遗址博物馆、西安事变旧址——五间厅、九龙湖与芙蓉湖风景区、唐梨园遗址博物馆等文化区和飞霜殿、万寿殿、长生殿、环园和禹王殿等建筑群。华清宫的重要组成部分骊山分布有老母殿、老君殿、烽火台、兵谏亭、石瓮寺、遇仙桥等景点。大型实景历史舞剧《长恨歌》为华清宫的常态化演出项目。2007年被评定为国家5A级旅游景区。

【秦始皇帝陵博物院】 位于陕西省西安市临潼区，是骊山国家级风景名胜区的重要组成部分，以秦始皇兵马俑博物馆为基础，以秦始皇陵遗址公园为依托的一座大型遗址博物院，也是以秦始皇帝陵及其众多陪葬坑为主体，基于考古遗址本体及其环境的保护与展示，融合了教育、科研、游览、休闲等多项功能的公共文化空间。1987年，秦始皇陵及兵马俑坑被联合国教科文组织列入《世界遗产名录》。秦兵马俑被誉为世界八大奇迹之一。2007年被评定为国家5A级旅游景区。

【华山景区】 位于陕西省渭南市华阴市，古称“西岳”，雅称“太华山”，由一块硕大的花岗岩形成，海拔2154.9米。有东、西、南、北、中五座主峰，分布有西岳庙、长空栈道、鹞子翻身、千尺幢、百尺峡、老君犁沟等景点320余处。华山还是一座道教文化名山，共有72个半悬空洞，道观20余座，其中玉泉院、都龙庙、东道院、镇岳宫被列为全国重点道教宫观。1982年华山被评为首批国家级风景名胜区，2011年被评定为国家5A级旅游景区。

【金丝峡景区】 位于陕西省商洛市商南县，地处秦岭南麓连接巴山北坡，居长江流域汉江水系丹江中游地区。景区内有白龙峡、黑龙峡、青龙峡、石燕寨和丹江源五大景区100多个景点，峡谷总长度20.5千米，纵深10多千米。景区原始生态保存完好，是秦岭地区较完整的嶂谷地质构造，为国家地质公园、国家森林公园和国家水利风景区。2015年被评定为国家5A级旅游景区。

【太白山旅游区】 位于陕西省宝鸡市眉县，太白山是秦岭主峰景区，海拔3771.2米，是我国大陆东部的第一高峰。太白山旅游区以太白山国家森林公园为主体，共有八大景区180多个景点，包括著名的高山湖泊等，“太白积雪六月天”是著名的关中八景之一。2016年被评定为国家5A级旅游景区。

【麦积山景区】 位于甘肃省天水市麦积区，规划面积215平方千米，由麦积山石窟、仙人崖、石门、曲溪、街亭温泉5个子景区180多个景点组成。麦积山石窟凿于十六国后秦时期，经北魏、西魏、北周、隋唐、五代、宋、元、明、清等10多个朝代的不断开凿、重修，现存194个洞窟，泥塑、石雕7800多件，壁画1000多平方米，崖阁8座，是“世界文化遗产名录”中“丝绸之路：长安—天山廊道的路网”的重要世界遗产点。与敦煌莫高窟、山西云冈石窟、河南龙门石窟并称为中国四大石窟。2011年被评定为国家5A级旅游景区。

【老君山·鸡冠洞旅游区】 位于河南省洛阳市栾川县，老君山古号景室山，因东周道家始祖老子归隐修炼于此而得名，是伏牛山主峰，海拔2217米。老君山集自然景观与道教文化于一身，目前已开发建成了八大景区138个景点。鸡冠洞属天然石灰岩溶洞，为喀斯特地貌，现已开发洞长1800米，观赏面积23000平方米，洞中恒温18℃，四季可游。2012年被评定为国家5A级旅游景区。

【白云山景区】 位于河南省洛阳市嵩县，总占地面积168平方千米。景区内有以玉皇顶、鸡角曼、仙人桥为代表的险峰奇石景观；以高山杜鹃林、原始森林、唐代银杏林为代表的森林景观；以九龙瀑布、珍珠潭、黄龙井为代表的瀑潭景观；以留侯祠、玉皇阁、乌曼寺、云岩寺为代表的人文景观；以云海日出、鸡角晚霞、金秋红叶为代表的物候景观。2011年被评定为国家5A级旅游景区。

【尧山·中原大佛景区】 位于河南省平顶山市鲁山县。尧山地处伏牛山东段，因尧孙刘累为祭祖立尧祠而得名，又因山上众多石峰酷似人形，后史称之为石人垛、石人山。景区分为冬凌潭、石扉玉章、三岔口、白龙潭、半仙居、石人、鸡冠石、白牛城、秘洞、温泉十大部分，现已命名的景观有240多处；60~200米高的瀑布17处，高的石柱40多处。中原大佛高208米，大佛眼睛高1.9米，宽3.9米，佛手高19米，宽9米，厚5米。整体佛像铸造用铜3300吨，黄金108千克，特殊钢15000余吨，表面面积为11300平方米，通过焊接13300块铜板而成。现有牌坊、佛泉寺、愿心台、福慧大道、礼佛台、中原大佛、天瑞吉祥钟、佛教文化宫殿、文化碑廊等景观。2011年被评定为国家5A级旅游景区。

【老界岭·恐龙遗迹园景区】 位于河南省南阳市西峡县，是伏牛山主峰，老界岭为南阳伏牛山世界地质公园核心区域，总面积153平方千米，主要景点有伏牛山主峰——犄角尖，伏牛山神、分水岭、锯齿峰、骆驼峰等。恐龙遗迹园主要由地质科普广场、恐龙蛋化石博物馆、恐龙馆、恐龙蛋遗址、仿真恐龙园和龙都水上乐园组成，是一个将原始和现代紧密结合的大型恐龙主题公园。2014年被评定为国家5A级旅游景区。

【嵖岈山风景区】 位于河南省驻马店市遂平县，嵖岈山风景区系伏牛山东缘余脉，属典型的花岗岩地质地貌景观，总面积148平方千米，主景区面积50平方千米。景区内有九大景观、九大名峰、九大名洞、九大名棚、九大奇石，各类景点200多处，著名景点60多处，为国家地质公园、国家森林公园、国家重点文物保护单位。2015年被评定为国家5A级旅游景区。

【木兰文化生态旅游区】 位于湖北省武汉市黄陂区，占地面积18.6平方千米，由木兰山、木兰天池、木兰草原、木兰云雾山四大景区组成。木兰山景区主要由宗教朝圣区（古庙区）、地质公园核心景区（石景公园）、风洞（红军洞）、木兰花苑、木兰山索道等景点组成。木兰天池景区分为风景游览区和休闲度假区两大部分。木兰草原景区以草原游牧民族活动与风俗民情为素材，主要发展参与型、竞技型、体验型旅游项目。木兰云雾山是大别山脉与江汉平原的过渡地段，以自然风光为主。2014年被评定为国家5A级旅游景区。

【武当山风景区】 位于湖北省十堰市丹江口市，又名太和山，主峰海拔1622米，景区总面积312平方千米。有太极湖、玄岳门、太子坡、南岩宫、金顶、紫霄宫、五龙宫、琼台八大景区，以自然景观、古建筑群、道教文化、武当武术而闻名。1994年武当山古建筑群入选《世界遗产名录》，2011年被评定为国家5A级旅游景区。

【古隆中景区】 位于湖北省襄阳市襄城区，是三国时期政治家、军事家和思想家诸葛亮青年时代隐居的地方。景区包括古隆中、水镜庄、承恩寺、七里山、鹤子川等五大景区，是三国文化和自然景观相结合，以古隆中为核心、诸葛亮故居为主体的风景区。为国家重点风景名胜区、全国重点文物保护单位，2020年被评定为国家5A级旅游景区。

【神农架生态旅游区】 位于湖北省神农架林区，横亘于长江、汉水之间，相传因上古的神农氏在此搭架上山采药而得名。景区山峰均在海拔3010米以上，是以亚高山自然风光，多样的动植物种，人与自然和谐共存为主题的森林生态旅游区。主要景点有神农顶、风景垭、板壁岩、瞭望塔、小龙潭、大龙潭、金猴岭等，为世界地质公园、国家地质公园、国家森林公园、国家湿地公园、国家级自然保护区。2016年被列入《世界遗产名录》，2012年被评定为国家5A级旅游景区。

【神农溪纤夫文化旅游区】 位于湖北省恩施土家族苗族自治州巴东县，神农溪是巴东县长江北岸的一条常流性溪流，因发源于原始森林神农架南坡而得名，全长60千米，流域面积1031平方千米，景区总面积300平方千米。景区以神农溪为主轴，以自然生态为支撑，拥有龙昌峡、鹦鹉峡、神农峡、绵竹峡4个峡段，神农溪流域及周边地区的子民在纤夫文化的荫蔽下，繁衍生息，歌舞传情。2011年被评定为国家5A级旅游景区。

【天柱山景区】 位于安徽省安庆市潜山市，又名潜山、皖山、皖公山等，为大别山山脉东延的一个组成部分。主峰天柱峰海拔1489.8米，规划保护区面积333平方千米，风景区面积82.46平方千米。分布有五指峰、蓬莱岛、飞来峰、渡仙桥、皖公神像、九井河、虎头崖、马祖庵、天柱峰、龙潭河、大龙窝等景区景点。2011年被联合国教科文组织批准成为世界地质公园，现为国家级风景名胜区、国家级森林公园。2011年被评定为国家5A级旅游景区。

【万佛湖景区】 位于安徽省六安市舒城县，原名龙河口水库，因临湖的巨型观音岩石与湖中66个岛屿形成神奇的“诸佛拜观音”景象，又因水的源头来自万佛山，而得名万佛湖。景区面积157平方千米，湖面50平方千米，核心景区15平方千米。目前，已形成大坝景观、岛湖景观、火山景观、特色建筑景观、鱼文化景观、佛教文化景观、水利文化景观、历史人文景观、乡村旅游景观等为一体的岛湖文化旅游区。现为国家级水利风景区，2016年被评定为国家5A级旅游景区。

【天堂寨景区】 位于安徽省六安市金寨县，景区面积120平方千米，境内千米以上的高峰25座，为大别山主峰之一，系江淮分水岭。主要景点有白马大峡谷、龙剑峰、白马峰、神仙谷等。森林植被是天堂寨的中心景观，森林覆盖率96.5%；瀑布龙潭是天堂寨的特色景观，常年不涸的瀑布有18条，季节性瀑布100余处；这里还是鄂豫皖革命根据地的重要组成部分。现为国家级自然保护区、国家森林公园、国家地质公园，2012年被评定为国家5A级旅游景区。

【光雾山景区】 位于四川省巴中市南江县，主要有喀斯特峰丛地质地貌景观和三国文化、米仓古道遗迹等人文景观。景区内有龙驾烟云、桃花山庄、三道关、大象迎宾、南天门、七女峰、燕子岭、万圣朝佛、燕岩石林、樱桃河谷、截贤驿、寒溪峡、两河口、天马恋、天门溶洞、狐假虎威、仙猿岩、太极天坑、感灵寺等70多处景点。现为国家级风景名胜区，2018年被联合国教科文组织批准为世界地质公园，2020年被评定为国家5A级旅游景区。

【九寨沟风景名胜区】 位于四川省阿坝藏族羌族自治州九寨沟县，地处岷山南段弓杆岭东北侧，因景区内有九个藏族寨子，故名为“九寨沟”，是中国第一个以保护自然风景为主要目的的自然保护区，高山湖泊群、瀑布、彩林、雪峰、蓝冰和藏族风情并称“九寨沟六绝”。现为世界自然遗产、国家重点风景名胜区、国家级自然保护区、国家地质公园，2007年被评定为国家5A级旅游景区。

【巫山小三峡·小小三峡】 位于重庆市巫山县，巫山小三峡是长江第一大支流大宁河下游在巫山县境内的龙门峡、巴雾峡、滴翠峡的总称，全长50千米。景区有巴人悬棺、船棺及古栈道石孔等历史遗迹。小小三峡位于滴翠峡的马渡河上，是长滩峡、秦王峡、三撑峡的总称，全长20千米，因比大宁河小三峡更小，故名“小小三峡”。2007年5月被评定为国家5A级旅游景区。

国家4A级旅游景区

陕西省

西安市

【白鹿原·白鹿仓景区】 位于陕西省西安市灞桥区狄寨北路，规划用地2100亩（1亩≈666.9平方米），景区以白鹿原地区深厚的历史文化底蕴为依托，又在传统的民俗文化基础上开拓创新，提出“民俗派·更民俗”的发展理念，首创“一仓两园三营地”全新旅游业态模式，即白鹿之仓民俗文化园区、白鹿仓文博园、白鹿游乐园、航空飞行营地、温泉房车营地、运动体验营地，景区内的建筑使用了仿古风格，多以民国初年为大时代背景，还原了当年白鹿原地区的生活、民俗等。

【陕西翠华山国家地质公园】 位于陕西省西安市长安区，为秦岭终南山世界地质公园核心园区，由天池山崩科普区、甘湫池森林健身区、翳芳溪生态休闲区3部分组成，以山崩地貌为特色。山崩遗迹主要由堰塞湖、堰塞坝、崩塌石海和残峰断崖组成，地貌类型全，结构典型，保存完整。为首批国家地质公园、国家森林公园、国家水利风景区，2020年被联合国教科文组织批准成为世界地质公园。

【西安秦岭野生动物园】 位于陕西省西安市长安区，前身为西安市动物园，2004年由西安市东郊搬迁到现址，更名为西安秦岭野生动物园。园区占地1.73平方千米，展养有“秦岭四宝”大熊猫、羚牛、金丝猴、朱鹮等珍稀动物，以及来自世界各地代表性的野生动物200余种、6000余头（只）。

【西安关中民俗艺术博物院】 位于陕西省西安市长安区，是以民俗文化遗产抢救、保护、收藏、研究和展示为主的非国有博物馆和文化旅游景区，博物院规划建设有民俗文化展示区、古镇游览区、非物质文化遗产演示区、民俗文化研究中心。主要建设内容有40院迁复建明清古民居、民俗展览馆、展厅、展廊、戏楼、工艺作坊、研究中心、人工湖及园林景观等。

【陕西太平国家森林公园】 位于陕西省西安市鄠邑区，景区面积60.85平方千米，旅游资源以自然景观为主体，以水域风光、地质地貌和植物景观为特色。旅游资源覆盖7个主类、22个亚类和53个基本类型，总量达数百的典型旅游资源单体组合形成了石门、栖禅谷、石船子、黄羊坝、桦林湾五大景区100多个景点。

【西安金龙峡风景区】 位于陕西省西安市鄠邑区，景区内原始植被保存完整，野生动植物丰富，总面积33.3平方千米，有景点30多处。以瀑布群落、林海氧吧、大峡风光、九峰叠翠、原始人文等为特色，景区内有桃花岛、金龙湖可供游人垂钓，有以虹鳟鱼、土鸡、山野菜为主要特色的菜肴可供游人选用，为旅游度假型原始大峡谷。

【陕西朱雀国家森林公园】 位于陕西省西安市鄠邑区，是以自然山水、地质科普、森林风光、休闲娱乐为一体的生态风景旅游区，是终南山世界地质公园的重要组成部分、国家森林公园。公园有五大景区105个景点，冰晶顶海拔3015米，有第四季冰川遗迹、高山草甸、高山落叶松等，主要景点有秦岭之巅、冰晶顶、醉仙峰、群龙朝圣等。

【西安市王顺山景区】 位于陕西省西安市蓝田县，原名玉山，因大孝子王顺担土葬母于此而得名，著名的蓝田玉即产于此山中。总面积36.45平方千米，是秦岭终南山世界地质公园的重要组成部分。现已开发建成孝道文化展示区、观景台峰岭地貌园区、高山探险旅游区三大游览区域，主要有奇松、怪石、云海、杜鹃、古寺庙遗址、摩崖石刻等180余处景点。

【白鹿原影视城景区】 位于陕西省西安市蓝田县前卫镇，是以著名作家陈忠实先生的茅盾文学奖获奖作品《白鹿原》和同名电影为依托，打造的陕西首座集影视拍摄、精彩演艺、文化创意、美食民俗、休闲游乐为一体的综合性主题乐园。通过展示关中建筑、历史、宗法文化和居住、饮食、曲艺等民俗，形成影视拍摄区白鹿村、滋水县城、景观步道、创意文化区、游乐园多个主题区域，同时选用关中周边最为典型的“武关、萧关、大散关、金锁关、潼关”五个关口合围，形成“身在白鹿，远望天下”的绮丽雄浑景观。

【西安楼观生态文化旅游度假区】 位于陕西省西安市周至县，原名西安楼观中国道文化展示区，占地33.36平方千米。区内有老子说经台、宗圣宫遗址、大秦寺塔等多个历史文化遗存，有赵公明文化区、终南山古楼观、延生观、化女泉、丝路文化园、宗圣宫遗址、田峪河公园等7个文化旅游景区，曲江农业博览园、薰衣草庄园、假日农庄等3个现代农业示范园区。

【西安市黑河旅游景区】 位于陕西省西安市周至县，面积74.62平方千米，森林覆盖率94%。旅游资源包括以鲤鱼峰、照壁山、沙梁峰、石人峰、父子岭为代表的峰岭景观；以沙梁子峡谷、黑河干支流河道为代表的峡谷崖壁景观；以龙骨峡、神龟石、蛙鸣石、鳖盖石、狮子石、一线天为代表的奇石景观；以傥骆道、营盘梁、钓鱼台、大蟒河等为代表的历史人文景观，是世界自然基金会生态旅游示范区。

宝鸡市

【金台太极源文化景区】 位于陕西省宝鸡市金台区，是集文化、旅游、生态、特色景观和休闲为一体的多功能复合型道文化景区。金台观内主要建筑是灵观殿，为全木质阁楼，自创建之始及明清各代不断修葺完善，逐渐形成了坐北面南、前殿后洞、错落有致、东西基本对称的道教古观。

【中华石鼓园】 位于陕西省宝鸡市渭滨区，是融遗址保护、文物展览、石鼓文化展示、园林观光和休闲娱乐为一体的文化生态公园。中华石鼓园以周秦历史文化为主题，全面展示了宝鸡作为周秦文化发祥之地的历史文化。以陈仓石鼓阁、青铜器博物院两大标志性建筑为引领，以周、秦文化墙，五德园、秦文化广场等16个文化景点为支撑，成为宝鸡市山、水、林、塬、城五字特色的集合体。

【九龙山景区】 位于陕西省宝鸡市陈仓区，占地面积约30平方千米，是大水川国际旅游度假区继大水川、灵宝峡之后又一核心景区。因有九座山头相聚，形如九龙腾空而得名。整个自然风景区属陆相沉积岩，为典型的丹霞地貌，主要景点有九龙山玻璃栈道、玻璃索桥、索道、九龙禅院、上九元、九龙山温泉、怡心茶苑、原乡桃源等。

【岐山周文化景区】 位于陕西省宝鸡市岐山县，由中国周原、周公湖、周公庙凤凰山景区三大板块组成。中国周原景区是以中华周文化展示与传承为核心，以“天地人”为主要轴线总体布局，由中轴文化展示区、周王室、百工坊、诸子百家园、封神乐园、奇幻树屋亲子乐园六大主题区组成，通过观光索道将中国周原、周公湖、周公庙凤凰山景区紧密连接，形成集历史古迹参观、文化创新展示、亲子休闲游乐、自然生态度假、演艺互动娱乐、特色餐饮体验等多种业态于一体的综合性文化景区。

【红河谷景区】 位于陕西省宝鸡市眉县，是太白山旅游区的重要组成部分。公园森林覆盖率91.7%以上，最高海拔3666.6米，红河谷是登太白山古道之一，公园已开发景区4个，分布有斗母瀑布、红河丹霞、石海、凌云栈道、云仙门、桃花坞、太公石像、双洞水帘等80多处景点。

【扶眉战役纪念馆】 位于陕西省宝鸡市眉县，是为纪念在扶眉战役中壮烈牺牲的3000多名解放军指战员而修建的一处纪念设施，由纪念广场、纪念碑、战役纪念馆、烈士墓区、参观接待中心、生态停车场6部分组成。纪念馆建筑面积3300平方米，内设两个展厅，通过声光电等多媒体展陈方式，展出各类图片、革命文物千余件，全景式再现了扶眉战役的历史。

【凤凰湖景区】 位于陕西省宝鸡市凤县，嘉陵江穿境而过。景区内3600米的亲水景观长廊，100万平方米的星光瀑布，50万平方米的水景视听盛宴，186米高音乐喷泉融合成了凤凰湖的夜景，成为景区最大的特色。开发建成有月亮湾生态休闲公园、凤凰山游乐园、丰禾山佛教主题公园及堡子山植物观光公园四大主题公园，还有凤凰传说、氐羌迁徙等典故传说和陈仓古栈道、宋金古战场、“工合”运动旧址等历史遗存。

【通天河景区】　位于陕西省宝鸡市凤县，公园面积52.35平方千米，最高海拔2738.7米，森林覆盖率达98.6%。有西河庙、高山石林、莲花山三大景区50多个景点，现已开发的景点主要有柳抱松、骆驼巷、洗心池、不老神泉、仙女潭、氧吧长廊、驮经神龟、千年古树、高山石林、莲花宝座、一线天、哮天神犬、原始森林等，“西游记”系列为景区增添了许多神话和传奇色彩。

【青峰峡景区】　位于陕西省宝鸡市太白县，公园面积43.60平方千米，森林覆盖率达95%以上，公园分为四大景区：临芳墅景区（千年古杉、睡佛山）、雾瀑涯景区（青凤飞瀑、仙桃山、骆驼峰等）、神女峰景区（神女峰、将军探路、石龟背蛋、雄鹰展翅等）。景区顶部为鳌山和四十里跑马梁，可见第四纪冰川地貌遗迹。

渭南市

【渭南桃花源景区】　位于陕西省渭南市临渭区，是依托零河自然水系打造的河道自然景观游憩区。园区以关中建筑、明清建筑风格为主，园中有亭台楼阁、古塔、寺庙群、城楼、四合院、陕商大会馆、美食街、传统手艺作坊、书画院、特色民宿、游乐场、研学拓展基地等参观点和旅游设施。

【渭南葡萄产业园】　位于陕西省渭南市临渭区，始建于2009年，核心区分为现代农业示范区、观光采摘体验区、休闲娱乐度假区和三贤文化展示区。园区是按照“现代农业导向、特色小镇融合、田园风光衬托、生态景观点缀”的思路，打造的现代科技示范园和关中风情园。

【少华山景区】　位于陕西省渭南市华州区，主峰海拔1664米，因其低于华山，故名少华山，是陕西东部以生态旅游、休闲度假、登山健身为主题的旅游风景区。景区总面积63平方千米。由红崖湖、石门峡、密林谷、潜龙寺、少华峰五大景区组成。景区森林覆盖率达90%以上，生态环境近似原始，四季风光良好。

【渭华起义纪念馆】　位于陕西省渭南市华州区，是以渭华起义指挥部旧址为依托建立起来的革命纪念馆，占地面积37000平方米，建设面积3649平方米，1988年5月建成并对外开放。全馆由渭华起义指挥部旧址、陈列大厅、中心广场、烈士纪念塔4部分组成。馆内收藏文物、历史照片、文献资料丰富，是红色旅游和传统教育的重要景区。

汉中市

【石门栈道风景区】　位于陕西省汉中市汉台区，以石门水库为依托，自然景观与人文历史景观结合的城郊型国家水利风景区。穿越汉中盆地的栈道有7条，以褒斜道最负盛名。因其在古代交通史上的特殊地位和它在中国古代政治、军事、商贸、邮驿、书法、碑刻以及建筑等诸多方面的重大影响而闻名。褒斜道中的“石门隧洞”是东汉永平年间采用“火烧水激”而成，它是世界上开凿最早的一个能通行车马的交通隧道。“石门隧洞”周边的摩崖石刻，最著名的石门“十三品”被书法界称为“国之瑰宝”。石门景区文化积淀丰富，历史典故“萧何月下追韩信”“明修栈道，暗度陈仓”等均出自这里。景区古褒国、古褒斜栈道、古连云栈道、古石门、古山河堰、新石门等历史遗迹众多，是研究我国古代战争、交通、道路、经济、科技、水利、书法等的综合天然史料博物馆，也是栈道旅游目的地。

【兴汉胜境景区】　位于陕西省汉中市汉台区，是以汉文化遗存和优良的山水生态环境为依托打造的汉文化主题旅游度假区。景区主要由汉文化博物馆、汉乐府、兴汉城市展览馆、汉人老家街、丝路风情街五大主题景区构成，以汉文化博览园为核心弘扬汉文化、展现汉中市的文化旅游魅力。

【黎坪景区】 位于陕西省汉中市南郑区，是以森林景观、地貌景观、水体景观以及现代人文景观和田园风光景观为主的山岳型旅游景区。目前对外开放的有剑峡、玉女峰、枫林瀑布、天书崖、海底石城、中华龙山、红尘峡景点。景区内独有的中华龙山形成于4亿—5亿年前的奥陶纪时期，山体岩石呈红褐色，岩面酷似龙鳞，岩石类似各种动物，海底古生物化石随处可见，具有很高的观赏和科考价值。

【龙头山景区】 位于陕西省汉中市南郑区，景区规划面积86.09平方千米，系米仓山山系，龙头山主峰最高海拔2336米。云海、日出、奇花、彩林、怪石、冰雪、林海等，组成了这里独特的高山自然风景区。龙头山奇特的地形及温湿的气候，形成了四季旅游格局，也是秦巴区域冰雪运动休闲的好去处。根据“一山、一镇、一环、两门户、两公园、四中心”的总体规划布局，划分为七大功能区，分三期建设，分别是陈家坪综合服务功能区、龙头山运动休闲功能区、冷水坪森林游憩功能区、古梁州运动康养度假功能区、龙头山小坝旅游小镇、剥牛坑地质观光功能区、生态涵养功能区，是集生态旅游、运动康养、科普教育、山地度假等于一体的综合型度假旅游区。

【张骞墓景区】 位于陕西省汉中市城固县，依托我国西汉时期著名的外交家、探险家、“丝绸之路”的开拓者张骞的墓地而建。景区有六大主题游览区，分别是张骞故里展厅、张骞文化林、张骞生平事迹展馆、张骞墓区、张骞事迹剪影展览、张骞事迹油画展馆。张骞墓现为全国重点文物保护单位、世界文化遗产，是中西文化交流的实物见证。

【长青华阳景区】 位于陕西省汉中市洋县，由长青生态景区和华阳古镇景区组成。华阳古镇在秦汉时期形成集镇，唐宋设县制，至今已有2000余载的历史，是傥骆古道上的重要驿站、古军事要冲。长青生态景区山水风光独特，气候变化多样，朱鹮、大熊猫、金丝猴、羚牛在这里繁衍，集历史文化古镇、秦岭自然生态体验、珍稀动植物观赏、研学科考探险、红色教育培训、旅居康养度假为一体。

【朱鹮梨园景区】 位于陕西省汉中市洋县，由朱鹮梨园、朱鹮生态园和现代农业观光园组成，占地3.87平方千米，融自然生态、人文景观、康体健身、农业观光、国宝观赏为一体。朱鹮梨园由“一轴两核五区”，即山脊观光轴，翠湖、郦湖水体景观核心，现代园艺景观区、人文景观交融区、朱鹮生态科普区、山林康体健身区和梨园农家风情区构成。

【骆家坝景区】 位于陕西省汉中市西乡县，骆家坝古镇始建于明末清初，现有保存完好的古街道、极具陕南及巴山民居特色的房屋，是一处集自然山水、历史古镇、红色文化、民俗风情、田园风光于一体的综合性旅游景区。景区主要景点有：牧马河一河两岸、集镇广场、明清古街、步行吊桥、三圣宫、阳雀湾、石龙过江、回龙大峡谷、玄天观遗址、红二十九军纪念碑等。

【午子山景区】 位于陕西省汉中市西乡县，为道教名山，山上建有道教名观——午子观。分布有白皮松林、子午山、大峡河、后山茶园、田园风光和堰口镇等景观。景区还遗存有大量的古文化遗址，据史书记载和民间传说大舜谋士善卷，明代建文帝均来午子山隐居，道教重要人物张道陵、张鲁、张三丰来此讲经传教。现存三国蜀将张飞书“飞凤山”等多处摩崖石刻以及明清碑碣及造像。

【武侯墓景区】 位于陕西省汉中市勉县，是中国历史上杰出的政治家、军事家、三国蜀汉丞相诸葛亮的长眠之地。公元234年，诸葛亮第五次北伐曹魏时，因积劳成疾病逝于五丈原军中，蜀汉朝廷按其遗命，归葬于定军山下。诸葛亮生前辅佐刘备建立了蜀汉政权，官至丞相武乡侯，死后谥号“忠武侯”，人们称其墓地为“武侯墓”。墓区占地0.24平方千米，古木参天、山环水抱、三院并联，有古建筑70余间。墓庙北枕山梁，南面汉水，独具陕南园林特色，被列为全国重点文物保护单位。

【武侯祠景区】　位于陕西省汉中市勉县，与武侯墓隔汉江相峙。公元263年，即诸葛亮死后29年，蜀汉后主刘禅才下诏立祠，这是唯一的“官祠”，也是世界上最早的武侯祠。当时因“建之京师，又逼宗庙”，故选祠址于勉县定军山下的武侯坪，祠靠近墓所，距武侯墓十余里（1里＝500米）。祠坐南向北，背临汉水，南北长约200米，东西宽约120米，呈长方形。四周有围墙，共有七院五十四间房舍。规模宏大，建筑雄伟，亭台楼阁，遍布祠中。

【汉江源景区】　位于陕西省汉中市宁强县，是长江最大支流——汉江的发源地，集森林、山峰、峡谷、水体、人文等景观于一体。有森林、松涛、金刚峡、红石梁、瀑布、碧潭、溪流等自然景观，还有以羌文化、关隘文化等为主题的人文体验。由于受复杂的地形影响，阴阳坡向气候差异明显，时空分布不均，年平均气温12.9℃，最热月平均气温23.6℃。

【青木川景区】　位于陕西省汉中市宁强县，处于陕、甘、川三省交界处，古镇生态植被良好，历史人文资源丰厚，传统老街区、古老民居、民俗风情以及传统生活、生产用具延续已久，古建筑、古摩崖、老祠堂、古寺庙等都展现了古镇的文化底蕴。现保存古建筑房屋260余间。根据作家叶广芩的长篇小说《青木川》改编的电视连续剧《一代枭雄》中风雷镇的原型即为青木川古镇。

【五龙洞国家森林公园】　位于陕西省汉中市略阳县，海拔900~2214米，总面积58平方千米，由五龙谷、白龙沟、青龙沟、三佛寺、氐羌民俗村五大片区组成，分布有木城瀑布、茶马古道、五龙洞、呼龙台等100余处景点。这里曾是氐羌人重要聚居区和陕甘古商道，历史文化厚重，氐羌特色鲜明。

【栈道水世界景区】　位于陕西省汉中市留坝县，占地面积30531平方米，是古栈道文化与山水元素相结合的山地型水上乐园。景区依托自然山势打造了惊涛海啸池、超级大喇叭、高山速降滑梯、儿童梦幻水寨、潮汐漂流河、滑板冲浪、4并列竞赛+急速太空盆组合滑道、多冲程水上过山车滑道、森林疗养SPA、风情吊脚楼等水上娱乐项目。

【张良庙—紫柏山景区】　位于陕西省汉中市留坝县，包括张良庙和紫柏山两大片区。张良庙又称汉张留侯祠，是汉高祖刘邦的开国谋臣“汉初三杰”之一张良功成身退隐居之地，是目前全国规模最大、保存最完整的祭祀张良的祠庙；紫柏山独有的“亚高山喀斯特岩溶地貌”，形成了山顶凹陷的天坑草甸。因张良归隐此地而闻名，是中国道教“十大洞天”之“第三洞天”，自古就有“七十二洞、洞洞有神仙”“八十二坦、坦坦有良药”“九十二峰、峰峰显奇观”之说。

【熊猫谷景区】　位于陕西省汉中市佛坪县，总面积19.18平方千米，是以大熊猫、金丝猴、羚牛等珍稀野生动植物观赏为特色，兼具山岳、峡谷、泉溪、云海、森林、奇石等自然景观的生态旅游区。熊猫谷景区是天然的奇石园、盆景园、植物园、野生动物园、科普园，在细节上注重营造熊猫文化，建筑风格也独成一景，主要建筑均为大熊猫造型。

安康市

【瀛湖旅游景区】　位于陕西省安康市汉滨区，是安康水电站建成后形成的人工湖。总面积102.8平方千米，其中水域面积77.8平方千米，是我国南水北调中线工程的重要水源地。

瀛湖四面环山，主要景点有特大斜拉桥、电站枢纽工程、天柱山、白云寺、玉兴岛、关平岛、牛郎织女石、汉代古墓等，是一处以周围山岭、植被、人文景观及生态环境为依托，以观光旅游、水上游乐、休闲度假为主的生态旅游区。

【双龙生态旅游景区】 位于陕西省安康市汉滨区，景区以追寻中华龙根为主题，以5.6千米旅游环线，串联了龙潭峡、祥龙谷、游龙瀑布、青龙寨、玉龙宫等主要旅游景点，各景点可入宫探源、观水探脉、登山过峡、穿丛越林、品茶沐汤，是一处融合文化体验、观光旅游、生态养生、休闲度假为一体的复合型旅游景区。

【高新秦巴文化生态旅游区】 位于陕西省安康市高新区，以休闲运动、生态观光、历史文化传扬和海绵城市体验为主题，由生态运动公园、生态商业公园、生态文化公园和儿童欢乐世界组成，集休闲、运动、亲子、娱乐、漫步于一体，并免费向社会开放。

【凤堰古梯田景区】 位于陕西省安康市汉阴县，是凤江梯田和堰坪梯田的合称，属于灌区型水利风景区，距今逾 250 年，面积 38.78 平方千米。凤堰古梯田始建于清乾隆年间，于咸丰、同治时期大规模建设，是目前陕西秦巴山区发现的面积最大、保存完整的清代梯田。景区以古梯田为展品，以民风民俗为陪衬，展现了数百年来形成并延续的湖广移民在该地区的农耕文化和生活方式。

【汉江燕翔洞生态旅游景区】 位于陕西省安康市石泉县，占地80平方千米，景区依托汉江，将汉江三峡、熨斗古镇、富水河、燕翔洞天、灵雀山及肖家古寨、狮岭风光、长岭峡谷等十几个主题景区，近150个景点串点成珠，凸显出秦巴腹地、汉江两岸的原生态美，并与汉水文化相结合，形成了融山、水、岸、洞自然景观及古镇、寺院、宗祠、戏园等人文景观为一体的生态自然景区。

【雁山瀑布景区】 位于陕西省安康市石泉县，景区沟谷全长约6.5千米，分为汉江香柏峡水上娱乐中心、风沟瀑布群景区、老庄世外桃源体验休闲度假区、明清古寨遗址喀斯特地表峰林园几大板块，此地既可欣赏自然山水风光，又可以领略巴山民俗文化。景区入口的东大门（紧临汉江）和出口的西大门（老庄世外桃源）高差280米，沟谷瀑布分13级倾泻而下，十分壮观。

【中坝大峡谷景区】 位于陕西省安康市石泉县，地处秦岭南部的巴山山脉南端的山脊上，景区面积22平方千米。峡谷景观由大峡谷、小峡谷、牛心峡、龙洞和黄村坝田园五大景区和100多个景点组成，峡谷内步行道总长度约1800米，河流总长度约3千米，最大高差30余米，是集峰、石、洞、林、禽、兽、泉、潭、瀑等自然景观于一体的自然生态景区。

【汉江石泉古城景区】 位于陕西省安康市石泉县，古城始建于西魏，复建于明、清，是一条具有较高综合价值的历史文化街区。街区内有东西城门、禹王宫、江西会馆、关帝庙、博物馆、古县衙、古戏台、古南门、古巷道、古院落、古民居等明清建筑，是一座保存较为完好的千年古城。

【石泉鬼谷岭景区】 位于陕西省安康市石泉县，因中华智圣鬼谷子而得名，汉江自西向东穿境而过。鬼谷岭主峰海拔2008米，是石泉县境内的最高点。景区以鬼谷子人文景观为主体，森林生态景观为依托，是一处融合人文旅游、森林观光、森林康养、休闲度假、文化娱乐、青少年研学、学术交流洽谈于一体的综合性生态休闲旅游区。

【筒车湾休闲景区】 位于陕西省安康市宁陕县，秦岭南坡腹地，汶水河中游。汶水河由西北向东南流经景区，景区水资源丰富，并有河、溪、瀑、泉、潭等多种水体景观。主要景点有筒车湾漂流、筒车湾欢乐水世界、苍龙峡、城隍庙、朱鹮野化放飞基地及石佛台等。

【南宫山景区】　位于陕西省安康市岚皋县，系大巴山北坡化龙山支脉余脉，因主峰并排三峰构成笔架状，又称笔架山。是巴山深处古冰川及火山遗址，其古火山熔岩地貌具有较高的观赏价值和科考价值。依托南宫山而建成的南宫山国家森林公园，总面积76.48平方千米，境内森林中生物种类繁多，风景资源丰富。南宫山存放的高僧弘一大师肉身未经过任何药物处理，历百年不腐，为南宫山增添了神秘色彩。

【天书峡景区】　位于陕西省安康市平利县，总面积200余平方千米，207省道横贯景区全境。景区内岩石呈垂直节理，千层叠合，似偌大书架上一层层、一叠叠的无字天书，故名天书峡。景区包括天书峡、龙洞河和太阳坪草甸3个景点，属自然封闭的原始森林区，分布有峡谷、瀑布、草甸、天池、石林及溶洞等自然景观。

【飞渡峡·黄安坝景区】　位于陕西省安康市镇坪县，约2000平方千米的高山草甸、原始森林、峡谷溪流、飞峡瀑布在陕西镇坪与重庆城口交界的大巴山深处分布。景区由飞渡峡山水自然游览区与黄安坝高山牧场度假区两大景区组成，飞渡峡以山水自然为优，黄安坝以高山牧场为要。景区最高海拔2600米，森林覆盖率达98%以上，生物资源丰富，有国家重点保护动物31种，国家级保护植物有珙桐、光叶珙桐、红豆杉、银杏和独叶草等。曾被世界公认已灭绝的侏罗纪植物崖柏也在景区内有发现。

【天宝梯彩农园景区】　位于陕西省安康市白河县，总面积4平方千米，是以白河县“三苦精神实质”为魂、以石坎田园为景、以农业旅游为基，保持现代化农业与乡村旅游的紧密结合，集农牧业产业园区、旅游观光、农旅融合为一体的综合型旅游景区。

商洛市

【秦岭江山景区】　位于陕西省商洛市商州区，规划面积24.16平方千米。主要包括秦岭彩色植物园、美丽乡村、森林公园三大板块，集农业休闲观光、民俗风情体验、峡谷山水游玩于一体，突出原生态的乡土气息。有江山玻璃吊桥、四皓隐居地、斗槽飞瀑、原始部落、海石芽等50多个景点。

【商洛市蟒岭绿道景区】　位于陕西省商洛市，蟒岭绿道地跨蟒岭山脉的商州、洛南2县区，总长65.1千米，是商洛市以绿道为载体，以休闲健身为主要特色，以生态观光为重要支撑，通过沿线花海建设与核心景点打造，形成集休闲、健身、观赏等多功能于一体的串珠式、开放式公园型景区和景观带。

【洛南音乐小镇景区】　位于陕西省商洛市洛南县，以音乐为主题，融观演、吃住、养生、体验和娱乐等为一体的现代休闲旅游度假区。主要包括音乐工厂、露天音乐广场、音乐风情商贸街、花海咖啡、音乐小镇花海、四皓草堂、87.8音乐酒店及民宿客舍、无动力儿童主题乐园、滑雪场等游乐设施。

【丹江漂流景区】　位于陕西省商洛市丹凤县，丹江漂流从龙驹寨水旱码头船帮会馆（今丹江漂流码头）至月日滩，全长约8千米。漂流全程分为三段，在丹凤县境内有两段，上段自棣花二郎神庙下水，至船帮会馆登岸；下段由船帮会馆前徐霞客登舟处入水，至月日滩；在商南县境内一段，由湘河镇庙沟至月亮湾。经过多年建设经营，景区已从单一的漂流项目发展为以休闲漂流、探险漂流、餐饮住宿、实景演艺、会议娱乐、观光购物为一体的综合性旅游项目。

【商於古道棣花文化旅游景区】　位于陕西省商洛市丹凤县，商於古道是古代一条重要的军事、政治、商贾之道，源于春秋战国时期。商於古道横穿商洛东西，沿途的古建筑、古遗址等历史文化资源丰富。商於古道棣花文化旅游景区以宋金文化、驿站文化以及作家贾平凹的文学艺术为核心，集历史、人文、民俗、生态于一镇。

【阳城驿景区】 位于陕西省商洛市商南县，建于2008年，2013年4月始运营，是商於古道重要节点。景区融驿站文化、闯王文化、军事文化、秦楚文化、茶文化、地域文化为一体，由阳城驿站、闯王寨、万亩茶园3个部分组成，实景演艺剧《风云闯王寨》真实再现了闯王当年在商南练兵、生活的场景。

【天竺山景区】 位于陕西省商洛市山阳县，面积50.8平方千米，天竺山主峰海拔2073.98米。景区有天竺大顶宗教文化游览区、铁钟坪自然生态游览区、七里峡水域休闲游览区、僧道关民俗度假游览区4个景区，还有第四季冰川遗迹和喀斯特地貌奇观。天柱摩霄为山阳八景之一。

【漫川古镇景区】 位于陕西省商洛市山阳县，是陕西省保留规模较大、较完整的明清古建筑群。景区内现存的明清古建筑群以骡帮会馆为核心，分为一街（明清石子老街）、二楼（鸳鸯双戏楼）、三馆（骡帮会馆、北会馆、武昌会馆）、四庙（一柏担二庙、娘娘庙、三官庙、慈王庙）、五树（古柏、古松、灯松、桂树、皂树）、八景（环流太极、金靳交汇、犀牛望月、金钱古渡、千佛洞窟、砧石藏经、仰韶遗址、孟良守关），以及漫川关战斗遗址等文化旅游资源。

【天蓬山寨景区】 位于陕西省商洛市山阳县，山寨整体呈长方形，为历史上当地村民避乱时使用，是秦岭中保存较完整、规模较大的老山寨。景区分为南北广场两个入口服务区、天蓬山寨、毛家峡、杨地镇，以游览峡谷山水风光和体验山寨文化为核心，集观光、探险、运动、休闲、度假于一体。

【月亮洞景区】 位于陕西省商洛市山阳县，面积30平方千米，集洞、峡、山、石、水、林于一体。分为“一线四区”，即金钱河沿河休闲观光线，夹石峡峡谷观赏区、月亮洞溶洞景观区、骆驼峰民俗体验区和腰坪水上游乐区。主要景点有老王山、月亮洞、托塔天王、石鼓石锣、老君炼丹、金钱河、夹石峡等。历史流传的山阳“八景”中的“石峡线天”“孤山叠翠”“金花相汇”都位于金钱河谷中。

【塔云山景区】 位于陕西省商洛市镇安县，塔云山地形陡峭、森林茂密，主峰海拔1665.8米，形似宝塔，直耸云端。山上有10余处古朴、奇巧的殿堂楼阁，始建于明万历二十五年（公元1597年），其中道教古建筑群建于明正德年间（公元1506—1521年），由一馆、一塔、一庙、一堂、九殿组成，风格古朴而清雅。特别是高耸于万丈悬崖之上的金塔，以“金顶刺青天、松海云雾间”而闻名。

【木王山景区】 位于陕西省商洛市镇安县，总面积36.16平方千米，森林覆盖率达98.3%，景区内森林植被繁茂，旅游资源以林海杜鹃和奇峰怪石为主，有108个主要景点，分为四海坪、双头马、茨沟三大景区和鹰嘴峰特别保护区，呈现出北亚热带的森林景象，为国家森林公园。

【金台山文化旅游景区】 位于陕西省商洛市镇安县，核心区内有古兴隆寺，景区分为密境礼仪区、禅意小镇区、自然风景区、特色商业区、文化演艺展示区、民俗体验区等。现建成宝篋、大悲、尊胜、金台四大广场和如来、金刚、悉地三大门，有城门楼、前山门、千归桥、金胎合曼门、钟鼓楼、胎藏界、开元殿、金刚界、月光阁、灌顶院、一味三塔院等景点。

【牛背梁景区】 位于陕西省商洛市柞水县，面积21.23平方千米，公园总体规划为羚牛谷山水游憩区、六尺岭峰林景观区、牛背梁高山风光区和铁佛寺宗教文化区四大景区和入口综合服务区、药王坪中医药养生区、清凉谷休闲度假区三大功能区。原始森林、潭溪瀑布、峡谷风光、石林景观，以及秦岭冷杉所构成的特有的高山景观，造就了景观的多样性与独特性，为国家级森林公园、国家级水利风景区。

【柞水溶洞景区】　位于陕西省商洛市柞水县，面积约17平方千米，已发现溶洞115个，在已探明的17个溶洞中，可以开发利用的有9个。天佛洞是柞水溶洞的核心区，由天洞和佛洞连接而成，坐落在溶洞中心，洞内分布有形态各异的钟乳石林，是一处以溶洞和自然景观为主的旅游区。

【九天山风景区】　位于陕西省商洛市柞水县，因传说是玉皇大帝赐给九天玄女的洞天福地而命名，景区面积10平方千米，分布有主峰玉皇顶（海拔2483米）、九天圣母庙、沉香庙、遇仙亭、嬉香台、明目泉、试斧崖等景观，集观光游览、休闲娱乐、度假康体等多种功能于一体。

甘肃省

天水市

【伏羲庙景区】　位于甘肃省天水市秦州区，原名太昊宫，俗称人宗庙，总占地面积3.5万平方米，是目前我国规模最宏大、保存最完整的纪念上古“三皇”之一伏羲氏的明代建筑群。伏羲庙整体建筑群坐北朝南，四进六院，具有典型的中国古代宫廷式建筑格局。景区主要分布有文祖殿、先天殿、朝房、钟楼（鼓楼）、碑亭（碑廊）、太极殿、中院、第三院及后院（后陵）等景点。祭祀伏羲是天水的传统习俗，1988年，天水市恢复了公祭伏羲大典；2005年，甘肃省将公祭伏羲大典升格为省级公祭；2006年，天水太昊伏羲祭奠活动入选国务院首批国家级非物质文化遗产保护名录。

【南郭寺景区】　位于甘肃省天水市秦州区，在唐代已具相当规模，内有天王殿、钟鼓楼、禅林院、关圣殿、杜少陵祠、北流泉等建筑。南郭寺坐南面北，由三座山门自西向东组成西院、中院、东院3个院落。西院为主院，主要包括山门、钟鼓楼、天王殿、大雄宝殿、东西二配殿、东西二禅林院以及卧佛院，建筑风格各异的殿宇大部分都集中在这里。

【玉泉观景区】　位于甘肃省天水市秦州区，创建于唐代，始称“北山观”，宋代改称“天庆观”“玉泉观”。现存古建筑60余座，其中有明代建筑5座，其余均为清代各时期的建筑，占地面积9万余平方米。玉泉观紧依城垣，顺山势升高，随山沟、崖壁、台地而建，相传为芦、梁、马三真人坐化埋葬之地。每年旧历正月初九是玉泉观庙会，当地人称为“朝观”。

【青鹃山国际旅游休闲度假区】　位于甘肃省天水市秦州区，度假区主打“天水蓝、天水凉，体验天水慢生活”的主题定位，通过医疗保健、体育运动、旅游观光、休闲度假、娱乐体验、养老、文化等多方面的产品构建，可供四季休闲娱乐、度假、养生，形成陇东南集吃、购、游、住等为一体的旅游度假区。

【甘谷大像山景区】　位于甘肃省天水市甘谷县，是古丝绸之路上甘肃东南部融石窟和古建为一体的重要文化遗存之一。山上亭台楼阁依山而建，现存洞窟22个，木构建筑15处，均建于峭壁上，有栈道相连。山中悬崖间有大洞窟一个，洞内坐泥塑大佛一尊，大佛为半圆雕石胎泥塑，高23.3米，肩宽9.5米，头高5.8米，膝长6米。据考证，甘谷塑佛造像可远溯北魏，先后共经历了4个朝代300多年。

【武山水帘洞景区】　位于甘肃省天水市武山县，始建于十六国后秦时期，因洞窟前面雨季水线垂空形成飞帘，故名“水帘洞”。水帘洞石窟群是将浮雕、窟龛、悬塑、壁画相结合，融历代佛教思想和艺术于一体的露天石窟寺群。 现存拉捎寺、千佛洞、显圣池、水帘洞4

个单元，是天水境内仅次于麦积山的石窟群和记载武山宗教历史的重要见证，也是传承武山及秦州大地传统文化的重要载体。

定西市

【李家龙宫景区】 位于甘肃省定西市陇西县，龙宫坐北朝南，东西长600米，南北宽440米，建筑面积2.5万平方米，是唐代宫廷式古建筑群，是天下李氏族人祭祀先祖的宗祠。相传因唐太宗李世民御笔亲书“李家龙宫”而闻名，是研究陇西李氏文化遗址遗迹的重要载体和标志性建筑之一，也是陇西唯一保存下来的一处古建筑群。

【渭河源景区】 位于甘肃省定西市渭源县，因孕育了黄河最大支流渭河而得名。景区以大禹导渭始祖文化为缘起，以华夏文化之轴——渭河河源文化为主题，以鸟鼠山系为依托，分布有灞陵桥、莲峰山、天井峡、渭水源及双石门等景观。景区内植被茂盛、山环水抱、地势险峻，具有良好的自然生态基底。

【首阳山景区】 位于甘肃省定西市渭源县，因其列群山之首，阳光先照而得名。商末周初孤竹国君二子伯夷、叔齐长眠于莲峰首阳山。景区包括首阳山、夷齐古冢、石门水库和天井峡等4个景点，是以伯夷叔齐德源文化、清圣文脉、圣贤文化、宗教文化等为内涵，集生态观光、休闲养生、拜谒先贤、陶冶身心为一体的旅游景区。

【岳麓山景区】 位于甘肃省定西市临洮县，当地人称“东山”，因宋时所建东岳泰山庙于山麓而得名。山上亭台楼阁众多，花草林木繁茂。岳麓之巅，则是蜀汉大将姜维点兵之处姜维墩，它是三国时姜维修筑的作战指挥台，后人称之姜维墩。麓山众多风景建筑、神庙古迹在中华人民共和国成立初期保存尚好，在“文化大革命”中遭破坏，后对岳麓山进行了整修和重建，栽植了大量的树木和花卉，形成了“岳麓山八景”，即琴台飞瀑、惠桥映月、文峰夕照、戎疆风雪、雾沟伏冰、凤台春晓、三月黄花、古柳隐罩。

【贵清山/遮阳山国家旅游景区】 位于甘肃省定西市漳县，贵清山和遮阳山东西对峙。贵清山分为顶峰和贵清峡两大旅游区，有贵清仙境、西方胜景、断涧仙桥、灵岩古洞、神林挂月、古刹钟声、万壑松涛、洗脸清池等景点。遮阳山为秦岭西端与岷山交会地段的岩壁和岩洞构成的景区，由西溪、东溪和夷门山等景区组成，西溪由金家沟和若干峡谷组成，全长约7.5千米，为全山的旅游精华所在。

【狼渡滩草原景区】 位于甘肃省定西市岷县，相传很久以前，这里水草丰茂，野生动物甚多，经常有狼在这里觅食饮水，因此而得名。省道306线穿境而过，地势东南高、西北低，呈平原丘陵地貌。境内气候凉爽，河流纵横，平均海拔2600米，年平均气温4.9℃。这里还有一种俗称低轱辘车的交通工具（古代战车），这种车由二牛牵拉，通体运用三角的稳定性原理，选用地方特有的木材经匠人加工而成，驾驶平稳安全，特别适合草原丘陵地带使用。就是在交通工具相当发达的今天，这种低轱辘车因其独特的使用价值仍被当地居民广泛使用。

陇南市

【万象洞旅游景区】 位于甘肃省陇南市武都区，原名仙人洞、五仙洞。万象洞形成于千万年至三亿年前，属典型的岩溶地貌。洞内分布有石乳、石笋、石柱、石幔、石花等自然景观，已开发的景观依形象排为月宫、天宫、龙宫三大洞天。从南北朝时期至今，历代名人所留墨迹、石碑随处可见，犹以民国时期陕、甘、青检察使高一涵在洞中所题“别有洞天”和赵朴初题写的“万象洞”最引人注目。

【西狭颂旅游景区】 位于甘肃省陇南市成县，处在天井山麓鱼窍峡中，因《西狭颂》石刻闻名。《西狭颂》是迄今国内保存最为完好的东汉摩崖石刻，全名为《汉武都太守李翕西狭颂》，在书法和内容上都有较高的研究价值，并且保存完好，是公认的汉代三大石碑之一。

【文县天池旅游景区】 位于甘肃省陇南市文县，又名羊汤天池。由于远古时期的地壳活动，致使地壳断裂，洋汤河河道被堵截，于是在海拔2400余米的天魏山上，汇成了状如葫芦的一湖水。文县天池有9道大湾和108个小湾，方圆20千米，水深97米，水域面积0.88平方千米，为高山堰塞湖类型的淡水湖泊。景区由饮马池、仙女池、盆景池、天魏山、天门山、天门大峡谷、天门山瀑布、卧龙坪、曙光坪、奇石滩、观音崖等景点组成，为文县八景之一。

【白马河民俗风情旅游景区】 位于甘肃省陇南市文县，是古白马氏的后裔白马藏族聚居区。生活在这里的白马藏族人民秉性耿直，热情好客，能歌善舞，生活衣着、婚丧祭祀保留着古老习俗。景区内环境优美，完整地保留着古朴原始的民族文化和民俗风情。这里的白马人村寨传统建筑保留相对完整，民居依山而建，错落有致，古老而神秘。

【哈达铺红色旅游景区】 位于甘肃省陇南市宕昌县，在中国工农红军二万五千里长征中，一、二、四三个方面军先后于1935年9月、1936年8月分别到达哈达铺，党中央、毛主席在这里作出了把长征落脚点放在陕北的重大决策。哈达铺红色旅游景区由“义和昌”药铺、哈达铺邮政代办所、哈达铺苏维埃政府等7处革命遗址构成，现为国家重点文物保护单位，全国爱国主义教育示范基地、全国民族团结进步教育基地、全国100家红色旅游经典景区之一。

【官鹅沟旅游景区】 位于甘肃省陇南市宕昌县，地处青藏高原东部边缘，与秦岭、岷山两大山系支脉的交错地带。景区由官珠沟、鹅嫚沟和雷古山三大游览片区组成，总面积66平方千米。雷古山海拔4153米，是陇南最高山峰，山顶终年积雪，相传是凤凰山神的祈福之地。官鹅沟景区不仅是国家森林公园，还是国家地质公园，共有地质遗迹146处，集山体景观、水体景观、森林景观、雪山景观、石体景观、冰体景观为一体，地质遗迹规模较大，种类齐全。

【阳坝旅游景区】 位于甘肃省陇南市康县，属于亚热带湿润区，阳坝河自西北向东南贯流全境。景区总面积504.93平方千米，以梅园沟景区为代表，主要景点有月牙潭、海棠谷瀑布、天鹅湖、梅园竹海、红豆谷、海棠谷、亿年溶洞、唐氏古墓、太平天国文化和原始森林等景观。

【王坝生态民俗旅游区】 位于甘肃省陇南市康县，景区核心面积7.5平方千米，森林覆盖率95%，景区在美丽乡村建设基础上，依托生态资源和区位优势，大力发展农业观光休闲旅游产业，展现出一幅现代田园农家景致。景区有大水沟、何家庄、湖心岛、十二湾莲花云海、忘忧亭、观景平台、青林沟将军崖、小鸡山等特色景点。

【岸门口古村康养旅游区】 位于甘肃省陇南市康县，景区面积2.6平方千米，因此地房屋多建于河岸，故称之为岸门口，省道康阳路贯穿全境，是衔接花桥和阳坝景区的重要驿站。旅游区最具代表的景点是朱家沟，村内古建筑形成了独特的传统农耕文化景观。景区依托丰富的生态养生旅游资源，按照“康养+医养+乡村旅游”模式，发展康养旅游产品，做到了康养与医养的有机结合。

【花桥村旅游景区】 位于甘肃省陇南市康县，以关东文化和茶马古道文化为主题，景区包括游客接待区、休闲养生区、民俗体验区、湿地生态区、亲水游乐区、乐活采摘区等休闲区域。配套建设了文化广场、中医养生堂、村史馆、电子商务室及油坊、酒坊、磨坊、豆腐坊等公共服务设施。花桥村是一处集养生养老、田园观光、休闲度假、民俗体验、乡村旅游培训及农特产品加工、展示、销售等产业链为一体的乡村旅游景区。

【晚霞湖旅游景区】 位于甘肃省陇南市西和县，原本是水库，经设计改造成为旅游景区。景区分为入口接待区、水上娱乐区、环湖景观带、湿地观赏区以及民俗文化体验区等，乡土气息和乞巧文化浓郁，环湖有多家农家乐，可供游客品尝当地美食。2008年，晚霞湖经中华人民共和国水利部水利风景区评审委员会批准，成为国家水利风景区。

【秦文化博物馆旅游景区】 位于甘肃省陇南市礼县，博物馆主体建筑面积8350平方米，为仿古式主体3层建筑，面积8350平方米，布展面积3661平方米，现馆藏文物5000余件，包括展厅、会议室、库房、学术厅等。二楼主要展示礼县秦早期文化文物；三楼主要展示礼县历史、民俗及翰林遗珍书画等，是一处集陈列展示、文物收藏、学术研究、文化旅游为一体的博物馆。

【金徽酒文化生态旅游景区】 位于甘肃省陇南市徽县，是金徽酒股份有限公司打造的集生态酿酒和旅游观光为一体的花园式工业旅游景区。景区先后深入挖掘金徽酒文化内涵，打造园林式生态酿酒园，形成了金徽酒酒文化展览馆、金徽生态休闲园、飞天广场、古井广场、全自动包装中心、樱花大道、万吨不锈钢酒库等系列景点。景区游览分为生产区和园景区，既可以体验白酒生产过程还可以欣赏自然风景。

【金徽矿业旅游景区】 位于甘肃省陇南市徽县，是金徽矿业打造的花园式矿区。金徽矿业在生态建设和环境保护上采用了国内外先进的环保专用设施和工程技术，有力解决了噪声、粉尘和水污染问题，并将工程措施与植物措施相结合，投资种草种树对矿区进行绿化美化，建成了一系列各具特色的旅游景点，良好展示了生态文明与工业文明的有机结合。

【云屏三峡旅游景区】 位于甘肃省陇南市两当县，三峡是指“土地峡”“观音峡”“西沟峡”。景区位于南秦岭北坡的深山峡谷中，有高山草甸、天池、牧场、瀑布、溪流、溶洞等自然风光，还分布有庙宇、寺院、古树、石塔、佛洞等景点。云屏是历史上从关中和西北内陆进入四川的蜀道之一，在云屏河沿岸发现了许多古栈道，在明清时期尤为繁荣。

【两当兵变红色旅游景区】 位于甘肃省陇南市两当县，景区包括两当兵变部队指挥地旧址、两当兵变纪念馆、太阳寺、东山红色文化广场及两当兵变部队指挥地等。两当兵变部队指挥地旧址是曾经参加两当兵变的二连官兵驻地，原名张家大院上一号，为清道光四年（公元1824年）建筑，总占地面积1439.65平方米，建筑面积586.31平方米；两当兵变纪念馆是两当兵变部队的集结地，馆内共设三大展区，分别为两当兵变事件展区、两当兵变历史传承展区、两当兵变主要领导人生平展区；太阳寺也称红军街，景区占地面积5533平方米，两当兵变部队在此改编为中国工农红军陕甘游击队第五支队，两当也因此成为陇南市第一支红军队伍诞生地；东山红色文化广场是两当兵变前部队的侦察地和瞭望地，有萃英阁、八角亭、思贤亭、追忆长廊及浮雕墙等景点；两当兵变部队指挥地所在街区老南街全长256米，用青石板铺装改造，铺装面积2426.5平方米，建有牌坊2座、维修改造房屋10栋、新建房屋11栋。

甘南藏族自治州

【拉尕山景区】 位于甘肃省甘南藏族自治州舟曲县，拉尕山在藏语中的意思是“神仙喜爱的地方”。主景区海拔2100~2800米，面积约25.71平方千米，是甘南地区一处集会议、休闲、避暑、旅游为一体的综合性生态旅游度假区。景区内分布有赤壁神窟、碧海青天、转经亭、勇士布阵、桦树坪、拉尕山天池、神羊径、明潭等景点。

【扎尕那景区】 位于甘肃省甘南藏族自治州迭

部县，是天然石头城，藏语意为“石匣子”。地形既像一座巨型宫殿，又似天然岩壁构筑。景区集石林、峭峰、森林、田园及村寨为一体，游牧、农耕、狩猎和樵采等多种生产活动合理搭配和互补融合，成为人与自然和谐相处的生态旅游目的地。

【腊子口景区】　位于甘肃省甘南藏族自治州迭部县，“腊子口”由藏语“腊子库”演变而来，藏语意为“山脚谷”。 红军长征时曾在此勇破天险，打开了北上进入陕甘的通道，因此也成为中国革命史上一处重要的遗迹。景区内气候为半湿润区，冬无严寒，夏无酷暑，是游客休闲、度假、探险的好去处。腊子口战役旧址现为全国重点文物保护单位、全国爱国主义教育基地。

【俄界会议遗址景区】　位于甘肃省甘南藏族自治州迭部县，属岷山峡谷地带，山峦重叠，阻断南北通道，连接甘川。1935年9月12日，中国工农红军长征途中，在迭部县达拉乡高吉村，召开了俄界会议。此次会议，对确定红军北上战略方针、战胜张国焘分裂破坏党和红军的错误，胜利完成长征具有重要意义。高吉村目前开放了俄界会议旧址展馆，陈列红军文物、红军战士的长征日记等史料。

河南省

洛阳市

【重渡沟自然风景区】　位于河南省洛阳市栾川县，因东汉光武帝刘秀二渡伊水至此，摆脱王莽追杀并成就帝业而得御赐之名。整个景区分南沟和西沟两大区，南沟溪流瀑布突出“水”，西沟竹林茂密突出“幽”。主要景观有竹海、水帘仙宫、菩提神树、飞瀑流泉、高峡平湖、蘑菇崖、听涛岭等多个景点。

【龙峪湾森林公园】　位于河南省洛阳市栾川县，传说古为蛟龙沐浴之地，整个山体如双龙盘踞，并有青龙潭、白龙潭、双龙潭等景点分布。龙峪湾国家森林公园是在龙峪湾林场的基础上建设而成的洛阳市第二大森林公园，地处伏牛山主峰，公园内有伏牛山的最高峰鸡角尖、千年杜鹃、黑龙瀑、仙人谷、雷公寨等景观。

【伏牛山滑雪度假乐园】　位于河南省洛阳市栾川县，最高海拔2200米，度假乐园海拔1700米，占地面积10平方千米。度假乐园主要由四季滑雪馆、室外滑雪区、湖滨观光区、高山观光区和冰雪文化生态园区构成，在中西部地区属规模较大，设施先进，雪道种类较齐全的滑雪场。

【养子沟生态旅游风景区】　位于河南省洛阳市栾川县，相传唐贞观年间巾帼名将樊梨花在此安营扎寨、养子教子，并留下了许多历史遗迹和传说故事，后人称此地为养子沟。风景区内以峡谷、山水为依托，形成了以山水景观、历史文化、生态观光、娱乐休闲为代表的四大品牌。

【抱犊寨】　位于河南省洛阳市栾川县，因牧童食灵芝草，抱牛犊升天成仙的神话故事而得名。景区总观赏面积约68.25平方千米，主要由抱犊古寨、望牛岭、火神庙、抱龙湾水上乐园四大观赏区域构成。抱犊古寨是景区的核心区域，以旅游观光、古寨文化及影视拍摄为主。寨内有明碉暗堡、寨门城墙，商户店铺、刑场牢房、绣楼宅院等遗存。

【天河大峡谷】　位于河南省洛阳市栾川县，伏牛山世界地质公园的核心景区之一。整个度假区总面积约56平方千米，平均海拔超过1500米，最高峰大鹏山海拔2116米。景区内有天河谷、五圣峰、大鹏山三大游览区，区域内山环水抱，夏季气温清凉舒爽。

【王府竹海景区】 位于河南省洛阳市栾川县，处于熊耳山南麓与伏牛山北麓的深山区。该景区以伏牛山水自然环境为背景，以王府竹海风光为凭借，以瀑布、潭水系旅游资源为依托，以王府历史文化为内涵，以茂林修竹为基础，以王府度假、生态度假、乡村度假、高山度假等为重点，集避暑度假、休闲观光、养生养老等于一体的度假旅游景区。主要景点有天空之镜、飞天魔毯、双妃瀑、高山瀑布群、高山竹海等。

【竹海野生动物园】 位于河南省洛阳市栾川县，园区在原伏牛山东北虎园基础上进行了改造升级，园区有猛兽散放区、小动物乐园、万亩竹海休闲区、原始森林度假区四大主题，有大熊猫、东北虎、小熊猫、非洲狮、黑熊、猴子、孔雀等各种动物35种3000余只。

【木札岭】 位于河南省洛阳市嵩县，是河南首家原始生态旅游区，面积125平方千米。景区毗邻石人山、西泰山、白云山三大景区，由双龙飞瀑、原始森林、官帽峰、石林四大景区组成，有天河瀑、白龙撞、鲁班岭、官帽峰等景点200余个。有国家级保护植物领春木、中华龙鳞榆、石楠藤等1886种以及金钱豹、香獐、羚羊等高等动物188种。

【天池山国家森林公园】 位于河南省洛阳市嵩县，因峰顶有上、中、下三大自然天池而得名。总面积17.16平方千米，森林覆盖率达98.57%以上，主峰王莽寨海拔1859.6米。主要分布有飞来石、天池、玉女溪、韩王墓、二郎沟五大景区。

【西泰山】 位于河南省洛阳市汝阳县，景区总面积120余平方千米，境内有五条旅游线路，串连炎黄峰、情侣峰、会仙峰、香炉峰、情侣谷、中天峰、原始森林、洞天飞瀑、七星仙女浴、圣水湖、杜鹃花海等50余个景点。西泰山内有山峰9座，形成了泰山民居、天然碑林、杜鹃花海、青冈棋峰、羚羊石窟、炎黄夕照、“炎黄二帝”石像、西峰月辉、洞天飞瀑和玉台瑶池等九大景观。

【恐龙谷漂流】 位于河南省洛阳市汝阳县，景区借助天然落差河道，并最大程度地融合恐龙文化于其中，还原了恐龙远古时代的生活场景，让游客在漂流中仿佛感受一场去往远古时代的穿越冒险。河道全长约8千米，总落差168米，落差6米以上的有6处，最大落差达8米，连续落差可持续300多米。

【花果山】 位于河南省洛阳市宜阳县，古代又称女儿山、姑瑶山、化姑山、石鸡山等，总面积48.1平方千米，主峰海拔1831.8米。主要景点有水帘洞、扬船沟、石院墙、石帘山、龙潭瀑、唐僧石、人云梯、南天门等200多处，集中分布在花山觅圣区、岳顶风光区、七峡飞瀑区、石院墙自然保护区内。

【神灵寨】 位于河南省洛阳市洛宁县，总面积53平方千米。景区是一座以典型花岗岩石瀑地貌、水体自然景观、自然生态景观为主，河洛文化为辅的综合性地质公园。景点主要集中在以花岗岩为河床的神灵峡谷内，共分为神灵寨、莲花顶、金门河、原始森林四大旅游区。寨顶神灵岳庙原为道观，后被汉高祖刘邦封禅为庙，历来为道教朝拜之地。

【二程文化园】 位于河南省洛阳市伊川县，是在北宋著名思想家、哲学家、教育家、理学奠基人程颢、程颐墓园基础上升级扩建而成的，是国内规格较高、影响广泛的儒学文化园林。现为全国重点文物保护单位、爱国主义教育基地。

平顶山市

【石漫滩国家森林公园】 位于河南省平顶山市舞钢市，地处伏牛山东麓、黄淮平原西侧，隶属国有石漫滩林场，总面积190平方千米，其中景区面积120平方千米。公园以石漫滩水库龙泉湖景区为轴心，开发有二郎山景区、灯台架景区等十大景区76个景点。

【祥龙谷景区】 位于河南省平顶山市舞钢市，属伏牛山余脉，主峰龙王撞海拔866米，总面积29平方千米，森林覆盖率95%以上。主要景点有龙王撞、观天院、佛光禅寺、蛮王寨、潭沟、祥龙潭、黑龙潭、三清潭、天影潭、观音瀑、黑龙瀑、情人谷等，还开发有森林水世界、真人CS、水滑道等项目。现为国家森林公园。

【风穴寺】 位于河南省平顶山市汝州市，又名香积寺、千峰寺、白云禅寺。始建于东汉初平元年（公元190年），后经北魏、唐、宋、金、元、明、清历代重修与扩建。风穴寺现存主要建筑有天王殿、中佛殿、悬钟阁、藏经阁、七祖塔等，保留下诸多唐宋金元明清的建筑遗存，为中国建筑史留下了重要的实物资料。

【九峰山景区】 位于河南省平顶山市汝州市，相传玉皇大帝的九个女儿因贪恋人间美景，幻化为九座山峰而得名。九峰山属伏牛山系的外方山余脉，主峰大寨海拔895米，原规划面积58平方千米，现规划面积41.6平方千米。景区内峡谷纵横，峰峦叠嶂，植被茂密，现为国家森林公园。

【画眉谷】 位于河南省平顶山市鲁山县，地处伏牛山腹地，尧山风景名胜区北麓，总面积30余平方千米。画眉谷因众多画眉鸟栖息繁衍而得名。景区分为接待区、盘龙谷休闲嬉水区、杜鹃湖平湖荡舟区、红石峡游山观瀑区、杜鹃花观赏区和原始森林觅幽探险区六大区域。主要景点有元宝潭、金龟出浴、神手净水、母子情、杜鹃峡、杜鹃湖、红石瀑、绿荫长廊、杜鹃林、六叠瀑、六曲溪等。

【尧山大峡谷漂流】 位于河南省平顶山市鲁山县，原为石人山大峡谷漂流。漂流河道全长9千米，落差150米，河道最宽处达85米，最窄处只有5米，既有急流险滩，又有平湖深潭，乘橡皮船穿流于峡谷之间，感受峡谷漂流激情。

三门峡市

【虢国博物馆】 位于河南省三门峡市湖滨区，是建立在西周虢国墓地遗址上的一座专题性遗址类博物馆，为国家二级博物馆。占地10万平方米，是集文物陈列、遗址展示、社会教育与文化交流等多项功能于一体的公共文化空间。基本陈列“周风虢韵——虢国历史文化陈列”分为虢旗猎猎、吉金灿灿、美玉灼灼、奇珍熠熠、车马辚辚、古墓秩秩六个部分。虢国墓地是一处规模较大、等级齐全、排列有序、保存完好的两周时期大型邦国公墓，具有较高的历史、科学和研究价值。

【天鹅湖国家城市湿地公园】 位于河南省三门峡市陕州区，是在陕州故城遗址及青龙、苍龙两条涧河治理改造的基础上逐步建设起来的。核心景区包括双龙湖白天鹅观赏区、陕州古城和沿黄生态林带三部分，每年11月至次年3月，园区吸引数万只白天鹅来这里栖息越冬，三门峡市因此被誉为“天鹅之城”。

【甘山国家森林公园】 位于河南省三门峡市陕州区，地处豫、秦、晋三省交界处。始建于1999年，总规划面积78.60平方千米，已开发了水上游乐区、森林游憩区、红叶观赏区、蝴蝶谷景区、甘山文化区5个景区。公园主要景点有蝴蝶沟、铁瓦庙、祖师庙、钟楼、马武寨、崔氏洞等。

【陕州地坑院景区】 位于河南省三门峡市陕州区，地坑院作为一种古老而神奇的民居样式，蕴藏着丰富的文化，是全国乃至世界唯一的地下古民居建筑，也是我国特有的四大古民居建筑之一。景区主要景点有民俗文化园、周召分陕、穿山灶、中华百家姓、百艺苑等。2011年，地坑院营造技艺被列入国家级非物质文化遗产保护名录。

【汉山风景区】 位于河南省三门峡市灵宝市，属秦岭山系一脉，“汉山”相传为汉光武帝刘秀所封。公园范围东至枣香峪，西至正南沟，南与小秦岭自然保护区搭界，北至河西村汉山东峰，最高海拔2413.8米，地貌山势险峻，生态环境保存完好，形成了以汉山为主体，人文资源与自然生态互补的森林旅游区。

【函谷关历史文化旅游区】 位于河南省三门峡市灵宝市，因名人（老子）、名著（《道德经》）、名关（函谷关）而闻名，是一处融军事文化和老子文化为一体的人文游览区。函谷关始建于西周，是我国历史上建置最早的关隘要塞之一，因关在谷中，深险如函，故称“函谷关”。现主要景点有老子圣像、道德天书、上善湖、太初宫、鸡鸣台、大道院、函谷关城楼等20余处。

【燕子山国家森林公园】 位于河南省三门峡市灵宝市，景区占地面积48平方千米，主峰海拔1497 米。景区分为忘忧谷和长寿峡两大游览区域，忘忧谷游览区主要景点有莫愁湖、畔山林语、励志碑林、石门和燕子峰等；长寿峡游览区主要景点有圣水湖、濒危动植物警示园、圣水峡漂流、龙虎响潭、长寿村、百寿峡、天水峡、扭曲林、天水瀑蝴蝶泉等。

【娘娘山景区】 位于河南省三门峡市灵宝市，又名女郎山，是小秦岭山脉的最东端。娘娘山属花岗岩地貌，完整地保存着距今30亿~25亿年拆离断层构造的地质遗迹，因有大面积的基岩裸露体形成的石瀑布而闻名。景区主要景点有百尺瀑、十八潭、石瀑布、秦岭雪樵、瑶池、七星潭、长板瀑、棋盘石、娘娘庙等。

【黄河丹峡景区】 位于河南省三门峡市渑池县，地处黄河豫晋峡谷，小浪底库区西段。景区由黄河峡谷、黄河丹峡、神仙峡、韶山峡等四大游览区组成。黄河丹峡为12亿年前的海底世界，整条峡谷由红色石英砂岩构成，属典型的丹霞地貌。它呈“V”形隐形峡谷，现已开发了200多处自然景点和多种旅游项目。

【仰韶文化博物馆】 位于河南省三门峡市渑池县， 2011年11月7日建成开馆，集文物保护、陈列展示和科学研究功能于一体，是国内首家仰韶文化专题博物馆。馆内设三个专题展厅，第一展厅展出仰韶村遗址三次发掘的主要成果；第二展厅展出仰韶村遗址发现者、瑞典学者安特生在仰韶村和中国其他地方的主要考古活动；第三展厅展出中原地区各个仰韶文化典型遗址出土的226件代表性文物。

【双龙湾风景区】 位于河南省三门峡市卢氏县，景区因有大龙头、小龙头两座山峰而得名。双龙湾风景区位于秦岭、洛河交汇之处，总面积50平方千米，形成了宓妃峡、螃蟹沟、五彩溶洞、桃花谷、内陆沙滩及景区夜景六大游览区。

【豫西大峡谷风景区】 位于河南省三门峡市卢氏县，峡谷呈东西走向，主体景观是以山水及漂流为主，主要景点有峡谷漂流、大淙潭瀑布、挡箭石崖、濯足池等。景区以养生资源和生态环境为依托，鼎力打造中医养生旅游目的地。现在，景区分为中心养生服务区、运动养生体验区和森林养生体验区三大养生体验区，游客到此还可体验养生游。

【豫西百草园】 位于河南省三门峡市卢氏县，分为卢敖文化主题园区（卢敖文化寻根与道医养生区）、山林景观区、民俗文化区、养生文化区、中药保健养生旅游商品研发加工区，分布有百色花海、豫西古村、药心谷等景点，是一处集中草药种植、中医药养生体验、四季水果采摘、特色民俗体验于一体的中医药生态旅游园区。

南阳市

【卧龙岗武侯祠】 位于河南省南阳市卧龙区，初建于魏晋，盛于唐宋，是三国时期著名政治家、思想家、军事家诸葛亮躬耕隐居之地。现今武侯祠基本上保持了元明的布局风格，其木构建筑多为明清重建或增建。草庐、古柏亭、梁父岩、野云庵、宁远楼、伴月台、三顾堂、小虹桥、老龙洞、抱膝石等纪念性建筑，再现诸葛亮“躬耕”时的生活起居，讲述着“三国故事”与诸葛孔明的智慧和精神。

【花洲书院】 位于河南省南阳市邓州市，为北宋政治家范仲淹在邓州时所建，《岳阳楼记》便诞生于此。孕育出了文状元贾黯、贤相李贤、帝师彭始抟及当代著名作家姚雪垠、二月河等，是邓州的教育基地和风景名胜。清代建筑春风堂、万卷阁、范文正公祠和景范亭等保存至今。

【南召宝天曼】 位于河南省南阳市南召县，南阳伏牛山世界地质公园核心部分、世界生物圈保护区之一、国家级自然保护区，总面积86.4平方千米，主峰海拔1830米。景区规划有“峡谷探幽”和“云顶揽胜”两大游览环线以及“天河冲浪”项目。主要景点有驭龙栈道、游龙瀑、仙人天书、快活林/快活桥等。

【五朵山旅游区】 位于河南省南阳市南召县，因南北一线3千米内5座海拔超过1000米的花岗岩山峰连绵相峙而得名，是南阳伏牛山世界地质公园的主要园区之一，也是中原地区道教文化旅游地。旅游区总面积126平方千米，现已开发九龙湖、暴瀑峡、万福宫、五朵峰等四大游览区。峰墙地貌和壶穴景观是五朵山旅游区的精品景观，也是南阳伏牛山地质公园代表性的地貌景观。

【七峰山生态旅游区】 位于河南省南阳市方城县，是伏牛山的东起点，景区依山而建，为伏牛山世界地质公园的重要组成部分。七峰山山系方圆约105平方千米，主景区面积约40平方千米，主峰海拔768米，为方城县的最高峰。主要景点有玉女湖、龙湖、三叠瀑、红石岩瀑布、楚长城、狼烟烽火台、丹阳寺、绝壁栈道、七峰山观景台、高山滑雪场等。

【七十二潭景区】 位于河南省南阳市方城县，是伏牛山世界地质公园、伏牛山自然保护区的重要组成部分。面积25平方千米，景区内的石川地质景观形成于1.5亿年前，自上而下梯级延展长达4千米，被地质专家称为罕见的“石川穴”，创立“石川”新名并录入了国家地质大词典。景区沿途分布有迎宾潭、老龙潭、福禄潭、五连潭、锦瀑、琴潭、心潭、蛇潭、燕子瀑、玉龙潭、天池等主要景点。

【德云山风情植物园】 位于河南省南阳市方城县，园区规划总面积约9.67平方千米。其中山地绿化面积6平方千米，园区规划种植面积3.67平方千米。分为门景服务区、花木种植观赏区、德云风电观光区、水域风情娱乐区、宗教养生文化区、高效景观农业区和中国方城望花湖万亩花海观赏区。现已初步形成规模宏大的牡丹园、植物园，野生动物园和种类齐全的游乐园。

【龙潭沟景区】 位于河南省南阳市西峡县，龙潭沟整个山体是花岗岩体，在地质学上属于典型的水蚀地貌，是长期流水冲击下而形成的梯式瀑布群。景区瀑布密集，共分布着大小11个落差不同的瀑布，最大落差100余米，最小的20余米，是一处融山、石、水、林、潭于一体的旅游风景区。

【鹳河漂流风景区】 位于河南省南阳市西峡县，是中国南阳伏牛山世界地质公园组成部分。漂流距离12千米，落差480多米，沿途有鹳河第一滩、九龙滩、卧龙、龙椅、跳舞滩等大小十八滩，是中原地带较早开发的漂流项目。与龙潭沟瀑布群、耍孩关峡谷、老界岭风景区等重要景点形成黄金旅游环线。

【老君洞生态养生旅游区】 位于河南省南阳市西峡县，处于伏牛山世界地质公园核心地带，占地面积56平方千米，拥有14座千米以上山峰，5条河流，13眼涌泉，森林覆盖率98%，生长着2200多种植物、300多种野生动物。这里是世界文化名人老子隐居、养生、讲道之地，拥有山、水、林、洞、龙、气、人七大原生态资源。

【寺山国家森林公园】 位于河南省南阳市西峡县，因山脚有一燃灯寺而得名。公园总面积56平方千米，分布有立石沟、太阳沟、水磨沟等三大景区。是一处以森林为主体，绿色为基调，自然景观为依托，人文景观为主线，突出地域文化特征的综合性森林公园。

【国际玉城】 位于河南省南阳市镇平县，项目总体规划占地面积0.86平方千米，整体设计以明清古典建筑风格为主。其中，以玉城大门、玉神雕塑、玉神阁、石佛禅院等为主体的旅游文化景观资源，使得建成后的国际玉城既是一座玉器及相关工艺品专业批发基地，更是一座以仿古建筑景观为特色的旅游购物公园及影视基地。

【宝天曼景区】 位于河南省南阳市内乡县，是伏牛山世界地质公园核心景区之一。海拔500～1830米，千米以上的高峰有银洞尖、扫帚场、牧虎顶、宝天曼等，森林覆盖率达99.8%。宝天曼是经河南省人民政府批准建立的第一个自然保护区，1988年5月经国务院批准晋升为国家级自然保护区；2006年9月，被联合国教科文组织批准为世界地质公园。

【内乡县衙博物馆】 位于河南省南阳市内乡县，内乡县衙始建于元朝大德八年（公元1304年），重建于清代，占地2万多平方米，厅堂房舍280余间，是我国保存完好的封建社会县级官署衙门。县衙坐北朝南，现存房屋98间，建筑面积约2704平方米，是中国封建社会县级政权衙门的实物标本和历史见证。

【宝天曼峡谷漂流景区】 位于河南省南阳市内乡县，属于生态型峡谷漂流。漂流全长12.8千米，分激流勇士和休闲娱乐双程漂，景区分布两大漂段、四大游乐区和九大景观，为游客提供众多不同的游乐区域。宝天曼峡谷漂流处在大宝天曼生态旅游区的核心，方圆30千米范围内，宝天曼（宝顶）、七星潭、天心洞、桃花源四大风景区将峡谷漂流环绕其中，带给游客更多的选择和体验。

【云露山景区】 位于河南省南阳市内乡县，是伏牛山世界地质公园和宝天曼国家级自然保护区的南部门户。整个景区以药王文化为内涵，以生态观光、休闲度假、科普体验、猎奇探险为旅游主题，主要景点有黑龙潭、药葫芦潭、雷劈石、药王庙、药王瀑、宝塔瀑、宝塔书院、拓展基地等。

【中原二龙山风景区】 位于河南省南阳市内乡县，面积30平方千米，因10座连绵的山峰酷似两条戏珠巨龙而得名。景区规划“两区三线”，即龙腾湾亲水娱乐区、汉王寨度假养生区、南线汉文化和道教文化游览线、中线惊险娱乐和佛教文化游览线、北线奇石险峰和儒教文化游览线。主要景点有汉王寨、观音山、万佛寺、汉王殿、汉岩宫、清风观、三运山、金顶等。

【丹江香严寺风景名胜区】 位于河南省南阳市淅川县，始建于唐朝开元二年（公元714年），为唐肃宗、唐代宗两朝国师慧忠的修炼道场。唐代宗时奉为国家设置。唐宣宗李忱登基前曾在此削发避难潜隐7年。香严寺原有上寺、下寺两禅院。1968年，下寺淹没于丹江口水库之中，现仅存上寺。上寺现存明清建筑140余间，四面环山，地形状若莲花，寺院恰在莲花台中。寺院坐北朝南，依山傍势，一进五院，依次排列在中轴线上，布局严谨，殿宇楼榭，鳞次栉比。寺外有双石洞、珍珠泉、望江亭、虎踞阁、竹海塔林、璇台绝顶、一柏担八榆、一柏一石一座庙、军事体验基地、火石岭山门服务区等景观。现为全国重点文物保护单位。

【河南丹江大观苑景区】 位于河南省南阳市淅

川县，处于丹江水库北岸，是河南省“南水北调中线沿线生态观光带”的源头，由多个伸入丹江湖中的小岛组成，占地26.8平方千米。景区依丹江湖沿岸而建，拥有观江长廊、南水北调中线工程纪念馆、楚风楼、范蠡阁、世界精英馆、中华长河馆、文博园、中华世纪龙等50多处固定景点。景区开发有游览车观光、乘游船览胜、直升机俯瞰等项目，规划建设有激情玻璃滑漂、天外飞仙、步步惊心、丛林穿越、悬崖秋千、动感乐园及江畔小火车等游客体验项目。

【山陕会馆】　位于河南省南阳市社旗县，是山西、陕西两省商贾联乡谊等的处所。山陕会馆建于清代，历时136年，坐北向南，建筑面积6000多平方米，琉璃照壁、悬镒楼、大拜殿和春秋楼等主体建筑自南而北沿中轴线分布，全部用木材构造而成，是得到慈禧御笔之宝的民间商会建筑。现为全国重点文物保护单位。

【淮源风景名胜区】　位于河南省南阳市桐柏县，景区总面积108平方千米，是古“四渎”之一淮河的发源地和江淮两大水系的天然分界线，也是刘少奇、李先念、杨靖宇、贺龙、王震、彭雪枫等老一辈革命家生活战斗过的地方。由东至西依次分布着水帘洞、太白顶、桃花洞和淮源四大区域。现为国家级风景名胜区、国家森林公园。

信阳市

【鸡公山风景区】　位于河南省信阳市浉河区，属大别山的支脉。佛光、云海、雾凇、雨凇、霞光、花草、奇峰怪石、瀑布流泉被称为鸡公山八大自然景观，山上有清末民初不同国别和风格的建筑群，是中国历史上第一个公共租界。景区自然与人文景观并存，成为新中国第一批对外开放的全国八大景区之一。

【南湾湖风景区】　位于河南省信阳市浉河区，规划面积724平方千米，是一个以生态旅游为主，集休闲度假、水上游乐、民俗风情、避暑休养于一体的旅游景区。南湾湖有大小不一、形态各异的岛屿61个，周边森林植被覆盖率90%，是信阳重要的绿色生态屏障。景区分布有鸟语林、花鲢岛、鸟岛、猴岛、南湾湖大坝、水上游乐园、奥林匹克园及南湾湖茶岛等景点。现为国家森林公园、国家水利风景区。

【灵龙湖生态文化旅游区】　位于河南省信阳市浉河区，旅游区以美食品鉴、民俗体验、水上娱乐、农耕采摘、禅茶养生、休闲度假、温泉疗养、乐龄养老为主要功能，分布有茶山、竹林、杜河、灵龙湖、古银杏等自然景观和古铜矿群遗址、龙王寺遗址、老龙井、乌龟石等人文景观。

【鸡公山桃花寨景区】　位于河南省信阳市浉河区，属大别山山脉，以山、水、林自然景观为基础，以寨文化、桃文化等为依托，适合生态观光、休闲娱乐、养生度假。主要的自然景观有桃花潭、桃花溪、桃花谷、桃花七潭、瑶池、灵沁池、仙桃石、楠竹林、高山草甸、桃花寨墙等。娱乐休闲项目主要有画舫游船、沙滩浴场、高空丛林漂流、玻璃吊桥、旱滑道、蹦极、七彩滑道等。

【灵山风景名胜区】　位于河南省信阳市罗山县，最早叫八山，源于8座主要山峰。其最高峰叫霸山，海拔827.7米。因“八”“霸”音近，后被混称为霸山。此山其中一峰叫小灵山，“灵”“霸”二字又同一“雨”头，故霸山之名渐被灵山取代。景区规划总面积为61.5平方千米，含灵山寺、逍遥洞、金顶、龙牙寺、龙凤祥林、九里落雁湖六大景区。

【大苏山国家森林公园】　位于河南省信阳市光山县，景区总面积27.88平方千米，森林覆盖率92.3%，由大苏山、龙首山、王母观3个片区组成，核心区域内的净居寺是佛教天台宗的发祥地、始祖庭。

【许世友将军故里景区】 位于河南省信阳市新县，是许世友将军的出生地，也是其埋骨地。近年来，以许世友将军墓地为中心，先后新修或改建了将军故居、生平事迹展厅、将军生前收藏毛主席像章展厅、将军纪念广场、许母坟、五凤松、习武场、农家乐园等多个景点，现已成为大别山区爱国主义教育基地和革命传统教育基地。

【大别山露营公园】 位于河南省信阳市新县，营地占用地约1.36平方千米，项目建有自驾车营地、国家级登山步道、全民健身公园、青少年国防教育基地、青少年爱国主义教育体验基地、特色房车集散服务基地、露营服务基地、野外拓展训练基地、特色餐饮等。游乐项目有丛林探险、攻防箭、全地形车、草坪婚礼、户外拓展等。

【鄂豫皖苏区首府景区】 位于河南省信阳市新县，是鄂豫皖革命根据地首府所在地，由鄂豫皖苏区首府革命博物馆、鄂豫皖苏区首府烈士陵园和首府路革命旧址群纪念馆等3部分组成。现为全国爱国主义教育示范基地、全国百个红色旅游经典景区，有国保级文物单位10余处。

【金兰山国家森林公园】 位于河南省信阳市新县，地处大别山南麓，主峰金兰山海拔768米，与湖北木兰山并称姊妹山，是淮南鄂北的道教山脉之一。公园由金兰山、连康山、西大山、九龙潭四大景区构成，主要景点有连康河、九龙溪、林壑涧、娃娃凼、牝泉、九龙瀑布、金兰湖、王沟湖、五理岗湖、白龙池等。

【金刚台猫耳峰旅游区】 位于河南省信阳市商城县，景区地处豫皖两省交界处，仅千米以上的山峰就有10余座，金刚台主峰因形似猫耳，故曰“猫耳峰”。金刚台海拔1584米，为大别山在河南省境内最高峰。主要景点有红军棚、红军潭、红军洞群、红军墓群、红色革命纪念馆、红歌纪念碑、地质博物馆、奇石馆、大别山诗书碑廊、响龙潭、飞龙瀑、水帘洞、金刚竹海、猫耳峰、观音洞、金刚禅寺、杜鹃园、桂花园、乌桕园、猫耳峰等。

【金刚台（西河）生态旅游区】 位于河南省信阳市商城县，总面积48平方千米，是商城县黄柏山、金刚台、汤泉池黄金旅游线上的核心景区。旅游区内大黄尖、小黄尖、皇殿、平顶瀑等海拔千米以上的山峰有16座，琉璃河、陶家河、郑家河、四道河、掉靴河、东西二河等皆从这里流出。景区已初步建成大门迎客区、茶园观赏区、文化广场区、激情体验区（漂流）、叠水观澜区、空中漫步区（拓展）、健身登山区等7个区域。

【黄柏山国家森林公园】 位于河南省信阳市商城县，地处鄂、豫、皖三省交会之处，由河南商城县黄柏山国家森林公园和湖北麻城市狮子峰景区两大部分组成，总占地面积228平方千米。境内森林覆盖率达97%，植物达2800多种。主要景点有狮子峰、玻璃栈道、天空之镜、千年古松、大峡谷、大瀑布、滴翠湖、法眼寺、息影塔、无念湖、江淮林海等。

【西九华山景区】 位于河南省信阳市固始县，地处大别山北麓豫皖交界处，景区以茶园、竹海、森林、湖泊和峡谷瀑布群为主体，建成有禅文化景区、茶文化景区、竹文化景区等区域。主要景点有妙高禅寺、寻根楼、茶山滑道、中原竹寨、留梦河谷山水画廊、长江河漂流等。

驻马店

【金顶山景区】 位于河南省驻马店市驿城区，面积约71平方千米，境内有大小山峰6座。景区地处气温过渡带，植被南北地域兼容，植物品类达1163种，野生动物204种。分布有大、小金顶，黑龙潭、鲸鱼石、云空石瀑、金娃脚印、忘情石、奇石谷、金沙湖、金溪湖、金龙湖等自然景观，还有楚长城遗址、金顶山古寨墙、竹林寺、云空寺、金扇佛经、将军洞、神龙古寨等古迹遗存。现为国家森林公园、国家森林康养基地。

【竹沟革命纪念馆】　位于河南省驻马店市确山县，始建于1956年，由周恩来总理题写馆名，1958年正式开馆。占地约0.38平方千米，建筑面积8200平方米，陈展面积2200平方米。中共中央中原局旧址群现存房屋182间，建筑面积3500平方米。现有馆藏文物5988件（套），其中国家定级文物1546件（套），其他实物、文献、图片等4442件。现为全国重点文物保护单位、爱国主义教育示范基地、全国红色旅游经典景区。

【老乐山景区】　位于河南省驻马店市确山县，古称朗陵山，隋代改为朗山，宋代因避宋祖赵玄朗之讳改名为乐山。老乐山主峰海拔813米，主要景点有隋果、唐柏、八卦池、九曲池、颜真卿尽节处、古长城、古碑、古塔、龙虎石、九曲飞瀑、蛤蟆泉、神仙洞、十八盘、倒栽古柏、八宫两观（玄都宫、斗母宫、南海宫、玉虚宫、紫霄宫、灵应宫、万寿宫、玉真宫，群仙观、回龙观）一拜台等。现为国家森林公园。

【铜山风景区】　位于河南省驻马店市泌阳县，铜山原名大复山，汉代名将邓通在此铸钱而得名。景区分为铜山、铜山湖、云雾峰等三大部分100多个景点，周边有红色旅游景区竹沟革命纪念馆、杨靖宇纪念馆等。现为国家森林公园。

湖北省

武汉市

【木兰清凉寨景区】　位于湖北省武汉市黄陂区，辖区内的刘家山是武汉市海拔最高的自然村，总面积约10平方千米，于2006年4月建成开园。景区有通天湖、百花湖、水帘洞、九龙飞瀑、百米攀水大瀑布、刘炳士故居及“木本水源”御赐木匾、古寨群等山水人文景观。

【锦里土家风情谷旅游区】　位于湖北省武汉市黄陂区，总面积约10平方千米，是武汉市唯一的土家文化风情旅游区，拥有大量的土家山寨。锦里沟由环湖风情体验区、峡谷游览区和寨王文化展示区三个部分组成，游线全长12千米，是武汉市一处土苗文化风情旅游区和自然山水度假区。

【大余湾旅游区】　位于湖北省武汉市黄陂区，景区内留存着40多栋明清时期的赣派建筑，大部分都是用石头砌成。旅游区由美丽新村、古村落（中国历史文化名村）、文化风情美食街、乡村田园、田野牧歌度假社区、古寨运动公园等六大板块组成。2005年9月被建设部、国家文物局正式批准为中国历史文化名村。

【木兰胜天景区】　位于湖北省武汉市黄陂区，四面环山，中间是水，有山、水、小溪、瀑布、奇木怪石、古迹遗址等，是一家集种植、养殖、自然风景、名胜古迹、乡村旅游、休闲度假、户外拓展运动、餐饮娱乐等多功能为一体的旅游度假区。

【木兰花乡景区】　位于湖北省武汉市黄陂区，景区以“乡村游”为主题，打造了巴黎左岸、梵高印象、彩虹花田三大主题花海，分为鸟语林、葛家湾花园民宿、大型游乐项目、民俗商业街、木兰文化博物馆等区域。此外还打造了丛林全地形车、卡丁车、碰碰车、游船、滑索等大型游乐项目。

【木兰水镇景区】 位于湖北省武汉市黄陂区，地处滠水河与长堰河交汇处，由河东生态观光区和河西军事体验及法制教育基地组成。河东生态观光区以自然生态观光为主，有民俗风情街、湖心岛、休闲长廊、古镇演艺广场、双龙戏水、竹园等景点，同时建设有铁索挑战桥、高空滑索等特色游乐项目；河西军事体验区是按照陆海空三大军种概念，分区而建，为深度军事体验景区及综合性国防教育基地。

【姚家山旅游风景区】 位于湖北省武汉市黄陂区。1941—1946年，新四军五师司政两部常设在姚家山，姚家山新五师司政机关旧址作为新五师和鄂豫边区党委机关驻地，也是李先念等老一辈无产阶级革命家战斗生活过的地方。景区周边有双峰尖、西峰尖、茶山等9座山体，主要景点有西谷湿地、南谷泉湾、北谷田园、新四军第五师旧址等。

【凤娃古寨景区】 位于湖北省武汉市新洲区，景区规划面积约2.2平方千米，是集古建展示、民俗体验、古玩交流、非遗传承、休闲度假等为一体的旅游景区。拥有乡喜楼、国学堂、陶瓷坊、郭府、陶睿御医、酿酒坊、戏院、四君子园、博雅轩、紫云轩等20余座明清古建筑群落及专题特色博物馆群。

【武汉紫薇都市田园】 位于湖北省武汉市新洲区，景区主要由紫薇精品文化区、娱乐互动区、种植观赏区、休闲度假区、科普教育区五大区域组成，主要满足市民和游客对观树赏花、康养游乐、餐饮住宿、户外拓展、研学科普的需求。

十堰市

【十堰市博物馆】 位于湖北省十堰市茅箭区，是十堰市人民政府于“十一五”期间兴建的一座造型独特、设施先进、功能完善的现代化综合性博物馆。该馆于2005年6月奠基建设，2007年7月1日建成开放。展陈设有“走入恐龙时代”“远古人类家园”“仙山琼阁武当山”“十堰与水”“车与十堰”5个主题展厅和“南水北调湖北库区出土文物”展。展陈融合传统文化与现代工业文明，提炼区域文化精华，弘扬时代主旋律，采用声光电等高科技、多互动、大场景的现代陈列展示方式和手段，多角度展示十堰的史前文化、古人类文化、水电文化、汽车文化和武当文化。

【赛武当风景区】 位于湖北省十堰市茅箭区，赛武当原名伏龙山，主峰海拔1730米，因山高赛过武当山主峰而得名。东与武当山翘首相望，南同神龙架遥相呼应，由于受地质、气候的影响，赛武当形成并保存着险峻原始的自然风光，拥有杜鹃岭、菩陀峰、观景台、姊妹峰等自然景观。

【十堰市人民公园】 位于湖北省十堰市张湾区，始建于1981年，2014年7月1日起免费向全社会开放。园内分设游览休闲区、植物观赏区、动物观赏区和娱乐游艺区四大景区，拥有重阳塔、多功能广场、仿古戏楼、人工山石瀑布、仿古办公楼、山地滑道等景点。

【九龙瀑旅游区】 位于湖北省十堰市郧阳区，景区以“中国龙文化”为主线贯穿所有景点，是深入了解中国龙文化的山水风景走廊。九龙瀑分九叠倾泻而下，一叠一潭，九叠九潭，共有黑龙泉瀑布、龙门瀑布、莲花台瀑布、龙宫瀑布、青龙瀑布、白龙瀑布、香水瀑布、飞龙瀑布、卧龙瀑布九大自然景观。

【虎啸滩旅游区】 位于湖北省十堰市郧阳区，青龙山、乌龙寺、天井山群峰环峙之间，旅游区内以深峡、峭壁、迭瀑、幽洞、奇石、秀水为主体，主要有虎胆绝壁、红河谷、虎穴、偕石、醉虎画屏、腾滩、虎口滩、木龙寺遗址等自然景观和人文景观。

【武当山快乐谷旅游区】 位于湖北省十堰市丹江口市，地处武当山景区大门旁，是武当山景区覆盖的核心地区。旅游区以瓦房河为轴线，延绵16千米，充分依托武当山道家文化以及丹江口的自然资源，将运动休闲和康养以及精品度假组合混搭，打造不一样的时尚休闲度假旅游区。

【武当山南神道旅游区】 位于湖北省十堰市丹江口市，是之前川、陕、鄂西北、鄂西南等地香客敬香的重要通道。相传唐中宗李显被武则天贬至房县时，每年定期朝拜武当。因吕家河村毗邻房县，李显便新辟了这条进香之路。南神道全长20千米，由吕家河村和直通金顶的黑金沟大峡谷两大景区组成，以九道河串联起吕家河民歌村、红三军司令部旧址和新四军遗址、二龙戏珠、斩龙崖等众多景点。

【丹江口沧浪海旅游区】 位于湖北省十堰市丹江口市，是鄂西生态文化旅游圈重点工程项目之一，为一处休闲、度假、养生综合性景区，旅游区分为旅游港风情区和森林湾度假区两部分。沧浪海旅游港位于丹江与汉江交汇处，紧邻南水北调中线工程丹江口大坝。

【武当峡谷第一漂流景区】 位于湖北省十堰市丹江口市，漂流全程7.8千米，约需2.5小时，是鄂西北地区规模较大、自然河道较长、基础设施完善、生态保护完好的漂流道。景区内有山有水，峡谷蜿蜒曲折，既可以体验水上的刺激，又可领略沿岸的风景。景区还拥有清末庄园、乌龙茶园等人文景观。

【太极峡景区】 位于湖北省十堰市丹江口市，相传是武当山玄天真武大帝隐居修炼的地方。景区面积60平方千米，其中核心区38平方千米，主峰太白岩海拔1010.6米，是鄂、豫两省的结合部和分水岭。景区内有大小溶洞10余个，是中部地区具有代表性的丹霞地貌区。主要景点有双龙峡、龙登龙山、盘龙洞、娘娘洞及高空透明玻璃吊桥等。现为国家级风景名胜区、丹江口国家森林公园的重要组成部分。

【静乐宫】 位于湖北省十堰市丹江口市，是武当山古建筑群的重要组成部分，列为武当山九宫之首。静乐宫创建于明代永乐年间，是典型的皇家宫殿建筑。1958年，因兴建丹江口水利枢纽工程，原宫址的石雕构件及部分文物珍品已转移至丹江口市郊金岗水库（又名净乐湖，俗称土坝）西坡。

【五龙河旅游景区】 位于湖北省十堰市郧西县，五龙河全长58千米，发源于鄂陕交界的天池岭，整条河流终年水流湍急，水质清澈，水量稳定，是“七夕”天河的重要支流。旅游区分为峡谷生态休闲观光区、激流动感漂流区、野营探险区和神雾岭寻根问祖探源区4个部分。核心景区由千潭百瀑、藤萝老树、六桥四洞、两湖一坝、织女彩虹池、牛郎牧场等主要景点串成。

【郧西龙潭河旅游区】 位于湖北省十堰市郧西县，景区面积64平方千米，是以自然和人文景观为主要特色的旅游风景区，有天光一线、银河飞泻、龙女出浴、龙潭泻月、龙子击鼓、贡爷古居、千年古镇等60多个景点，其中和瀑布有关的就有40多处，可谓一步一景、一景一瀑。

【天河旅游区】 位于湖北省十堰市郧西县，景区以天河为轴线，以郧西县城为核心，将玄鼓山、情岭、爱湖、和合谷、樱花谷、相思谷、天河广场、七夕广场、七夕故事园等众多景点巧妙贯穿，是“神农架—武当山—西安”旅游黄金线上独具特色的复合型旅游区。

【上津文化旅游区】 位于湖北省十堰市郧西县，现为清代城址。景区总面积350平方千米，分为古城文化体验区、温泉度假休闲区、水上游乐垂钓区、生态观光探险区等四大片区，拥有“上津古八景”、上津古城、山陕会馆、上关县纪念馆、天主教堂等景点，还能体验温泉、垂钓、水上游乐等参与性项目。上津古城是旅游区的核心景区，是湖北省保存最为完整的县级古城，对研究明清鄂陕交界地区建筑历史、社会历史具有重要的实证价值。现为全国重点文物保护单位。

【女娲山旅游区】 位于湖北省十堰市竹山县，地处秦岭南端、大巴山北麓，位于陕、鄂、渝三省市交界处。景区有大小山峰22座，女娲山主峰海拔900米，山上建有女娲祭坛、女娲宫、圣水井、问天阁、女娲寨等景点，集中展示了女娲制笙簧、化万物、补天漏、教万民的伟大功绩，是女娲文化的代表性景区。

【龙王垭观光茶园旅游区】 位于湖北省十堰市竹溪县，依托龙王垭万亩茶园建设而成，主要开展茶叶生产、加工、品尝等游客参与性旅游活动。茶园位于海拔800~1300米的群山之中，打造了茶叶生产、休闲娱乐、休憩养生、茶艺体验四大功能区，建有陆羽文化广场、生态观光茶园、龙峰茶生产体验车间、生漆博物馆等景点。

【房县野人洞（谷）旅游区】 位于湖北省十堰市房县，是以山岳型自然景观为主的旅游区，由野人洞、野人谷2个景区组成。野人谷有神秘的十里长峡，因传说时有野人出没而得名；野人洞是一个巨大溶洞，洞内钟乳石林立，千奇百怪；有挂瀑、水帘、龙潭、水滴金盆等景观。

【神龙大峡谷景区】 位于湖北省十堰市房县，地处神农架和武当山之间，位于湖北省神农峡风景名胜区、野人谷自然保护区内，海拔500~1600米，总面积约为13平方千米，游览线路全长为6千米。景区是以唐宋贵族雅士山水游憩为主导模式，以神农时代为山水文化背景，以诗经、野人为文化特色点缀，将当地独有文化与现代旅游创意相融合，致力打造的自然山水园林、中国山水创意型景区。

【观音洞旅游区】 位于湖北省十堰市房县，始建于唐朝，主体景观为奇特的天然洞穴，处于石岩峭壁之中，分为南北两洞，北为关帝洞，供奉有关帝神像；南为观音洞，供奉有观世音神像。景区内有凤凰山庄、世外桃源、清人谷、太极广场，净心亭、魁星阁、观音长廊、儿童乐园、玄武宫等景点。

宜昌市

【玉泉山风景名胜区】 位于湖北省宜昌市当阳市，是以森林景观为基础、佛教文物为主体、三国遗迹为依托，融自然景观和人文景观于一体的综合性景区。玉泉山是一座佛教名山，玉泉寺是中国最早的佛教寺院之一，玉泉铁塔为北宋嘉祐六年（公元1061年）所铸。现为国家级森林公园，玉泉寺及铁塔为全国重点文物保护单位。

【鸣凤山景区】 位于湖北省宜昌市远安县，鸣凤山两面朝阳，三面环水，四面断崖，海拔408米，是以丹霞山水风光为背景，以道教文化为内涵，集宗教朝觐、丹霞山水观光、穴居度假休闲为一体的旅游风景区。主要景点有烟霞洞、刑部苏爷爷遗靴处、多子岩、云霞洞、八卦台、永圣宫、濂溪小岛、头天门、文昌祠、二天门、龟蛇二将、鸣凤湖、鸣凤峡、鸣凤道观金顶等。

【武陵峡口生态旅游区】 位于湖北省宜昌市远安县，旅游区整体占地面积10平方千米，是一处集原始生态峡谷景观、农耕体验、温泉养生、户外及洞穴探险体验运动、极地赛车为一体的综合性旅游景区。主要景观有月亮洞、杨树洞、兵马洞、天坑洞、龙潭等，还拥有清咸丰年间的石刻、石楼、石寨及寺庙、摩崖石刻、石屋群落、官道（古代商道）、香案石、绝壁栈道等人文景观。

【高岚朝天吼漂流景区】 位于湖北省宜昌市兴山县，景区主要旅游项目除朝天吼漂流项目外，还有朝天吼观光、朝天吼赛车场、朝天吼溪谷飞索、朝天吼房车露营基地、户外拓展基地、朝天吼军事体验基地和户外烧烤基地等项目，是集水上娱乐、赛车、探险、休闲观光和户外运动为一体的景区。

【昭君村古汉文化游览区】 位于湖北省宜昌市兴山县，是以展示昭君遗址遗迹和保存完好的古汉自然生态景观，展演昭君故里独特浓郁的地方文化及汉代宫廷仕女文化的旅游景区。游览区内的昭君纪念馆收藏陈列的汉唐文物均出土于昭君村，其历史文化价值珍贵。景区还分布有王家崖、香溪河、娘娘泉、梳妆台、昭君像、抚琴台、粉黛林、佳丽岛、浣纱处、彩石滩等景观。

襄阳市

【襄阳唐城景区】 位于湖北省襄阳市襄城区，2015年5月1日开业。景区分为城楼、宫殿、街市、宅邸、寺院、水系六大片区，建有凯旋楼、明德门、朱雀廊、东西市、青龙寺、皇宫、花萼相辉楼、胡玉楼、高力士宅、涧南别业等建筑群。景区依托襄阳丰富的文化和地理资源，以盛唐历史人物、典籍、诗歌为线索，让盛唐历史建筑和人物在景区集中呈现。

【春秋寨旅游区】 位于湖北省襄阳市南漳县，相传春秋五霸之楚国发迹于南漳，楚先人为抵御外敌侵略而修筑此寨。因寨内建有纪念关公的建筑春秋楼而得名。春秋寨坐落在鲤鱼山山脊上，依山势迂回而建，自南向北呈星条形布局，三面环水，一面临山，山寨上有断崖、春秋楼遗址、哨楼、城门等景点。

【尧治河旅游区】 位于湖北省襄阳市保康县，以尧治河村为依托，与神农架相连，有长达4千米的尧帝神峡、朝观暮浴的梨花山、深不可测老龙洞、神秘肃穆的龙门寺、道教圣地黄龙观、气势非凡的巴岩峡、飞泻而下的滴水岩瀑布等景观。

【五道峡景区】 位于湖北省襄阳市保康县，由5个峡谷段构成，故名五道峡。景区分布有以仙人洞为代表的溶洞群，以龙王寨为代表的山寨群，以神女瀑为代表的瀑布群。主要景点有龙王寨、卧龙洞、神女瀑、响水瀑、孙家寨、龙宫宝殿、仙女浴温泉、玉银瀑、霸王峰、红巾军坟、仙人岩等。

【九路寨生态旅游区】 位于湖北省襄阳市保康县，平均海拔1200多米，最高海拔1426米，山寨被战口河、唐坪河、南门河、霸王河、锣鼓寨河等6条河流所环绕，楚国母亲河沮水发源于霸王河的黄龙洞。景区划定保护区面积170多平方千米，规划建设面积60余平方千米。主要景点有黄龙洞、象鼻山、楚王峰、蜡烛峰、佛祖望瀑、柳簸坪、锣鼓寨河等。

【香水河景区】 位于湖北省襄阳市南漳县，由香水河峡谷及三景庄、船若寺组成。景区内有奇石、洞穴、瀑布、溪流以及山寨寺庙遗址等，尤以瀑布特征最为显著，在较短的地段上分布着三叠瀑、七彩瀑、雄鹰瀑等瀑布。主要景点有七彩瀑、三叠瀑、雄鹰瀑、凤尾瀑、象牙瀑、香水瀑、盆景园、鳄鱼岛、古渠、水车等。

【枣阳汉城景区】 位于湖北省襄阳市枣阳市，是集汉代建筑艺术与古典园林景观为一体的大型复古建筑群景区，提供影视拍摄、展示汉文化、旅游观光、休闲娱乐等服务。景区是以建筑为外形，以文化为内核，以影视为媒介，以旅游为载体，以产业为依托的汉民族文化展示项目。

【白水寺景区】 位于湖北省襄阳市枣阳市，后人为纪念汉光武帝刘秀而建。景区是以白水寺庙为主体，以半山腰的白水湖、狮子山北麓的滚河、周围众多的人文景点及古镇吴店为依托的历史文化风景区。主要景点有白水寺古建筑群、光武帝祠、白水碑廊、丽华园、光武书画院、白水井、饮马池、三马亭、白水源纪念碑亭、扳倒井、磨剑山、舂陵古城遗址、古白水村遗址等。

荆门市

【明显陵文化旅游景区】 位于湖北省荆门市钟祥市，景区面积3.18平方千米，包括世界文化遗产明显陵、华中民俗第一村莫愁村、国家级湿地公园莫愁湖和明代帝王文化展示馆，是集水域风光、园林景观、人文历史、古建筑为一体的半开放式景区。2000年11月30日，被联合国教科文组织作为“明清皇家陵寝”的一部分批准列入世界遗产名录。

【黄仙洞景区】 位于湖北省荆门市钟祥市，洞之山为黄仙山，相传黄石公憩此而得名，是国家级风景名胜区大洪山的核心景点之一。洞内拥有边石池大厅、钙膜片边坝、石将军溶蚀石牙、三拱门4个世界级景观。有石针、石矛、石笋、石柱、石塔、石幔、石瀑等形态各异的钟乳石，分别呈红、黄、白、褐等色。

【绿林山景区】 位于湖北省荆门市京山市，是国家级风景名胜区大洪山的核心景点之一。绿林山是我国历史上著名的第二次农民起义“绿林起义”的发生地，“绿林好汉”一词起源于此。景区有绿林寨、美人谷瀑布群、空山洞、鸳鸯溪漂流等热门景点，还有素质拓展基地、真人CS野战基地及健康养生度假村等。

【彭墩乡村旅游世界】 位于湖北省荆门市钟祥市，是以突出农业产业化和新农村建设新面貌、新气象为特点的休闲观光乡村旅游景区，主要旅游资源有村容村貌、农民小区、农民公园、农业产业六大基地和彭墩古镇等，有村民新居、农耕文化博览园、千弓荡情人岛、彭墩文化艺术中心广场等。

【太子山生态旅游区】 位于湖北省荆门市京山市，是太子山国家森林公园核心景区，总面积约5.33平方千米，森林覆盖率达98%以上。开发有溶洞探险、石林探秘、树上拓展、 森林露营、林下花海等特色旅游产品。主要景点有王莽洞、石仓雨林、藏佛洞、蝴蝶镜潭、树上拓展、樱花园、氧吧园等，其中尤以王莽洞称险，以石仓雨林显奇，以藏佛洞显灵。

孝感市

【白兆山李白文化旅游区】 位于湖北省孝感市安陆市，因李白隐居于此而驰名。主峰太白峰海拔383米，是在原白兆山国营林场、白兆山森林公园基础上建立的旅游景区。主要景点有李白故里楼群、李白纪念馆、李白石像、李白诗碑长廊、白兆山岩壁题刻等。

【双峰山旅游度假区】 位于湖北省孝感市孝昌县，属大别山余脉，主峰由两座对峙的山峰组成，相传由七仙女“仙化”而成，由此得名。双峰山境内有峡谷探幽、双峰托日、书院听琴、回龙晨钟、凉亭看花、林海听涛、古寨烽烟、白云晓月、万兽朝圣、农家社火、达海洞天、沧海泛舟等景区，蕴含着兵寨文化、汉孝文化、民俗文化和农耕文化四大文化。

【观音湖旅游度假区】 位于湖北省孝感市孝昌县，整个湖泊镶嵌在大悟山、小悟山、四方山之间。小悟山既是佛教圣地，又是鄂豫皖革命根据地。景区现有观音湖、九龙寺、观山禅寺、抗日军政大学第十分校、新四军党校、兵币厂、被服厂，刘震将军故居、刘震将军墓等景点。

【中原军区旧址景区】 位于湖北省孝感市大悟县，是依托中原军区旧址群建立的红色旅游景区，有中原军区旧址群、中原突围史陈列馆和国防教育园等景点。其中中原军区旧址包括中原军区司令部旧址、首长旧居、中原军区大会场和周恩来同志与美蒋代表谈判旧址等。现为全国重点文物保护单位、全国爱国主义教育示范基地、全国百个“红色旅游”经典景区之一。

【十八潭生态旅游区】 位于湖北省孝感市大悟县，景区内最高山峰金顶海拔830米，与鸡公山隔山相望。景区规划面积51.29平方千米，景区项目分三期投资建设，目前第一期已建成，于2019年5月1日开园。已建成开放的景区有十八潭大峡谷、鄂北野生动物世界、银河小镇、9D声效玻璃桥、玻璃滑道等。

黄冈市

【龟峰山景区】 位于湖北省黄冈市麻城市，因其地形山势酷似一只昂首吞日的神龟而得名。由龟头、龟背、龟尾等9座山峰组成，景区核心区面积23.6平方千米，最高海拔1320米。主要景点有杜鹃花海、杜鹃博览园、龟峰峡、拜寿台、能仁禅寺、龟峰旭日、千年银杏树、“抗战胜地”石刻、如意泉、情人洞、赐寿亭等。

【麻城市烈士陵园】 位于湖北省黄冈市麻城市，是为纪念黄麻起义和缅怀鄂豫皖苏区革命先烈的英雄事迹而修建。主要景点有黄麻起义和鄂豫皖苏区革命烈士纪念碑、麻城革命纪念馆、王树声纪念馆、王树声大将墓、李硕勋烈士纪念广场、“红色中国”音乐纪念广场等。现为全国重点烈士纪念建筑物保护单位、“全国100个红色旅游景点景区”之一。

【五脑山森林公园】 位于湖北省黄冈市麻城市，由凤凰脑、鸳鸯脑、黄狮脑、双虎脑、金狮脑5座群山组成。景区总面积24平方千米，森林覆盖率95%。主要景点有相传楚霸王项羽建造的古城墙、有始建于宋代的帝王庙，有麻城八景中的“麻姑仙洞”“凤岭朝云”“白云台”三景和茶花大观园、低山杜鹃园、菊花园、紫薇长廊等。

【孝感乡文化园】 位于湖北省黄冈市麻城市，以寻根为魂、进士为媒、孝善文化为核心，以民俗、民情为载体，是集寻根祭祀、文化交流、旅游休闲、教育娱乐为一体的公益性移民文化主题公园。整个公园建筑采用鄂东明清时期的仿古建筑风格，总体布局为“一环三轴五区十景”。其中的移民文化轴、科举文化轴、孝善文化轴和百家姓文化小镇为公园的主体构架，主要有寻根问祖、思乡怀古、幽谷拾趣等景点。

【黄麻起义和鄂豫皖苏区纪念园】 位于湖北省黄冈市红安县，原名黄麻起义和鄂豫皖苏区革命烈士陵园。为了纪念在黄麻起义和鄂豫皖苏区革命根据地斗争中牺牲的烈士，1956年经湖北省人民政府批准修建。纪念园主要纪念建筑物有黄麻起义和鄂豫皖苏区革命烈士纪念碑、纪念碑广场、英烈广场、将军墓园、红军墓园、董必武纪念馆、李先念纪念馆、黄麻起义和鄂豫皖苏区革命历史纪念馆、黄麻起义和鄂豫皖苏区革命烈士纪念馆、红安将军馆、红安革命烈士纪念墙等。现为全国爱国主义教育示范基地、全国重点烈士纪念建筑物保护单位。

【李先念故居纪念园】 位于湖北省黄冈市红安县，由李先念故居、李先念故居纪念馆、李先念图书馆等主体建筑和牌坊式门楼、停车场、围墙、综合服务房等附属设施组成，是集革命传统教育、红色旅游、农业科技培训为一体的综合性多功能纪念园区。李先念故居现为全国重点文物保护单位。

【天台山国家森林公园】 位于湖北省黄冈市红安县，总面积63.87平方千米，主峰海拔817米，因其峰顶似台，势若接天而得名。天台山是中国佛教八大宗之一的“天台宗”的起源地，还是革命战争年代红四方面军主要活动区域。主要景点有天台山主峰、对天河漂流、天台寺、艾河风情峡谷、九焰山、香山湖、鄂豫皖省委旧址等。现为国家地质公园、国家森林公园。

【天堂寨景区】 位于湖北省黄冈市罗田县，处在大别山主峰湖北省罗田县与安徽省金寨县交界的地区，南麓为湖北天堂寨风景区（罗田天堂寨），北麓为安徽天堂寨风景区，景区总面积120平方千米，境内千米以上的高峰25座，主峰天堂寨海拔1729.13米，系江淮分水岭。现为国家级自然保护区、国家森林公园、国家地质公园。

【大别山薄刀峰景区】 位于湖北省黄冈市罗田县，处于大别山主峰西侧，鄂皖交界处。景区制高点鹤皋峰海拔约1404米，景区面积约30平方千米，是大别山国家森林公园、大别山国家地质公园、薄刀峰森林公园的核心景区。主要由卧龙岗、圆梦谷、锡锅顶三大主题游览区组成，形成了红色旅游、民俗文化、生态观光、休闲度假等多个主题功能区。

【大别山南武当旅游区】 位于湖北省黄冈市英山县，大别山主峰天堂寨坐落在旅游区境内。旅游区总面积30.2平方千米，森林覆盖率达96%。旅游区主要由大别山主峰天堂寨、龙潭河谷、南武当、石鼓神庙、龙潭峡漂流和南武当四季滑雪场等景区构成。现为世界级地质公园、国家级森林公园。

【桃花冲风景区】 位于湖北省黄冈市英山县，因形似一朵桃花而得名。主峰海拔1698.7米，为大别山的第二高峰。景区主要景点有黑龙潭、毛坪河、瓦泄排、象鼻挽水、妙莲峰、毕昇故居等景点，还拥有红军医院、大竹园会议遗址、军政旧址等系列红色景点。景区植物种类繁多，有银杏、大别山五针松、天女花等珍稀树种，盛产天麻、三七、桔梗、麝香等名贵药材。

【四季花海景区】 位于湖北省黄冈市英山县，又名四季花海·中华情园。景区以花海情园为主题，以四季赏花和花海温泉为特色，以田园景观与生态风景林为基底，以旅游观光为基础、康养旅居度假体验为核心，兼顾生态与文旅产业发展，打造花卉观光区、温泉养生区、体验游乐区、旅游接待服务区和康养旅居度假功能区。

【三角山旅游度假区】 位于湖北省黄冈市浠水县，因有三座奇峰从一处山巅突起，形成大尖、二尖、三尖而得名。景区面积64平方千米，有大小山峰28座，主峰三角尖海拔1055米。主要景点有屏风寨、牛皮寨、摘星峰、望江峰、卧仙峰、拨火棍、阴阳柏、桃花洞、碧仙洞、老龙洞、老鼠过梁、鹰沟峡谷、舍身崖、棋盘石、卧仙石、抗日民主政府旧址、刘邓大军指挥所等。现为国家级森林公园、国家地质公园。

【李时珍医道文化旅游区普阳观景区】 位于湖北省黄冈市蕲春县，是集医药养身、道教文化和民族特色文化为一体的综合生态养生旅游景区。建有本草纲目标本馆、李时珍医道文化广场、医道文化养生院、民族中医药文化一条街等。主要景点为普阳观，距今已有1400多年的历史，最早建设于宋代，其医学文化根源可追溯到隋唐时期的药王孙思邈。

【雾云山生态旅游景区】 位于湖北省黄冈市蕲春县，是依托唐朝年间保存下来的梯田、梯田群地形、地貌和天人合一景观特色所开发的旅游景区。其中，雷公岩梯田是景区的核心吸引物，传说是唐朝时期开挖的梯田，具有较高的艺术欣赏价值和审美价值。景区通过深度挖掘蕲春茶文化、农耕文化资源内涵，打造农耕生态旅游核心景区，促进休闲农业与乡村旅游业的协调发展。

【四祖风景区】 位于湖北省黄冈市黄梅县，原名正觉寺，又名双峰寺，建于唐武德七年（公元624年），是中国佛教禅宗第四代祖师道信大师的道场，也是五祖弘忍大师得法受衣之地，是中国禅宗丛林之始。现存毗卢塔、众生塔、衣钵塔、灵润桥、四祖殿、蕉云阁及多方摩崖石刻等景观。

【五祖风景区】 位于湖北省黄冈市黄梅县，景区总规划面积16.39平方千米，是“黄梅非遗文化旅游区”一核三区一环战略布局中的核心区。景区以黄梅非遗文化为主题，打造集观光、文化体验、康养度假等功能为一体的现代化新型文化生态旅游区，东山问梅村是五祖景区的核心项目。

随州市

【千年银杏谷景区】　位于湖北省随州市曾都区，景区内古银杏树绵延12千米，是世界四大密集成片的古银杏群落之一。这里古银杏树连成片、构成群落、汇聚成谷，银杏树边有人居，古树傍农舍，乡土建筑、田园生活交融。除了银杏，景区内还有古村落、胡氏祠、桃源湖、九口堰新四军爱国主义教育基地、大夏皇帝明玉珍故里、现光山相国寺等景点。

【随州文化公园】　位于湖北省随州市曾都区，原名为随州季梁文化生态公园。公园以随州的历史文化为主题，以生态和文化景观建设为主线，打造以展示神农文化、编钟文化、季梁文化、隋文化为代表的具有浓郁地域文化特色的随州文化大观园。公园分为东、中、西三区，东区为运动健身区，中区是文化核心区，西区为生态景观区。

【徐家河国家湿地公园】　位于湖北省随州市广水市，水域面积46.7平方千米，总蓄水量达7亿立方米，是具有防洪、灌溉、养殖、发电、旅游等功能的水利枢纽，景区水质清澈，四季碧波荡漾，有100多个半岛、群岛点缀其中。

【三潭风景区】　位于湖北省随州市广水市，主峰大贵山金顶海拔908米。景区为3座天然石潭，由峡底自西而东，依次排列，瀑布迂回三叠，倾泻而下，深幽之中见清奇。主要景点有三叠瀑布“一线天”、大贵山金顶、许家冲水库、平靖关古栈道、碧玉湖、龙眼圣水井、罗汉池等。

【西游记公园】　位于湖北省随州市随县，以传承西游文化、突破创新、满足广大《西游记》迷娱乐需求为目标，而建立的适合畅游的现实西游奇幻世界。公园由女儿国温泉、西域风情街、西游钱币园、火焰山石林、蟠桃园、大闹天宫、八戒艺术中心组成，拥有天然泡池、客房、多功能宴会厅、生态植物园、动感水上乐园，更有仿真互动游戏、红孩儿游乐场、5D影院、户外拓展、汽车越野赛、直升机游玩等10多个西游记文化体验场所。

【炎帝故里景区】　位于湖北省随州市随县，地处大洪山风景名胜区、玉龙温泉欢乐谷、擂鼓墩曾侯乙古墓遗址、桐柏山太白顶风景名胜区的中心，是武汉至襄阳古隆中、十堰武当山的中转站。总面积20.39平方千米，核心景区面积3.4平方千米。主要景点有神农洞、神农庙、炎帝神农氏遗址碑、万法寺等。自2009年开始，湖北省政府于华夏人文始祖炎帝神农的诞辰纪念日（农历四月廿六）前后，都会在这里举办“世界华人炎帝故里寻根节”。

【西游记漂流】　位于湖北省随州市随县，处在桐柏山脉中段的豫鄂两省交界地带，是以桐柏山盘古神话和《西游记》神话为背景，用先进的声光雾电技术重现西游历险打造的自然风情与文化韵味浓厚的综合性漂流区。漂流全长9千米，落差110米，有激流险滩30多处。景区现增加有玻璃桥、七彩旱雪滑道、极限滑草、丛林飞梭、丛林穿越、步步惊心、悬崖秋千、弹射飞天、悠波球、山地越野车、呐喊喷泉、射击乐园等项目。

【田王寨景区】　位于湖北省随州市随县，是桐柏山太白顶风景名胜区核心景区，位于桐柏山第二高峰固城山上，海拔1080米。据史料记载，田王寨始建于元末，因田姓农民在此结寨反元称王而得名，清朝道光年间曾大规模扩建。该遗址是华中保存最大最完整的古兵寨群之一，现存有古寨墙、瓮城、烽火台等古建筑。这里还曾是红二十五军的重要战略转战地、重大战役休整地和关键会议召开地，目前已成功申报长征国家文化公园（湖北段）。

【大洪山景区】　地跨湖北省随州市随县及荆门市钟祥市、京山市3地。宝珠峰是大洪山脉主峰，海拔1055米。景区拥有新石器时期文化遗址冷皮垭遗址，是我国佛教重点丛林，自唐以后建寺达26处，其中灵峰寺（俗称洪山寺）距今已有1000多年。大洪山还拥有众多火山口湖，其中海拔840米的白龙天池，为全国四大火山口湖之一。火山喷发形成数百个溶洞，最著名的有黄仙洞、两王洞、筱泉洞等。

神农架林区

【天燕景区】 位于湖北省神农架林区，海拔2000多米，景区面积约110平方千米，是神农架国家森林公园的核心部分，主要景点有燕子洞、燕天飞渡、会仙桥、燕子垭、薛刚寨、天门垭、刘享寨、山宝洞、紫竹河等。

【红坪景区】 位于湖北省神农架林区，海拔1900多米，景区从长杉坝到红旗岩，全长15千米，峡谷两岸天然形成仙女峰、映伞潭、黑水河、宝剑岩、天洞、百步梯等景点，一河、两溪、三瀑、四桥、五潭、六洞、七塔、八寨、九石、三十六峰互相映衬、布局紧凑。已开发的旅游景点有红坪画廊谷、古犀牛洞等。

【巴桃园景区】 位于湖北省神农架林区，景区占地约8平方千米，海拔1400多米，现有灵水神韵、林海拾趣、神农之家、漫步识溪、杉后祈福、神农尝菊、红桦流响、香蜜留芳等景点，景区同时还提供山地自行车、帐篷营地、垂钓、野外自助烧烤等户外休闲娱乐项目。

恩施土家族苗族自治州

【巴人河生态旅游区】 位于湖北省恩施土家族苗族自治州巴东县，平均海拔1000米，最高海拔1650米，是典型的喀斯特地貌。这里曾是巴人生存繁衍的部落之一，留下了许多巴人传说和遗迹，也是巴人后裔土家族人的聚居区。景区以生态旅游、高空滑索、激情漂流、溶洞探险、户外狩猎、休闲度假、水上娱乐等为主要特色。

【链子溪原生态文化旅游区】 位于湖北省恩施土家族苗族自治州巴东县，因链子崖上400多年的巨型铁链纤夫古栈道而得名，是巴东县继神农溪之后开发的第二个原生态旅游景点。主要景点有门扇峡、火焰石、送子岩、链子崖、鱼目洞、龙聚会、仙人寨、铁观鞋、神水泉、大溶洞等。

安徽省

合肥市

【冶父山国家森林公园】 位于安徽省合肥市庐江县，据传春秋时，铸剑之父欧冶子曾在此山铸剑而得名。冶父山最高峰兜率峰海拔375米，古有湖光一览、冶父晴岚、龙池映月、虎洞吟风、兜率参天、响鼓晴雷、百尺松涛、三苏倒影八景。公园主要景点有冶父山、铸剑池、百尺崖、伏虎寺、伏虎洞、试剑石等。

【金孔雀温泉度假村】 位于安徽省合肥市庐江县，以园林式露天温泉为最大特色，是集度假、健身、休闲、娱乐、餐饮、住宿为一体的商务型度假村。拥有药膳浴、名酒浴、SPA疗养馆、漂流河、人造沙滩、大型温泉洗浴中心等体验项目。

安庆市

【嬉子湖生态景区】 位于安徽省安庆市桐城市，景区主要依托嬉子湖周边的自然环境，以生态为基础，以乡村为依托，以文化为底蕴，以湖滨岸线为主要载体，以生态、文化、休闲为核心功能，融水上娱乐、农业生产、乡村度假、诗意憩居于一体的生态旅游景区。拥有嬉子湖度假村、嬉子湖养生酒店、生态湿地等景点及旅游配套设施。

【孔城老街旅游度假区】　位于安徽省安庆市桐城市，孔城老街全长2.2千米，分为十甲，有主街1条，横街2条，另有七巷十三弄。老街巷弄都是青石铺成，建筑风格具有江南水乡特色。孔城老街民居宅第主要有郑家大屋、黄家大屋、蒋家大屋、知府倪宅和刘开故居等；货栈商铺主要有李鸿章钱庄、程怡丰木料行、亚细亚煤油栈和茶楼酒肆等；公共设施主要有程家祠堂、桐乡书院和佛寺庵堂等。

【仙龙湖活海欢乐水世界景区】　位于安徽省安庆市桐城市，目前已建成景区入口道路、环湖公路、游客接待中心、活海欢乐水世界、贵宾楼大酒店、停车场、观光码头、水上游乐场、水上高尔夫和苗圃观光园等旅游基础设施和项目，购置有豪华游船、摩托艇、帆船和水上自行车等游乐设施。活海欢乐水世界是该景区的核心板块，包括八大世界级游乐设施，11个主题游乐区、40多项娱乐设备。

【天龙关景区】　位于安徽省安庆市潜山市，因地貌形似一条上天飞龙而得名。总面积22.28平方千米，为安徽省户外攀岩运动训练基地。景区内有百亩栗园、千亩竹海、花开四季、峰岚叠嶂、奇石幽谷、山涧古泉、飞瀑成群等景观，还有石浪迷宫、大象听泉、金元宝石、笑狮峰、凤凰峰等景点。

【山谷流泉文化园景区】　位于安徽省安庆市潜山市，又名石牛古洞，紧邻三祖寺。文化园石刻数量多、密度大、年代久，在不到300米长的石壁上，汇集了唐、宋、元、明、清、民国、现代共400余幅石刻，文人李白、李翱、王安石、苏轼、黄庭坚等都在此留下了诗文题刻。现为全国重点文物保护单位。

【潜山市博物馆】　位于安徽省安庆市潜山市，是一座综合性地志博物馆。馆址依山傍水，以北宋建筑太平塔为主托，集园林、博物馆、游览休憩于一体。馆内建筑面积6000平方米，馆藏文物标本近万件，其中珍贵文物近千件，以古生物化石，薛家岗文化玉、石、陶器，春秋至西汉时期漆竹木器，青铜器最具特色。2008年3月26日，向社会永久性免费开放。

【白马潭景区】　位于安徽省安庆市潜山市，地处天柱山西麓，位于潜河中上游。景区总面积75平方千米，因河中白浪翻卷时，如千万匹白马咆哮奔腾亦称白马潭。景区旅游项目主要有竹筏漂流、皮艇漂流、马术、卡丁车、烧烤、篝火、沙滩车、弹跳蹦极、户外露营、特色农家餐等。

【花亭湖景区】　位于安徽省安庆市太湖县，景区面积257平方千米，分为花亭湖、西风洞、佛图寺、狮子山、龙山五大景区和汤湾温泉疗养度假区。主要景点有橘子洲、情人岛、西风洞、二祖禅堂、月亮湾、天桥漂流、赵朴初文化公园等。现为国家级风景名胜区、国家水利风景区、国家湿地公园。

【五千年文博园景区】　位于安徽省安庆市太湖县，地处大别山南麓，长江北岸。景区占地约0.8平方千米，由一梦千年和十里画廊2个景区组成。一梦千年景区以古典徽派建筑与苏州园林相结合，园内建有五千年文化长廊、五千年根雕文化园、老子天下第一、黄梅戏艺术街、盘龙、文化古栈道、四大名著文化园、中华孝道园、华夏爱情文化园等人文景点。十里画廊景区将华夏千年的往事融入总长2000米的4幅立体图画之中，分别由“三百六十行”文化园、“清明上河图”文化园、“烟雨江南”文化园和“创意石界”文化园等景点组成。

【石莲洞旅游景区】　位于安徽省安庆市宿松县，地处大别山山脉东部末端，属低山地貌，主峰海拔300余米，以森林景观为主。公园有河西山、孚玉山、仰角尖、罗汉尖四大景区，主要景点有文化长廊、石莲洞、五祖禅院、观音岛、九曲莲池、荷衣古池、龙啸石、对酌亭、蘑菇亭、四顾亭、望江亭、分经台、一线天、佛坐石、仙居谷、石上朴等。

【白崖寨景区】 位于安徽省安庆市宿松县，因建于白崖山而得名。白崖寨始建于元朝末期，因其地势险要，易守难攻，而成为历代兵家必争之地。白崖寨历经近700年的风雨仍保存基本完好，对研究中国历史留下的寨堡文化和军事文化遗存具有重要的历史、艺术和科学价值。主要景点包括寨墙、寨门、惜字亭、红军墓、九曲居、摩崖石刻、红二十七军纪念馆、红军纪念广场等。现为全国重点文物保护单位。

【明堂山景区】 位于安徽省安庆市岳西县，相传汉武帝刘彻封禅古南岳天柱山时，设祭拜之“明堂”于此山而得名。明堂山属大别山体系，主峰海拔1563米，景区分为明堂主峰雄奇区、葫芦河景区、东河冲景区、月亮秀崖区、古井庵寻幽探险区等五大区域。

【映山红大观园】 位于安徽省安庆市岳西县，是一个以杜鹃花卉（映山红）为主体、以奇松异石点缀其间的生态文化艺术大观园，集观光度假、娱乐健身、养生养老、生态种植等为一体。园区规划有根雕艺术景区、奇石馆景区、盆栽、珍稀植物园景区、映山红文化中心、花山迷窟区等，还设有农耕文化体验区，游客可参与自种小菜园、农事体验、采摘瓜果等农事休闲项目。

【天峡景区】 位于安徽省安庆市岳西县，原名为龙门大峡谷，地处安徽西南部的大别山腹地。景区由木屋休闲度假区、九连环瀑布区、杜鹃花海区、龙门深林氧吧区四大区块组成，是一处集高山、峭壁、峡谷、湿地、湖泊、岛屿、瀑布、洞穴、古庵遗址、珍稀动植物等于一体的生态休闲型景区。

【大别山彩虹瀑布旅游景区】 位于安徽省安庆市岳西县，旅游景区总面积40平方千米，核心景区面积3.2平方千米。景区总划分为一带五区，即环大别山彩虹瀑布生态保护带，黄龙岛休闲服务景区、白龙岛亲水拓展景区、猴河漂流体验景区、太极峡谷生态游览景区、栈道览胜观光景区。拥有彩虹瀑布奇景观光、太极峡谷探险、橡皮艇冲浪漂流、采摘制茶品茗农事体验、余香岩攀越、滑索，水上乐园等体验项目。

【妙道山旅游景区】 位于安徽省安庆市岳西县，森林覆盖率高达98%，分为聚云峰、祖师峰、金壁寺、紫柳园、南溪源、妙道大峡谷、龙门大峡谷等七大景区和蕨基坪、西庵坪2个休闲度假区。主要景点有石狮啸月、祖师古洞、孤塔凌霄、石滴仙脂等。

六安市

【东石笋景区】 位于安徽省六安市金安区，景区核心东石笋是一座经崩塌作用形成的残山，高38米，形如擎天一柱。景区最高峰海拔760多米，风景秀丽，集奇花异草、奇峰怪石、亭、廊、水榭、寺庙和徽派建筑于一体，与万佛湖、大华山、南岳山、天堂寨一线串珠，处于皖西旅游黄金线上。

【皖西大裂谷景区】 位于安徽省六安市金安区，地处大别山北麓，是山前盆地裂谷。裂谷集峡谷地貌和洞穴景观于一体，长约1500米，宽数10米、高10余米，谷坡陡峭，为一陡立的“V”字形谷。景区山、林、泉、洞、瀑、湖、潭、峡、坑、缝俱全，有三道闸、一线天、大王井、雄起岩等景点。

【大别山石窟景区】 位于安徽省六安市金安区，景区占地面积25平方千米（核心面积15平方千米），海拔291.5米，为六安九十里山水画廊的核心景区，是1.6亿万年前的岩石和矿物质在水流侵蚀、风化剥蚀重力剥塌的塑造下形成的形态各异的石窟群。景区大大小小的石窟难以数计，最小的石窟只可容纳一个儿童弯曲着身子，最大的可同时容纳数千人。

【悠然蓝溪文化旅游度假景区】 位于安徽省六安市金安区，景区围绕皋陶“吉、寿、宾、军、嘉”五礼文化，以千亩寿湖、新中式建筑、华东最大喷泉广场、彩虹灯饰、精品园林、亭台楼阁、碑廊石刻、文化名景等建筑景观为载体打造的旅游景区，分为文化体验、康体养生、运动拓展、商务会议、民俗风情、度假居住六大功能板块，活化了中国“礼”文化。

【梦幻海洋大世界景区】 位于安徽省六安市金安区，是六安市第一家海洋大世界（海洋馆）。海洋馆内包含海底观光隧道，向广大消费者展示水族生物；海洋生物表演区，定期更新海洋动物表演；海洋知识科普区，加强消费者对海洋生物的了解，并配备专业解说与科普片播放等其他附带价值服务。

【悠然南山旅游度假区】 位于安徽省六安市金安区，是金安区“九十里山水画廊”的起点，占地面积约21.6平方千米，重点承接健康养老、旅游度假、休闲运动、文化教育、精品地产等三产服务业。度假区依托南山新区自然生态环境和人文资源，通过廊道连接、田园隔离、城旅互动积极打造健康养生、人文体验、绿色人居“三位一体”的产业大格局。

【皖西博物馆】 位于安徽省六安市金安区，博物馆形体采用宫廷加庭院式布局，以汉代建筑的演化结合传统徽派民居院落空间，整体体现汉代建筑风格。皖西博物馆展馆共有9个展厅，6800平方米，以文物、文献、历史图片为载体，结合馆藏实际，通过场景、模型、数字技术、图文等多种辅助手段，展示皖西在中华民族文明史、中国革命史中的重要地位和贡献。

【大别山风情谷景区】 位于安徽省六安市金安区，景区突出“亲水、风情、迷谷”三大主题，景区内有神秘裂谷、石窟名居、幽魂迷谷、金丝楠木林、太平寨岩居遗址、云台峰、奇石天门井、花戏楼等自然景观和历史遗迹，还有悬崖神韭菜、石窟古民居遗址、独特的地质奇观、神秘悬崖泥棺、古城墙遗址、悬崖千年木桩等风情谷六大奇迹。

【独山革命旧址群】 位于安徽省六安市裕安区，是一处完整保存着苏维埃时期集党、政、军、文化、教育、司法、经济于一体的县级机构旧址。现存9处革命旧址，分别为六安县苏维埃俱乐部、独山暴动指挥部、六安县赤卫军指挥部、六安县苏维埃政府、六安县革命法庭、列宁小学、中共六安县委及少共六安县委、六安县经济合作社、六安县政治保卫局，9处革命旧址均为清朝中晚期至民国初年的古建筑。现为全国红色旅游经典景区。

【横排头景区】 位于安徽省六安市裕安区，以横排头水利枢纽工程及丰源湖为核心，是一家集险峰峻岭、平湖怪石、古刹名寺等自然景观与人文景观于一体的旅游景区。景区内建有正本亭、清源楼、望江寺、休闲中心、水上码头，开发了湖区泛舟、清源楼登高望远、百鹭园人鸟同乐、碧水岩危崖观奇、望江寺悠思怀古、淠河段趣味漂流、黄莲寺参禅拜佛等游乐项目。

【九公寨景区】 位于安徽省六安市裕安区，传说南朝梁武帝萧衍在此修行建庙，当时人烟稀少，建材全由山下九人（即九公）供给而得名。九公寨四周环山，孤峰峭立，山下东西淠河交汇，主要景点有倩影桥、弥勒广场、撑腰石、观音广场、棋盘石、南天门、高峰寺、雷鸣洞、迎门寺及瀑布、霹雳石及瀑布、九公雕塑广场等。

【龙井沟景区】 位于安徽省六安市裕安区，由龙井沟景区和通天河秘境组成。龙井沟景区主要是沿着3000米龙井沟渠形成，主要景点有石佛听禅、黄巢点兵、龙井飞瀑、将军试剑、王母仙床、摇影桥、问津曲栈、龙井湖、飞龙瀑、通天鼓台等。通天河为黄巢起义后隐世之地，主要景点有黄巢聊斋、通天门、哭谷、笑谷、绣花鞋、天瓮等。

【万佛山景区】 位于安徽省六安市舒城县，属大别山余脉，主峰老佛顶海拔1539米。景区由万佛山庆寿寺、种植园、休闲度假村、敬老院、百鸟园等组成。主要景点有老佛顶、天门峰、双剑峰、神驼峰、美女峰、丹顶峰、四方尖、三天门等，还分布有众多山峰，以及神驼石、虎豹石、鹦鹉石、狮子石、刀背石、猪头石等，神形兼备。

【红军广场景区】 位于安徽省六安市金寨县，占地面积25万平方米，是集塔、馆、堂、碑、墓园、广场于一体的红色景区。景区包括革命烈士纪念塔、金寨县革命博物馆、红军烈士墓园、红军广场、洪学智将军纪念碑、金寨县红军纪念堂等6个主要景点，形成了以烈士纪念塔为中心，具有红色革命文化底蕴，与绿色山水景观相连的红色旅游景区。现为全国重点烈士纪念建筑物保护单位、全国爱国主义教育示范基地、全国红色旅游经典景区。

【燕子河大峡谷景区】 位于安徽省六安市金寨县，与国家级森林公园天堂寨景区相连，全长约4800米。河谷最高峰海拔568米，最深处约218米。燕子河大峡谷是冰川运动遗留下来的，以奇坑、奇柳、奇瀑、奇洞、趣石、趣潭、趣滩、趣谷、趣峡著称。景区分布有天坑、仙人洞、八卦滩、望情谷、玻璃吊桥、趣味滑道等景点。

【梅山水库景区】 位于安徽省六安市金寨县，梅山水库位于史河上游，是一座以防洪、灌溉为主，兼有发电等综合效益的大型水利水电工程，是继佛子岭水库后六安境内兴建的第二座连拱坝大型水库。景区依托水库而建，主要景点有天鹅岛、九王寨、梳妆台、青蛙石、水上兵马俑、万寿桥、古城畈、响山古寺、古战场、双河大庙、周祖培墓等。

【响洪甸水库景区】 位于安徽省六安市金寨县，景区以响洪甸水库枢纽工程为主体，以生态湖泊为依托，汇聚了闸门群、发电厂、水库湖面、观光茶园、人影基地、科技中心、创业园广场等自然和人文景观，是一处集水利科普游、水库观光游、红色文化游、生态休闲游、商务会议游为一体的旅游观光地。

【小南京乡村旅游扶贫示范区】 位于安徽省六安市金寨县，是集乡村体验、农业观光、科普健身、养生娱乐、休闲度假等功能为一体的特色乡村旅游区。示范区主要分为金禾体验园和信义光伏生态园两部分。金禾体验园集农业种养、休闲观光、教育体验为一体，信义光伏生态园主要由智能温室大棚组成，集太阳能光伏发电、设施农业种植、休闲观光旅游为一体。

【大别山玉博园】 位于安徽省六安市金寨县，是以玉为主线，集玉石加工、交易、展览、酒店、剧院、旅游观光、文化休闲、健康养生及特色餐饮为一体的文化旅游项目。景区内主要景点有竹林云径、玉雕八景、玉神女娲、状元亭、木鱼山、许愿树、古戏台、玉佛寺、桃花岩、玲珑塔等。

【佛子岭景区】 位于安徽省六安市霍山县，大别山国家风景道横贯景区东西，是大别山（六安）国家地质公园主要景区之一。主要景点有佛子岭大坝、卧大佛、睡美人、六万寨、大林竹海、屋脊山等，是集水利水电文化、汉文化、酒文化、乡村文化等多文化融合的景区。

【大别山主峰景区】 位于安徽省六安市霍山县，主峰白马尖为景区的核心景点，海拔1777米，周围有猪头尖、道士尖、四望山、天鹅尖等海拔1500米以上诸峰。景区主要景点有白马尖、龙井峡瀑布、别山湖、大别山庄度假村、主峰漂流等。

【南岳山景区】 位于安徽省六安市霍山县，原名天柱山，亦名霍山，又称小南岳。南岳山南坡陡峭，北坡平缓，山顶东西两侧均向南延伸，海拔405米，相传山名系汉武帝登礼时所封。主要景点有南岳天池、试心崖、旗杆夹、左慈洞、珍珠湖、大风洞、小风洞、九桠古枫和烈士陵园等。

【铜锣寨景区】　位于安徽省六安市霍山县，总面积92平方千米，主峰海拔1096米。因汉武帝巡视衡山国（今霍山县）梦见一轮明月化作铜锣落于此山而得名。铜锣寨始建于明代，山寨孤峰耸起，主峰海拔1096米，有姐妹松、天伦松、石托迎客松和南天门石、情侣石、神象戏水石等景点，寨下有沐浴温泉。

四川省

广元市

【龙门阁景区】　位于四川省广元市朝天区，龙门阁是古金牛道上著名的栈阁之一，主要景点有雪溪洞、山顶龙门阁、龙门石林、龙门三洞等。雪溪洞为景区的主要景点，属于典型的喀斯特地貌，洞中石灰岩地貌发育良好，石幔、石花、石笋、石柱巧夺天工。

【明月峡景区】　位于四川省广元市朝天区，是剑门蜀道的重要组成部分。明月峡集水道、纤夫道、栈道、驿道、公路、铁路古今六道于一身，有“中国天然交通博物馆”之称。其中，位于峡内绝壁上的先秦栈道是迄今中国开凿时间最早、形制结构最科学、遗存孔眼数量最多、保存完好的古栈道。2006年5月，明月峡古栈道遗址被国务院命名为全国重点文物保护单位。

【曾家山景区】　位于四川省广元市朝天区，总面积586平方千米，森林覆盖率74%，以喀斯特地貌景观为特色。景区由森林景观园、农业观光园、民俗风情园、地质博览园、生态养生园五大园区和石笋坪、川洞庵、汉王洞、吊滩河、麻柳峡、观音寺六大景点还有生态新村长廊构成。

【水磨沟景区】　位于四川省广元市朝天区，景区有森林、峡谷（翡翠峡、月亮峡、龙洞河峡谷）、山地草甸（草坝子）、瀑布群（滴水岩瀑布、翡翠岩瀑布、马尾瀑布等）、溪流（石笋沟、水磨沟等）、深潭等多种自然景观，还拥有秦巴民俗风情、川北民居、古栈道、杨贵妃传说等具有川北特色的人文资源。

【木门景区】　位于四川省广元市旺苍县，地处旺苍、南江、苍溪三县交会处，为古代南北交通要道“米仓道”的必经之处。景区创建范围6.73平方千米，由木门军事会议会址纪念馆、万亩生态茶园、柳树幸福美丽新村三部分构成。木门军事会议会址始建于南梁时期的木门寺，现存部分建筑为清康熙年间再建。1933年6月底，川陕革命根据地党政军主要领导人等100余名在这里召开了木门军事会议。三合现代农业园以茶叶为主导产业，目前建成有禅茶文化中心、停车场等。 柳树新村是渠江流域灾后重建的新型农村社区，于2013年10月建成入住，是当地群众宜商、宜居、宜业的幸福家园。

【红军城景区】　位于四川省广元市旺苍县，原名旺苍坝，现保留有约1平方千米的川北古镇。“红军遗址群”部分街道基本保持清末民初原貌，有文昌街、王庙街、龙潭街3条主要街道及木市巷、河家巷2条小巷，城内分布有川陕苏区及红四方面军31处党政军重要领导机关遗址，另外还分布上百处四合院民居，基本保持了清末民国时期建筑风格。

【鼓城山—七里峡景区】　位于四川省广元市旺苍县，位于米仓山国家级自然保护区内，面积100余平方千米。由鼓城山、七里峡、端公潭、小龙潭、米仓山博物馆、鼓城川北民居、檬子大峡谷、米仓古道等组成。景区以山体水景为主体，与原始森林休闲景观、野生动植物观赏、地下溶洞景观相辅相成，云景气景四时不同。尤其是经过2.5亿年海洋地质沉积而成的东、西鼓城山犹如两个巨鼓，是景区的标志性景观。

【米仓山大峡谷旅游景区】 位于四川省广元市旺苍县，总面积约为215平方千米，由潜龙十八潭、龙潭峡谷、龙潭瀑布等主要自然景观组成。以独特的地质构造景观为特点，聚集了壶穴、峡谷、绝壁、峰丛、石海、瀑布、悬泉、红叶、象形山石等多种景观。龙潭飞瀑落差高达150米，潜龙十八潭是全国已知的规模最大、分布最为集中的层叠式壶穴群，其串珠状潭池景观与瀑布、悬崖景观的完美组合是世界罕见的自然奇观。

达州市

【红军公园旅游景区】 位于四川省达州市万源市，是集文化观光、红色文化体验、忠孝文化体验、生态度假和科普教育于一体的红色文化主题公园。2022年完成陈列馆迁建，新馆主体建筑采用红五角星的外形，整体布局采用基本中轴对称，由陈列馆、纪念广场（含主雕塑区、将领塑像区、战役时间轴、红色标语区）、游客中心、办公楼、红军亭以及景观秋池等组成。现为全国100个红色旅游经典景区、全国爱国主义教育基地。

【八台山旅游景区】 位于四川省达州市万源市，总面积110平方千米，主峰海拔高达2348米，因地貌成层状梯级递升八层而得名。景区由巴山天池、棋盘妙韵、默音石芽、层峦叠翠、一峰独秀、壁立千仞、观音圣泉、八台金鼎等景点组成。景区内石芽林立、形态奇巧，系典型的喀斯特地貌。

【巴山大峡谷旅游景区】 位于四川省达州市宣汉县，位于四川盆地大巴山南麓，总面积575.1平方千米，其中核心区面积298.3平方千米。景区由桃溪谷休闲体验区、罗盘顶养生养心区、巴人谷民俗休闲区、溪口湖生态观光区四大板块组成。经营项目有梦回巴国演艺、巴部落亲子乐园、巴人山寨露营地、泉水漂流、狩猎场、滑雪场等。

【峨城山旅游景区】 位于四川省达州市宣汉县，据史书记载，此山为刘邦和项羽楚汉之争时，刘邦帐下重要谋士、军师峨城和大将军樊哙屯兵的地方，因此而得名。最高峰海拔1245米，森林覆盖率95%。山上有汉代古城堡，山腰有万亩竹海，景区内还有玉女峰、老鹰岩、裟帽尖峨城古庙遗址等景观。

【洋烈水乡景区】 位于四川省达州市宣汉县，景区面积约6.8平方千米，为开放式乡村旅游景区。景区以巴风土韵亲水走廊、诗画田园度假胜地为形象定位，打造乡村旅游示范带。主要景观有洋烈风情小镇、州河生态亲水走廊、鱼子溪湿地公园、自行车健身骑游道、川东花卉婚庆基地、巴人欢乐谷等。

巴中市

【空山天盆旅游景区】 位于四川省巴中市通江县，属高山盆地景观，平均海拔1400多米，由地貌、生物、人文、天像、水体五大景观组成，包括空山坝、挂宝岩、猴子峡、椒园子等四大景区，是川东北地区森林康养、避暑度假、山地运动、红色旅游兼具的旅游区。

【诺水河景区】 位于四川省巴中市通江县，由诺水洞天、临江丽峡、空山天盆、唱歌石林四大独立景区组成，呈弧形分布，以山青、水秀、洞奇、石美、和谐、统一为主要特色，与通江红军城构成环形旅游线。2018年4月，被联合国教科文组织评为世界地质公园。现为国家级风景名胜区、国家级自然保护区、国家级森林公园。

【唱歌石林旅游景区】 位于四川省巴中市通

江县，景区景致大致分为“一林二寺”，即石林、牛石寺（二郎庙）、方山寺；“三山四寨”，即红花山、大钟山、双乳山、麻坝（巴）寨、龙池寨、鸡公寨、烟云寨。其中最具神秘色彩的当属麻坝（巴）寨，有保存完好的寨门石城墙、点兵台、练兵场、烽火台等遗迹。石林内共有一柱擎天、二郎神靴、仙女下凡、神鹰护家、石鸟归林、炼丹神炉等景观。

【王坪旅游景区】　位于四川省巴中市通江县，景区面积4.2平方千米，有全国最大的红军烈士陵园——川陕革命根据地红军烈士陵园，全国红军为牺牲的战友建造的烈士墓碑——红四方面军英勇烈士之墓碑，著名的红军石刻标语，如赤化全川等。其中，川陕革命根据地红军烈士陵园是全国重点文物保护单位、全国爱国主义教育示范基地、全国100个红色旅游经典景区。

【最美玉湖－七彩长滩旅游景区】　位于四川省巴中市南江县，面积120平方千米，由玉湖、玉湖半岛、玉柏渔村、花桥流水、云顶茶乡、七彩长滩、龙耳山等片区组成。主要包括自然山水地貌景观、水体景观、天象景观、人文景观、田园风光和乡村体验等类型，景点有60多处。

【云顶茶乡】　位于四川省巴中市南江县，总面积52平方千米，其中核心景区面积12平方千米，包括元顶子社区、元顶子茶场、元顶村、东垭村和南鹰村。景区主要包括自然山水景观、地貌景观、水体景观、天象景观、人文景观、田园风光和生态农业体验等类型。有云顶仙山、千年古松、奇险南天门、美丽白鹤嘴、天然坳盘窝、万亩大地坪、神奇仙人洞等多个景点。

【米仓山国家森林公园】　位于四川省巴中市南江县，地处秦巴山区（秦岭—大巴山）的米仓山南麓，同光雾山景区相邻。主峰光雾山海拔2507米。景区由牟阳故城、十八月潭、万字格等景区组成。其中牟阳故城的黑熊沟、大小兰沟、珍稀植物园景色独特,还生长着珍稀树种巴山水青冈，栖息着黑熊、云豹等多种珍稀动物。

重庆市

【刘伯承同志纪念馆】　位于重庆市开州区，1992年12月建成并对外开放，由主展馆和东西部景区组成。主展览馆共有展厅6间，陈列布展按历史轨迹分为“壮志英华，从戎救国”“土地革命，屡建奇功”“烽火抗战，尽显神威”“解放战争，功勋卓著”“开国元勋，再铸伟业”“一代名帅，风范千秋”等6部分，展线长达520米，陈列着珍贵实物和文献资料358件、图片630张，辅以声光电科技手法，生动再现了刘伯承元帅伟大光辉的一生。

【汉丰湖景区】　位于重庆市开州区，汉丰湖因长江三峡工程而生，东西跨度12.51千米、南北跨度5.86千米，水域面积15平方千米。景区分布有多个湖湾和岛屿，拥有刘伯承同志纪念馆、开州博物馆、开州故城、举子园、滨湖湿地、风雨廊桥等人文自然景观。现为国家级水利风景区、国家级湿地公园。

【龙头嘴森林公园】　位于重庆市开州区，属大巴山脉，海拔1200~1600米，总面积3.22平方千米，森林公园树种主要为针叶林、阔叶林，另有草地、耕地等，汇集了自然风光、运动休闲、消夏避暑、种植养殖等多种功能，主要景点有老鹰峰等，另有真人CS、山地车赛场、攀崖基地、露营基地等项目。年均气温为13.5℃。

【城口亢谷景区】　位于重庆市城口县，景区具有山区立体气候特征，森林覆盖率达90%，定位为“巴山原乡·中国亢谷”，以“长宿”度假和“原真”风情度假走廊为发展主题；风景优美，负氧离子含量高，乡村旅游业态丰富，民俗文化丰富多彩。

【土城红军老街景区】 位于重庆市城口县，土城红军老街景区主要包括土城老街、苏维埃政权纪念公园、红军纪念公园3部分。景区依托土城老街历史文化底蕴和民俗文化特色，打造“一区一轴多节点”的景观体系结构。土城老街历史悠久，苏维埃政府纪念公园和红军纪念公园分别建于1984年和2012年，现已成为当地代表性旅游景区。

【巫山神女景区】 位于重庆市巫山县，是长江三峡风景名胜区巫峡主景区的重要组成部分，由“神女峰”“神女溪”“神女天路”3个景区组成。景区有登龙峰、圣泉峰、朝云峰、神女峰、松峦峰、集仙峰、净坛峰、起云峰、上升峰、飞凤峰、翠屏峰、聚鹤峰等12峰；水域风光有横石溪、向家溪、大洁溪、抱龙河等观光河段，属典型的喀斯特地貌景观。

【巫山文峰景区】 位于重庆市巫山县，峰顶海拔720米，整个景区沿文峰山脊修建，将修身养性游览区、道教文化体验区、松林小憩服务区以及高峡平湖观光区有机串联，核心景点文峰观始建于明代，为道教全真龙门派道观，相传张三丰曾在此修行。

【巫山博物馆】 位于重庆市巫山县，总建筑面积13300平方米，基本陈列为反映巫山悠久历史、深厚文化底蕴的“巫山巫水巫文化”；专题陈列为“长河遗珍”“灵山毓秀”，重点展陈西王母柿蒂形鎏金铜牌饰、庖厨俑、谷纹玉璧、骨雕神鸟像等10件镇馆之宝。馆内藏品主要为陶器、瓷器、青铜器、玉器、金银器、骨器、化石标本、书画、碑刻、钱币、砖瓦等类别。截至2019年末，有藏品27187余件（套），珍贵文物1345件（套）。

【红池坝风景区】 位于重庆市巫溪县，古称万顷山，以面积达1万余亩的“云中花海 锦绣草原”景观而著称。拥有云中花海、天子城草海、西流溪湿地、团城峡谷、十二垭山地、度假区等六大区域。主要景点有高山草场、三色池、夏冰洞、野生高山杜鹃、扎鹿盘、天子城、银厂坪、三根树、西流溪、碑湾、春申君故居遗址等。

第六部分
秦岭重点文化旅游节会

【综述】 节会是文化和旅游宣传推广和市场营销的重要手段之一。节会包括各地固定性、连续性活动，各类主题性宣传促销活动、论坛、文化活动、惠民活动、会展活动等。受新冠肺炎疫情影响，2021年秦岭区域文化旅游节会呈现出规模小、频次减少、连续性节会延期、线上活动增加、直播宣传增量等特点。本部分主要收录由省市县政府和文化旅游部门主办或具有较大影响的重点节会、活动、论坛、展会等信息。

陕西省

【2021秦岭旅游合作大会】 系秦岭区域旅游行业首次相聚并进行牵手合作的盛会。由渭南市人民政府指导，中国地名学会、《中国秦岭旅游年鉴》编纂委员会、陕西省旅游协会主办，渭南市文化和旅游局、华阴市人民政府、华山风景名胜区管委会和西北旅游文化研究院联合承办，2021年5月27日—28日在华山风景名胜区举办。大会以“秦岭风景·华山论剑”为主题，旨在为秦岭山系文化旅游跨地域合作筑路搭桥，倡导秦岭各地共建“中华大秦岭”文化和旅游品牌，携手推动“秦岭生命共同体”和世界级旅游目的地建设。秦岭山系6省1市文旅部门、著名景区代表参会，联合国世界旅游组织前秘书长弗朗西斯科·弗朗加利等国际友人以视频方式参会。

【2021中国秦岭生态文化旅游节】 由陕西省文化和旅游厅、商洛市人民政府主办，商洛市文化和旅游局、商洛市商州区人民政府承办，2021中国秦岭生态文化旅游节以“畅游秦岭山水·乐享康养之旅”为主题，于5月18日在商洛市商州区开幕。该节会始于2020年4月，由商洛市旅游局与西北旅游传媒进行城市旅游品牌合作时发起，每年在商洛市不同区县举办一届。

【西安市乡村旅游年】 由西安市文化和旅游局、西安市农业农村局、西安市长安区人民政府共同举办，于3月29日在长安唐村启动。活动首次以“活动年”形式串联新创建、新线路、新场景，促进业态融合、产业升级，着力推动西安乡村旅游高质量发展。

【秦岭楼观赏秋旅游节】 由秦岭国家植物园、西安楼观生态文化旅游度假区、秦岭四宝科学公园、楼观台国家森林公园和说经台等9家单位共同举办，于9月29日在秦岭国家植物园启动。通过“秦岭楼观”大IP的整合打造，提升社会对秦岭生态保护和传统文化传承的认知，擦亮秦岭楼观人文胜地和生态宝地的金字招牌。

【第十届宝鸡市文化旅游节】 是陕西省政府批准宝鸡市保留的节庆活动之一，从2012年开始已连续举办9届。第十届宝鸡市文化旅游节暨太白山国家级旅游度假区授牌仪式于4月29日在太白山景区举行，以“喜迎建党百年·畅游魅力宝鸡”为主题，分时分地举办了22类、180余项文化旅游活动。

【站在秦岭之巅·秦岭与黄河对话】 由陕西省旅游协会、宝鸡市文化和旅游局、太白山旅游区管委会等联合主办，太白山国家森林公园、西北旅游文化研究院等单位联合承办，于4月29日在秦岭主峰太白山国家森林公园会仙坪举行。与会学者肖云儒、王若冰等纵论山河文化和行游体验，非遗、古乐、书法、汉服等中华文化元素现场展演，以现场直播拉开了2021“五一”共享秦岭山水的旅游大幕。

【西安长安区乡村休闲旅游季】 以“美好夏田乡约长安”为主旨，于6月3日在西安市长安区子午街道启动，活动期间举办了丰收摄影展、绿道骑行赛、农作研学游、乡创故事汇、夏田花果季、乡村音乐会、帐篷露营节等7个主题活动，让游客感受长安初夏时节的田园生活。

【第二十届翠华山登山节】 由西安市文化和旅游局、西安市体育局、长安区人民政府、西安旅游集团、西安秦岭终南山世界地质公园管埋办公室主办，4月11日在翠华山景区开启。登山比赛继续秉承全民健身的宗旨，分为中青男子（50周岁以下）、女子（45周岁以下）组和老年男子（50周岁以上）、女子（45周岁以上）组，全程约6千米。翠华山登山节从2002年开始，至2021年已举办20届，已成为广受欢迎的全民登山健身精品体育旅游活动。

【2021·第三届关中忙罢艺术节】 由西安美术学院、西安音乐学院、西安市文化和旅游局、西安市鄠邑区委、区政府共同主办，于5月23日在终南山下鄠邑区启幕。活动设有终南戏剧节、大地生态艺术节、乡村社区艺术节三大板块、28场活动，从5月一直持续到11月，旨在用艺术唤醒人们的“乡愁”，把艺术之美和乡村自然之美相结合，让艺术走进乡村，让乡村绽放文明。

【第三届西安鄠邑·柳泉桃花节】 以“诗画鄠邑·花开四季”为主题，活动期间开展线上线下展示销售、系列主题活动等，提升游客体验度，让游客欣赏桃花的同时，品味舌尖上的美食乡愁，实现鄠邑乡村旅游新突破，助推文旅融合高质量发展。

【2021美丽乡村健康游暨周至玉兰旅游文化节】 以“护好青山绿水·助力乡村振兴·喜迎全运盛会”为主题，于3月18日在黑河国家森林公园玉兰花谷景区启动。本届玉兰旅游文化节系列活动，促进了周至旅游文化的宣传推广和转型升级，为周至经济、文化、旅游发展带来了新提升。

【“2021灞桥樱桃”采摘文化旅游节】 5月17日，2021陕西水果网络特色季西安采摘季西安时令水果“樱桃红了”主题宣传推介暨“灞桥樱桃”采摘文化旅游节启动仪式在白鹿仓景区启动。活动现场发布采摘打卡点及多条旅游线路，诚邀市民游客领略西安乡村旅游的别样风采，享受瓜果采摘的乐趣。

【第三届潼关生态文化旅游节】 以“庆祝建党一百周年 文旅融合山水潼关”为主题，于4月14日在潼关古城景区开幕。通过举办第四届风筝大赛、第四届牡丹文化节、首届“四知廉政文化节”等多项活动，让游客充分享受潼关丰富的文化旅游资源。

【首届秦岭玫瑰文化旅游节】 由宝鸡市文化和旅游局、宝鸡市总工会，中共渭滨区委、渭滨区人民政府主办，以“玫瑰之缘·相约渭滨·浪漫宝鸡”为主题，于5月20日在秦岭玫瑰产业现代农业园举行。活动融合赏花、美食、畅玩、摄影、休闲、娱乐、研学于一体，将地域文化特色与玫瑰时尚浪漫相结合，推动农旅融合，促进乡村振兴，为全市都市旅游与乡村振兴融合发展作出了积极探索。

【金台区第三届油菜花节】 由金台区农业农村局、金台区文化和旅游局、金台区扶贫开发办公室、金河镇人民政府主办，于3月31日启幕。此次节会进一步推动了脱贫攻坚成果与乡村振兴有效衔接，全面展现金台区美丽乡村建设与旅游+农业融合发展的新局面。

【凤县第十四届古凤州生态民俗文化旅游节】 以“相约红色百年·溯源嘉陵山水·共享健康生活·畅游七彩凤县”为主题，于6月11日晚在凤凰湖畔开幕。举办了“逐梦百年 · 凤舞九天”喷泉音乐会、2021凤县康养文化（凤文化）发展大会、2021陕甘宁青川渝旅游产品（农产品+电商）展销推介会、“凤椒”美食大赛、2021全国旅游自媒体达人带你游凤县采风等多项文化旅游活动，向社会各界展示七彩凤县——大秦岭会客厅的文旅魅力。

【洛南仓颉文化旅游节】 2021中国秦岭生态文化旅游节的系列活动之一，以“洛汭之水祭仓圣·汉字寻根游洛南”为主题，于4月20日在洛南县开幕。旨在弘扬仓颉造字精神，提升洛南文化旅游知名度。

【商南鹿茗开茶节】 由商洛市文化和旅游局、中共商南县委、商南县人民政府共同主办，商南县文化和旅游局、西北旅游文化研究院等单位联合承办，于3月30日在商南县阳城驿景区启动。本届春满秦岭 · 商南鹿茗开茶节以茶为媒，邀请游客走进商南，品茗茶，游奇峡。其间还举行了“中华秦岭大讲堂”开讲仪式，并举办了首次线上线下相结合的讲座活动。

【2021商南金丝峡兰花节】 由商洛市文化和旅游局、商南县委、商南县人民政府主办，于4月22日在金丝峡景区启动。此次活动包含精品兰花展、生态勇士挑战赛、兰香书画采风行、“嗨在商南”创意挑战赛等系列活动，从4月22日持续至5月底。

【2021丹凤桃花节暨第三届花朝节】 3月15日在丹凤县竹林关镇桃花谷景区举行。本届桃花节举办了八大系列活动，包括开幕式和花朝节活动、短视频抖音挑战赛、网络大V直播带货、“相约竹林关 · 问道桃花谷”摄影大赛、千人万米健步跑比赛、“美丽乡村大舞台”民俗展演周、“相约花朝节 · 共筑中国梦”研学旅行活动、古风雅韵旗袍秀等。

【2021中国最美油菜花海汉中旅游文化节】 3月13日在西乡县杨河镇高土坝观花点盛大启动，以“汉风花海·旅居天汉” 为主题，“以花为媒促招商，以节会友谋发展” 为宗旨，规划打造51个各具特色的观花点和29条成熟的观花线路，新打造洋县木瓜园、勉县新铺镇漩水坪等梯田、平原、水体各式花海景观，推出文旅融合、农旅融合、商旅融合、体旅融合、宣传营销活动，创新举办春季主题招商周、“四个在汉中”全球线上推介会、国际绿茶高质量发展大会等10大重点活动。

【2021留坝红叶季】 由留坝县文化和旅游局、张良庙·紫柏山景区管委会主办，以“秦岭秘境 红叶盛宴”为主题，于10月23日正式启动。2021留坝红叶季围绕“好看更好玩”的宗旨，陆续推出“秦岭人家晒秋”“红叶下午茶”“秦岭晚宴”“秦岭风物市集”“秘境徒步”等一系列互动参与性、本土文化性较强的特色体验活动，进一步推动留坝赏秋度假全面升级与纵深发展，为游客带来富有内涵的秦岭红叶体验游。

【第十八届诸葛亮文化旅游节】 4月2日—6日在勉县武侯墓景区举行。活动期间举办了清明祭祀诸葛武侯典礼、秦腔戏曲艺术表演、文艺节目表演等10余项具有三国文化特色的主题活动。

【2021陕西·汉中（城固）柑桔旅游文化月暨城固县第四届农民丰收节】 由汉中市人民政府主办，汉中市文化和旅游局、中共城固县委、城固县人民政府承办，以“相约魅力城固 共享丰收喜悦”为主题，于9月23日在城固桔园景区启动。本次活动对提升城固文化旅游品牌，全方位推进文化、旅游、农业、产业深度融合，促进经济社会持续健康发展具有重要的推动作用，助力实现乡村全面振兴。

【第二十一届中国安康汉江龙舟节】 6月12

日在安康市汉江之畔开幕。共举办六大类12项活动，活动延续至9月。本届龙舟节遵循开放节俭高效和绿色健康安全办节原则，坚持政府主导、市场主体、展示形象、成果惠民办节思路，采取小现场大宣传、线上线下联动等方式，加强文化、旅游、体育、商贸相互融合，全面打造特色文化展示盛宴、开放发展广阔平台、游客群众青睐节日，助力安康开放发展、追赶超越。

【第六届安康富硒美食节】 由陕西省商务厅、省贸促会、安康市人民政府共同主办，于6月11日在汉城国际商业街拉开帷幕。6月11日—14日持续举办，以线上推广、线下体验融合的方式，荟萃展示安康全市各县区工艺独特，具有地域风情的名优小吃、富硒食品、特色宴席，以特色美食为媒，打造安康美食文化品牌，进一步促进经贸人文融合发展。

【2021年安康春来早暨汉阴油菜花旅游季】 以“观云海梯田，游花样汉阴，品汉阴美食，赏民俗文化”为主题，于3月13日在凤堰古梯田景区开幕。活动期间，举办了“三秦踏青哪儿去，花样汉阴等你来”自媒体短视频暨摄影创作大赛、以乡村旅游为主题的“三秦踏青 首选汉阴”千车万人游汉阴自驾发现之旅、“三生盘龙·十里桃花”文化旅游活动周等系列活动。

【中国岚皋巴山大草原帐篷露营节】 由岚皋县文化和旅游广电局主办，于7月17日在岚皋县巴山大草原启动。活动贯穿夏、秋两季，联动周末以及七夕、中秋、国庆等节点，诚邀游客感受岚皋小城文旅魅力。

【第五届“秦楚边城·水色白河”文化旅游节暨首届毛绒玩具节】 5月1日在安康市白河县仓上镇天宝梯彩农园开幕。本次旅游节持续3天，开展毛绒玩具巡游、幸运抽奖、二次元装扮、游艺活动、特色产品展示、篝火晚会、趣味猜谜、网红直播等多项活动。

【2021“长寿镇坪”旅游季】 以“享‘寿’春光 唱‘游’镇坪”为主题，于4月3日正式启动。活动围绕乡村观光、民宿美食，充分展示镇坪乡村魅力，为迎接夏季旅游高峰打下基础。以节为媒推介镇坪优质旅游资源和优质旅游线路，不断扩大知名度和影响力，打造乡村旅游品牌，实现以节会友、以节拓市、以节富民。

甘肃省

【2021年公祭伏羲大典】 6月22日在天水举行，以“弘扬伏羲文化、传承中华文明”为宗旨，以“同根同祖、中华共祭”为主题，同时还搭建了“同根同祖，中华共祭，亿万中华儿女线上祭祖云平台”，现场祭祖与网络祭祖同步进行，媒体对公祭大典进行了直播。

【2021甘谷大像山文化旅游节】 以“盛世华章·锦绣甘谷”为主题，5月13日—20日在冀城广场举行。本届旅游节组织开展文艺汇演、秦腔公演、书画作品展、非物质文化遗产展、武术交流汇演、摄影采风、文化讲座等一系列活动，充分展示甘谷技艺、弘扬古冀文明，推介地域文化，扩大提升甘谷对外影响，全方位、多角度推进文化、商贸与旅游深度融合发展。

【定西第四届渭水文化旅游节】 由甘肃省文化和旅游厅、定西市人民政府主办，定西市文体广电和旅游局、渭源县人民政府承办，于7月17日在渭河源景区开幕。以“渭水源头·李氏故里·当归定西”“畅游源头山水·感悟渭河古韵·助力乡村振兴”为主题，进一步推介定西富集的文旅资源，宣传渭水源头自然风光和文化底蕴，扩大“华夏文明渭河源”战略品牌的影响力。

【漳县贵清山文化旅游节】 由定西市文体旅游局、中共漳县县委、漳县人民政府主办，以“天下贵清·康养漳县”为主题，于4月29日在贵清山植物园开幕。此次活动旨在全方位唱响“天下贵清·康养漳县”全域旅游品牌，不断提升漳县文化旅游知名度和影响力。

【岷县非遗宣传周·花儿艺术节】 以“花儿

唱响新生活 为建党100周年献礼”为主题，于6月24日在岷县开幕。艺术节期间，举办了第二十一届洮岷花儿比赛、花儿论坛、“花儿之恋”非遗节目展演、岷县特色文创产品展销和商品交流会、岷县传统武术展演、岷县特色美食推介、书画交流展等活动，加快文化、体育、旅游融合发展，为巩固拓展脱贫攻坚成果同乡村振兴有效衔接奠定坚实基础。

【第五届马家窑文化节】 由中国社会科学院考古研究所、北京大学考古文博学院、甘肃省文化和旅游厅、甘肃省文联、定西市人民政府共同主办，以“世界的马家窑·马家窑的世界”为主题，于7月20日在临洮县开幕。文化节期间，临洮县通过举办12项具体活动，让古老的马家窑文化穿越时空，焕发出新光彩。

【陇南市茶文化艺术节】 5月29日在陇南市武都区开幕，艺术节期间还举行了茶产业助力乡村振兴论坛、招商引资推介会、特产展销订购、文化展览演艺等分项活动。此次节会旨在深入宣传当地优美生态环境，持续夯实“三农”发展基础，打造青泥蜀道、茶马古道、陇上茶乡等文化品牌，不断提升以茶叶为代表的农特产品知名度和市场占有率。

河南省

【2021洛阳河洛文化旅游节】 由河南省文化和旅游厅、洛阳市人民政府主办，以“行走洛阳 读懂历史”为主题，9月29日－10月26日在洛阳市举行。其间举行了“行走洛阳 读懂历史”宣传推广活动、“国民度假地 最美伏牛山”山水康养之旅、黄河流域非遗国际创意周、“根在河洛”客家文化交流活动、“古都新生活 享游洛阳城”休闲乐购活动等丰富多彩的活动，持续提升河洛文化旅游节文化内涵和国际化水平。

【第二届洛阳乡村文化旅游节】 由中共洛阳市委宣传部主办，于6月10日－14日在洛阳以主会场加分会场方式举办，围绕“庆建党百年、游河洛山水、助乡村振兴”主题，同时与端午节传统文化有机结合，以洛阳美丽乡村、特色文化、农副产品、文艺汇演、文创产品等为载体，集中展示全市脱贫攻坚丰硕成果，汇聚起乡村振兴的精神力量。

【南阳第十七届玉雕文化节暨月季花会】 4月28日在镇平县开幕，花事活动持续至5月15日。玉雕文化节以“赏精品美玉、游大美南阳、促产业提升”为主题，月季花会以“南阳月季·香飘五洲”为主题，以开放增交流，以交流谋合作，以合作促发展，持续提升带动效应，努力通过节会把“一玉一花”产业向更高层次、更深领域推进，为打造新兴区域经济中心、高质量建设大城市助力添彩。

【第二十九届信阳茶文化节】 4月28日在南湖广场开幕，开幕式采用“线上直播”的方式进行。在4个小时的直播中，全景展示了信阳的文化和旅游魅力，让广大网友尽情领略毛尖之都的风采和信阳茶产业的优势。

【2021平顶山赏花春游季暨尧山·杜鹃花海节】 由平顶山市文化广电和旅游局、鲁山县人民政府、平顶山市尧山风景名胜区管理局、中共鲁山县委宣传部、天瑞旅游集团主办，以“杜鹃花开·香溢中原”为主题，于4月18日在尧山风景区游客中心前广场举行。当日，尧山风景区还同步启动了“V在尧山·自然精彩 ”2021尧山短视频大赛评选活动。同时，景区还委托专业网络平台，开启“尧天使”之尧山风景区形象代言人全球网络海选。

【洛宁第十七届上戈苹果文化节】 由中共洛宁县委、洛宁县人民政府主办，围绕“农旅融合促乡村振兴 全域旅游助绿色发展”主题，9月30日在灵栖谷苹果文化广场开幕。本届文化节通过“文化搭台、经济唱戏”的方式，拓展线上线下销售渠道，加大洛宁苹果品牌的宣传力度，发展壮大苹果产业，宣传推介秀美洛宁，进一步提升洛宁的知名度和影响力，为积极建设豫西知名的生态文化旅游功能区和培育秀美宜居养生基地增彩加力。

【嵩县第十三届银杏文化节】 11月2日，嵩县第十三届银杏文化节在白河镇五马寺村开幕。银杏文化节期间，举办短视频大赛、感恩回馈、“福地静心”达人秀、李佳琦代言银杏采摘、寻找最美银杏树等一系列主题活动，进一步宣传白河、推介白河、扩大白河的知名度和影响力，加快白河乡村振兴的步伐和嵩县文旅事业的高质量发展。

【第二十届河南汝阳杜鹃花节暨炎黄文化节】 以“辉煌百年路 花开新征程”为主题，于4月24日在炎黄文化广场开幕。本次活动持续到5月10日，其间同步举行南庄木偶戏、三弦铰子书、红色文艺轻骑兵、戏曲展演、太极拳表演、情侣谷走秀、杜鹃花海古筝表演、炎黄峰唢呐表演、杜鹃长廊广场舞表演、炎黄文化广场管乐表演及电影公益放映周等活动。

【中原大虎岭首届体育文化节】 10月10日在河南省汝阳县陶营镇体育休闲小镇开幕。在举办体育赛事的同时，还开展摄影书画展览、非遗项目展演等文化活动。本次活动为汝阳文化旅游事业发展注入新的动能和活力，使汝阳乡村旅游业态更加丰富。

【2021年第十八届舞钢水灯节】 由中共舞钢市委、市政府主办，于“七一”建党节前亮灯。舞钢水灯节是舞钢市重要的文化旅游项目，从2001年起至2021年已举办了18届，促进了舞钢市经济社会和文化旅游事业发展，已成为舞钢市一张亮丽的城市名片和文旅品牌。

【2021中国·方城第五届牡丹花节暨万亩花海旅游节】 由中共方城县委、方城县人民政府主办，以“国色牡丹妆方城，百花齐放春满园”为主题，于4月7日在二郎庙镇德云山风情植物园开幕。本届节会持续至5月5日，举办文艺演出、风味美食展、观灯赏牡丹、电音节等多项活动。

【方城县第五届连翘花节】 由方城县人民政府主办，以“走进七峰山 体验全域旅游”为主题，3月14日在七峰山生态旅游区山门广场举行启动仪式。活动旨在打响方城连翘品牌，展示方城山水人文景观，建设文旅强县，助力乡村振兴。节会期间，还举行品尝连翘花糕、名家表演、文艺演出、抖音大赛等系列活动。

【中国·南阳首届美丽卧龙文化旅游节】 由南阳市文化广电和旅游局和南阳市卧龙区人民政府共同主办，以“感受美丽卧龙、体验全域旅游”为主题，4月28日在卧龙区七里园乡达士营特色小镇开幕。本次旅游节共10天，紧紧围绕“文化强区”的发展战略，以“满足人民美好生活需要”为目标，以节会为平台，推动文化旅游全要素融合、全域发展，促进全区对外开放、招商引资，助力“首善之区，美丽卧龙”建设。

【卧龙区第二届达士营美食文化节】 由卧龙区政协主办，以“激情五月在古兵寨点燃 美丽卧龙从达士营出发”为主题，4月30日－5月5日在达士营村举办。本届美食文化节以美食展销为核心，同时举办十大文体辅助活动，打造十大网红打卡地，在第一届的基础上，进行了更加完善的全面优化，全力打造全民参与、全民同乐的美食盛宴，让越来越多的朋友通过美食文化节认识卧龙、了解卧龙，促进卧龙区文旅产业等各项事业更好发展。

【南阳宛城区首届文化旅游节】 12月16日－18日在宛城区举办，以“打造乡村知名品牌、彰显宛城文旅风采、助推乡村文化振兴”为主题，旨在进一步打响“魅力宛城”文旅品牌，推动文旅工作高质量跨越发展，助力乡村文化振兴。

【西峡县第十四届重阳民俗文化旅游节】 由中共西峡县委、西峡县人民政府主办，于10月14日在重阳古镇开幕。开幕式上，先后为获得重阳镇“重阳孝子”“十佳好媳妇”“孝心少年”荣誉的孝心儿女颁发了证书；为西峡县10位百岁老人家属代表进行了颁奖；为西峡县第六届“十大孝子”进行了颁奖，对荣获重阳镇2021年度十位“重阳寿星”颁发了证书，旨在把敬老孝老的社会风尚、代代相传的孝道传统继续传承发扬。

【河南·新野第六届桃花节郁金香节暨第三届纺织服装博览会】 由新野县人民政府主办，于3月10日在新野开幕，持续至4月16日。通过“两节一会”的举办，打造新野品牌节日，使新野成为“宜商、宜容、宜居、宜游”的旅游目的地。

【中国·南召第二届艾草文化节】 由南阳市中医药发展局、南召县人民政府指导，中国针灸学会民间针灸分会、世界针灸学会联合会义诊工作委员会、中国中医药研究促进会艾全产业链发展工作委员会主办，以“弘扬南召艾草文化 创建知名艾草品牌”为主题，于6月11日在南阳市南召县举办。

【2021信阳毛尖开采仪式暨第十届文新春茶节】 3月26日在浉河区浉河港文新茶村举行，开采仪式以网络直播的方式向全国展示，人们足不出户，就能观赏到茶山景色，观看信阳毛尖春茶采摘、信阳毛尖机械化生产和传统炒制加工技艺，感受茶乡信阳的春意与信阳毛尖的茶文化魅力。

【2021光山县第四届仙居油菜花文化节】 3月14日在仙居乡张湾村油菜基地开幕。本次油菜花文化节持续一个月，其间还举办“人间仙居摄影展”和“独山故事征文展”，农村旱船、舞狮、花鼓戏、皮影表演戏和广场舞表演民俗文艺活动。

【大别山（商城）花朝节·金刚台第二届油桐花节】 4月15日在金刚台镇卢店村红军祠广场开幕。节会展现了商城县乡村的新面貌和乡村振兴的新成果，为经济社会的发展助力添彩。

【叶县第四届（燕山湖）桃花节暨2021赏花季】 由中共叶县县委、叶县人民政府主办，于3月16日在辛店镇常派庄主会场启动。本次活动以赏花季为起点，把花季旅游持续推向高潮，同时借助赏花节，积极推介叶县赏花旅游系列活动，着力打造乡村旅游节会品牌效应，为加快叶县乡村振兴步伐，实现叶县农村经济和农村生态环境双提高作出积极贡献。

【第一届中国（宝丰）官窑瓷器交流大会暨中国·宝丰第二届汝窑陶瓷文化节】 由中国工艺美术协会、中国陶瓷工业协会主办，河南省工艺美术行业协会、省陶瓷玻璃行业管理协会、宝丰县委、宝丰县政府承办，5月26日在宝丰县演艺中心开幕。此次活动旨在全面展示我国陶瓷文化艺术之美，对中国陶瓷艺术和全国文化交流起到互通往来的桥梁和纽带作用，助推宝丰县汝官窑的传承与发展再上新台阶，推动宝丰县经济社会高质量发展。

【平顶山市第十一届尧山红叶节】 10月23日—24日在尧山开启系列活动。本届红叶节期间，尧山风景区推出众多优惠活动，通过系列优惠及优质服务，使前来的游客更加直观地走进尧山、了解尧山。

【鲁山县首届酥梨文化节】 由鲁山县委、县政府主办，于3月20日在鲁山县董周乡五里岭开幕。活动旨在依托本地资源优势，以花为媒、以节会友，打造独特的生态、休闲、旅游、度假目的地，巩固脱贫成果，促进乡村振兴。

【鲁山县山水文化旅游节暨秋季游启动仪式】 由中共鲁山县委、鲁山县人民政府、尧山风景名胜区管理局主办，于10月1日在尧山广场启动。该活动以繁荣山水文化旅游、促进乡村振兴为目的，从山水自然景观、书法摄影作品展、非物质文化遗产、旅游产品展示等方面多角度呈现鲁山旅游文化独特魅力，助力打造全国知名旅游品牌，推动全域旅游深入发展。

【中国（鲁山）第五届世界汉字节】 由河南省民协、中共鲁山县委、鲁山县人民政府主办，于5月9日在仓颉祠广场开幕。本届活动除开幕式及文艺演出外，还举行了“百名将军”书法展、仓颉祭拜大典等。

【第二届鲁山杜鹃花节】 由中共鲁山县委、县政府主办，于4月17日举行开幕式。本届杜鹃花节旨在为游客提供赏花度假、感受春天的好去处，搭建宣传推介鲁山文化旅游资源及优质绿色农副产品的有益平台，推动县域文化旅游发展。

【汝州市第一届紫荆花旅游文化节】 由汝州市委、市政府主办，于3月20日在市体育中心紫荆大道开幕。本届旅游文化节以观赏紫荆花为契机，全面展示汝州美花、美景、美食、特色商品，展示汝州在文化旅游、城市建设等方面取得的巨大成就，以城市游带动乡村游，推动全市旅游产业快速发展。

【汝州龙凤山滑雪旅游文化节】 每年1月1日—2月28日举行，活动旨在积极响应文化和旅游部开展的冰雪旅游宣传推广活动，组织开展汝州冰雪旅游和全民健身活动，进一步丰富汝州冬季文化旅游市场，助力乡村振兴。

【第十届中国酒祖仪狄文化节暨祭祖大典】 由中共宝丰县委、宝丰县人民政府和平顶山市民间文艺家协会主办，于4月11日在酒祖仪狄故里商酒务镇举行。旨在使仪狄文化成为又一张宣传宝丰的文化名片，助推文旅强县建设。

【2021“老家河南”美好春游季（嵖岈山站）启动仪式暨第九届嵖岈山西游文化节】 3月27日在嵖岈山风景区启幕。西游文化节是嵖岈山每年春季最重要传统节庆活动之一，今年已经是第九届。2021年嵖岈山景区以创意驱动营销链路，持续丰富嵖岈山的线上表现形式，全网“种草”景区西游文化和自然景观，以此打造嵖岈山独特的文化IP。

湖北省

【2021十堰樱桃节】 为了打造十堰樱桃产业品牌，“‘樱’你而红‘桃’醉车城”，2021十堰樱桃节于4月24日启动，活动持续至5月中旬。活动期间推出“樱桃+科普、樱桃+亲子、樱桃+房车、樱桃+登山、樱桃+民宿、樱桃+美食”等多种主题，不同特色的旅游采摘线路，让游客品尝美味樱桃，走进美丽乡村，饱览特色风光。

【第十二届中国长江三峡国际旅游节】 以“壮美长江·诗画宜昌”为主题，于10月14日晚在宜昌奥体中心体育馆开幕。活动坚持全年办节与集中办节相结合，包含七大类30多项具体活动。该旅游节是经国家批准举办的全国性节庆活动，由鄂渝两地轮流举办，目前已成为长江三峡沿线地区展现文化旅游资源的亮丽名片、推动交流互鉴和开放合作的桥梁平台，并已赢得国内外广大游客、旅行商和客商的广泛关注。

【荆门·沙洋第十三届油菜花旅游节】 由湖北省农业农村厅、湖北省文化和旅游厅、荆门市人民政府主办，以“乡村振兴 花开荆门”为主题，于3月16日在沙洋县曾集镇开幕。从2008年起，荆门连续举办了13届油菜花旅游节，每年吸引百万人次踏青赏花。2009年被湖北省人民政府授予“湖北荆门油菜花旅游节庆品牌”。

【京山首届年猪宴节】 由石龙镇人民政府、京山市文化和旅游局、京山市农业农村局、京山市商务局、京山市融媒体中心、京山市文化旅游投资开发有限公司联合主办，于12月12日在石龙镇丹峰生态农业园举行。本次活动持续至1月27日，带动文化、旅游、农业全产业链融合发展。

【京山市第二届芍药花节暨花台山音乐焰火晚会】 4月23日在曹武镇花台山举行。此次活动旨在巩固全域旅游成果，放大全域旅游优势，推进全域旅游向纵深发展，助推乡村振兴。

【第二届长江三峡邮轮自驾旅游节】 由宜昌市文化和旅游局、神农架文化和旅游局联合主办，于7月16日在秭归“新高湖”邮轮上拉开帷幕。本次活动进一步塑造“长江三峡邮轮自驾文化旅游节”品牌，树立“宜旅宜昌 神秘神农 自由自驾”全国自驾游形象，依托“新高湖”邮轮载体，整合宜昌、恩施、武当山、神农架，重庆奉节、云阳、黔江等地资源，打造中部特色自驾旅游线路和湖北“一江两山”精品旅游路线，推进湖北自驾游高质量发展。

【恩施2021年旅游宣传营销活动】 由恩施市

人民政府主办，恩施市文旅局、恩施市妇联、恩施市总工会、恩施大峡谷风景区管理处、恩施大峡谷景区承办，于3月8日在恩施大峡谷景区举行启动仪式。此次活动旨在促进恩施旅游产业的全面复苏，提振恩施旅游发展信心，通过文旅融合，推进民族文化的传承和保护，助力唱响恩施文化旅游名片。

【第九届长江三峡（巴东）纤夫文化旅游节】 由湖北省体育局、恩施州人民政府主办，湖北省群艺馆、恩施州文化和旅游局、巴东县人民政府承办，于4月30日在巫峡口景区开幕。活动期间还举办“天下太坪·飞阅清江”首届NUF无人机大赛、“新文旅·新巴东”商旅踩线活动、“守望长江·绿满两岸”湖北银行2021湖北·长江超级半程马拉松（巴东站）赛事等活动。

【2021昭君文化旅游活动】 由宜昌市政府主办，宜昌市民宗委、宜昌市文化和旅游局、兴山县政府承办，以“弘扬昭君文化 促进民族团结 发展美丽经济”为主题，于10月18日在兴山县启幕。活动期间，举行“昭君出塞”旅游合作疗休养互送发车仪式、发布跨区域旅游产品和精品旅游线路、“鸿雁传情一家亲”民族团结先进模范宣讲，以及昭君和亲路沿线城市文创产品展销、昭君和亲路产品推介会、旅游产品研讨会、昭君文化旅游联盟理事会等活动。

【房县西关印象网红大会暨首届诗经汉服旅游月】 由房县文化和旅游局主办，以“诗酒花神纪”为主题，于4月25日在西关印象启动。活动期间围绕“盛世霓裳 十二花神游园”“琴瑟和鸣 抚琴弈局茶艺”“姹紫嫣红 国风国潮市集”“汉服之夜 音乐会灯光秀”等特色文化体验活动，为游客提供一次赏美景、寻诗意、探文化的歇身歇心之旅。

【房县文化旅游美食嘉年华】 由十堰市饮食服务行业管理办公室、房县文化和旅游局等单位主办，于9月29日在西关街百戏楼启动，全方位开展美食节、名菜推广、高峰论坛、生态旅游等系列活动，为广大餐饮行业工作者、美食爱好者提供了一个良好的交流平台，使地方特色美食更好地促进旅游产业和谐发展。

【老河口市第二届“五月的鲜花”艺术节暨美丽乡村宣传推介会】 以“汉江绿心 花漾河口”为主题，于5月8日启动。本次活动介绍当地农旅融合发展成果，旨在助推乡村振兴，展现老河口市文化品位和城市形象，打造汉江流域滨江精致城市典范和城乡共同繁荣样板。

【竹溪县第五届“百里景廊”文化和旅游暨采茶文化节】 由中共竹溪县委和竹溪县人民政府主办，于4月26日在竹溪龙王垭茶文化旅游区开幕。活动为期2天，除了精彩的开幕式和新颖的采茶实景演出外，还举行了“对话茶乡”茗人齐聚品香茗、“唱响茶乡”建党百年、龙王垭红色快闪活动、“诗韵茶乡”采茶比赛等十大项精彩活动。

【竹溪县2021年乡村文化旅游年】 3月20日启动，活动旨在进一步弘扬竹溪地域文化，扩大竹溪知名度和美誉度，全方位、多角度地宣传推介竹溪，大力发展乡村旅游,积极开发特色旅游产品，着力构建一年四季不间断的乡村旅游新格局，努力把竹溪建成旅游强县、文旅名县和康养胜地。

【郧阳区第五届乡村文化旅游节】 以“把握时代热点、演绎乡村风情、弘扬传统国学、体验诗意美景”为主旨，于3月20日在城关镇桃花沟村开幕。通过举办精彩开幕式、汉江儿女成人礼、国风汉服秀、相亲游乐会、诵桃花诗拿桃花礼、购郧阳名优农特产品六大主题活动，三大会场遥相呼应，将传统人文、秀美风光打造成乡村旅游产业优势，塑造乡村旅游新名片。

【南漳县第四届有机采摘节暨文化旅游抖音大赛】 由中共南漳县委、南漳县人民政府主办，于4月26日在城关镇大山村举行启动仪式，进一步唱响“心氧氧 去南漳”文旅品牌，扩大“南漳樱桃”的知名度和美誉度，推进农旅融合，助力乡村振兴。

【辛丑年湖北·远安嫘祖文化节】 以“大爱嫘祖、情怀丝路、诗画远安”为主题，于4月26日在嫘祖镇开幕。活动持续到5月3日，其间举行民间工艺及旅游商品展示（展销）、商业贸易、“嫘祖之恋”旅游打卡、“玩转远安”非遗民俗展演等活动。

【襄阳首届月季文化旅游节】 4月24日在卧龙镇月季花海开幕。本次月季文化旅游节推出月季主题景点，组织邀请劳模、抗疫有功人员、留守妇女儿童、特困群体等有序分批免费到月季园观光游玩。开展晒图免费游、“月季花开 美丽襄城摄影短视频大赛”等多项花事活动。

【襄州区首届李喜华石桥豫剧艺术节】 由襄阳市襄州区委宣传部、襄州区乡村振兴局、襄州区文化和旅游局主办，于9月29日在襄州区石桥镇开幕。活动旨在促进文旅融合，传承中华优秀传统文化，丰富群众精神文化生活。

【“楚宴天下”楚菜消费展巡展进随州暨2021年随州香菇美食节】 由湖北省商务厅、随州市政府主办，以“随州香菇、詹王美食、荆楚味道”为主题，于12月18日在随城吾悦广场开幕。活动包括“楚菜消费展”“楚菜美食大赛”“楚菜（食材）展销”三项内容，传承弘扬湖北饮食文化，提升楚菜及随州地方特色美食知名度和美誉度，进一步激发消费市场活力。

【随县第二届兰花节】 由湖北省兰花学会、随县兰花协会主办，于4月10日启幕。通过活动致力把随县兰花产业打造成兴花富民、繁荣经济、乡村振兴的特色支柱产业。

【辛丑年世界华人炎帝故里寻根节】 由国务院台湾事务办公室、中国文学艺术界联合会、中华全国归国华侨联合会、中华炎黄文化研究会、湖北省人民政府联合主办，于6月6日在随州举行。作为国家级祭祀大典，寻根节已成功举办多届，成为海内外炎黄子孙共享的文化盛会、共同的精神洗礼。

【广水市首届海棠文化旅游节】 以“红色吴店，风光无限”为主题，于3月28日在吴店镇王子店村精彩启幕。活动持续3天，其间连续举办多场文化、文艺活动，助力城市文化旅游推广。

【广水首届月季花节】 以“梦里花溪 醉美观音”为主题，于4月28日在广水市开幕。本次月季花节有歌舞表演、书画表演、茶艺表演，以及摄影作品展览、非物质文化遗产展览，包括美食大赛、农特产品展销等，时间持续到6月底。

【大悟县第二届茶文化旅游节】 以“红秀大悟·茶香天下”为主题，于5月8日在河口镇金墩村抹茶基地拉开帷幕。本届茶文化旅游节组织开展采茶制茶比赛、“茶旅结合·醉美茶园”摄影作品展等系列文旅活动，旨在加快县域经济高质量发展。

【第十届湖北•麻城菊花文化旅游节】 以“福菊乡里说丰年”为主题，与农民丰收节同期举行，9月28日在麻城五脑山国家森林公园开幕。本届菊花节持续至11月下旬，游客可赏菊景、尝菊宴、品菊茶、购菊礼、住菊宿，徜徉花的海洋。

【麻城第二届乡村文化旅游节暨第八届茶花文化旅游节】 以“相聚花海 拥抱春天”为主题，于3月8日在麻城市五脑山国家森林公园开幕。活动旨在深化文旅、农旅融合，推进麻城乡村旅游发展，助力乡村振兴。

【中国•麻城首届“思故土、忆乡愁”肉糕美食文化节】 12月29日在麻城古孝感乡都度假村举行。活动现场不仅还原以往赶大集场景，集中展销种养农产品，以肉糕、鱼丸子、酥鱼为主，让赶大集成为常态，振兴农业产业。还打造了全市首家以儿童为主题的无动力乐园，填补麻城市旅游市场无儿童主题公园的空白。

【第十三届罗田红叶节】 10月30日在湖北省罗田县三胜广场开幕。红叶节特别安排了优秀沉浸式剧目《情恋大别山》、抖音短视频创作大赛和摄影创作大赛等特色活动。同时，深化挖掘古镇、红叶、非遗、文创、特产等内容，针对赏花游、亲子游、闺蜜游等不同细分市场的需求，设计不同的线路产品吸引游客。

【第二十九届湖北·英山茶文化旅游节暨湖北省首届山歌节】 以“茶旅融合·艺润茶乡”为主题，于4月17日开幕。通过举办英山云雾茶开园节、首届山歌节、茶叶品牌评选联赛、茶园山歌秀、网球邀请赛等系列活动，展现难以忘怀的茶乡美景，演绎眷恋不舍的茶乡风情。

【第六届李时珍蕲艾健康旅游文化节】 5月26日至28日在蕲春县举办，节会延续市场主导、企业主体、政府支持、部门服务的模式，采取“线上+线下”方式，举办“李时珍大讲堂”活动启动仪式、蕲艾本草辩证讲座、招商引资推介暨“教授回乡”签约会等10个主要活动，助力蕲春打造中国健康产业示范县和国家级可持续发展试验区。

【第十一届（黄冈）东坡文化节暨第十届湖北省黄梅戏艺术节】 由湖北省文化和旅游厅、黄冈市人民政府共同主办，以“东坡传千古·黄梅唱天下”为主题，于11月28日晚在黄冈市开幕。活动期间，举办文旅资源推介、东坡文化研讨会、黄州古城东坡遗址遗迹考察、“东坡遗韵——黄冈惠州儋州眉山诸城五城市书法联展”“东坡足迹黄冈行”等活动。湖北省黄梅戏艺术节是湖北省重要戏曲活动之一，每三年举办一届，对黄梅戏传承发展起到重大的推动作用。

【黄陂第十四届群众文化艺术节】 由黄陂区委宣传部、黄陂区文化和旅游局承办，首场文艺表演3月24日晚在黎元洪文化广场开幕。活动旨在进一步宣扬黄陂特色文化品牌，不断丰富城乡居民精神文化生活，着力提升全区经济社会软实力。群众文化艺术节持续到年底，涵盖木兰金秋节、歌手大赛、广场舞大赛、展览活动等。

【兴山首届花朝节暨汉服摄影大赛】 3月27日在昭君村景区举办，共有500多名身着汉服的青年男女参加活动，现场除了祭祀花神、祈福、摄影比赛、古风演出等，还有花酿宴、投壶等游戏。花朝节由来已久，是纪念百花的生日，简称花朝，俗称“花神节”。古代各地大多建有花神庙，老百姓每逢花朝节，都要汇聚花神庙，庆祝百花生日，祈福花木茂盛。

【神农架第11届高山杜鹃花节】 由神农架林区人民政府主办，5月2日在华中屋脊神农顶开幕。此次高山杜鹃花节安排有神农架民俗歌舞、神农架特色地方小调、寻觅“杜鹃花”等活动，是神农架林区助力市场恢复的文化活动，也是展现疫后生态魅力的实际举措。

安徽省

【第九届中国（安庆）黄梅戏艺术节】 由文化和旅游部、安徽省人民政府主办，文化和旅游部艺术司、安徽省文化和旅游厅、安庆市人民政府承办，中国戏剧家协会特别支持。本届黄梅戏艺术节于9月26日－10月8日在安徽省安庆市举行，线上线下联动展演，6类30余场活动好戏连台。中国（安庆）黄梅戏艺术节自1992年创办以来，已成功举办九届，现已成为黄梅戏展示交流的重要舞台、文化惠民乐民的重要载体。

【第十届大别山（六安）山水文化旅游节暨第七届六安茶谷开茶节】 由安徽省六安市委、市政府主办，金寨县人民政府等承办，开幕式于4月24日在金寨县花石乡大湾村举行。大别山（六安）山水文化旅游节，是经安徽省政府批准的节庆活动，六安茶谷开茶节是其重要组成部分。自2012年以来，大别山（六安）山水文化旅游节已连续举办了10届，六安茶谷开茶节已连续举办了7届，对进一步宣传推广六安，产生了积极影响。

【2021第四届中国·金寨春天文化旅游节暨文

创集市电商节】 由金寨县文旅体育局、金寨县科商经信局主办，以“诗画大别山 醉美望春谷”为主题，2月22日采用线上启幕的方式进行。该活动有效宣传了大别山和金寨县的文化旅游魅力，推广了线路产品，助推了文化旅游业态发展。

【2021金寨全国机车文化旅游节】 由六安市文化和旅游局指导，金寨县文化旅游体育局主办，于10月11日在金寨茶山花海景区启动。活动既通过自驾游及汽摩运动的方式将体育发展和乡村旅游深度融合，点燃社会大众参与体育发展和乡村旅游发展的热情，又展示金寨中国红岭公路自驾精品线路品牌影响力，提升金寨旅游品牌知名度和美誉度，推动沿途乡村旅游发展，助力乡村振兴。

【大别山（安徽）天堂寨第十届天贶民俗文化旅游节】 由金寨县文化旅游体育局、天堂寨镇人民政府主办，于7月16日在天堂寨景区举行。天贶节，又叫半年节，俗称“接姑娘节”。每年这个时候，江淮之间麦割罢、茶采完，主要农作物水稻尚未成熟，农民也难得有一段忙里偷闲的时间。正值半年，为了讨“六六大顺”的彩头，祈愿下半年五谷丰登，同时也通过接嫁出去的姑娘回门、接未过门的新媳妇上门，共同庆贺欢乐时刻。天堂寨天贶民俗文化旅游节已经举办了10届，通过活动提升天堂寨旅游文化品位，丰富天堂寨5A级景区旅游文化内涵，推动了天堂寨旅游经济健康快速发展。

【2021中国（金寨）第四届灵芝长寿养生文化旅游节】 由金寨县文化旅游体育局、金寨县农业农村局、金寨县中药产业发展中心主办，于6月24日在金寨县影剧院大会堂开幕。旨在将旅游休闲和中医康养有机融合，推动农旅、康旅、文旅等多产业融合发展，为乡村振兴发展助力，真正让红色文化吸引游客、绿色养生留住游客，让更多的朋友爱上金寨。

【中国（霍山）养生药膳美食旅游文化节】 由安徽省烹饪协会、霍山县文化旅游体育局主办，于6月30日在霍山县南岳山庄开幕。旨在弘扬霍山养生药膳美食文化，助力旅游产业发展和乡村振兴战略。

【舒城县乡村振兴论坛暨第二届文翁文化旅游节】 由六安市一谷一带办、舒城县人民政府主办，以“乡村文化写春秋，振兴产业强龙舒”为主题，于7月25日在舒城县春秋乡文冲村开幕。活动期间还举办“感文翁之风，游春秋山水”摄影大赛、文翁研学旅游小镇抖音大赛、文艺汇演、农特产品展销等丰富多彩的活动。

【舒城县首届风筝文化节】 由舒城县总工会、县旅游事业发展中心、县融媒体中心、县体育事业发展中心主办，于4月10日在舒城县体育中心开幕。此次活动还搭建美食、非遗、农产品展销会，设置儿童游乐区，吸引了各年龄段的风筝爱好者前来参与，感受多样文化，体验多重乐趣。

【2021安徽（潜山）天柱剑毫茶文化旅游节】 由天柱山风景名胜区管理委员会、潜山市农业农村局、潜山市文化旅游体育局、潜山市扶贫办、潜山市供销合作社联合社、中共天柱山镇委员会、天柱山镇人民政府主办，以“茶旅融合 乡村振兴”为主题，于4月17日在天柱山镇开幕。此次茶文化旅游节共设置六大特色活动，分别为天柱剑毫茶文化旅游节开幕式、潜山天柱剑毫品牌建设与乡村振兴研讨会、潜山市乡村振兴“农特产品”展、“云游天柱龙窝茶园”系列直播、主流媒体茶旅精品线路采风行、茶仙子汉服秀等，推动茶产业、茶文化、茶旅游深度融合。

【第十届天柱山白马潭漂流泼水节】 由潜山市文化旅游体育局、水吼镇人民政府主办，于7月17日晚在潜山市水吼观光园开幕。活动期间，举办“竹筏、皮艇漂流泼水”、生态马术表演、河岸卡丁车、绿道骑行、户外露营篝火、网红摸鱼抖音秀及漂流歌舞村晚风等活动。

【金安区第六届荷花旅游文化节】 以“大美木

南，荷谐金安”为主题，以“农业发展、文化传承、愉悦百姓”为重点，于7月18日在木南现代农业示范区荷花岛开幕。本次活动突出重特大项目招引，新媒体宣传推介，彰显木南现代农业示范区的魅力。荷花节持续到8月10日，设置品牌发布、农旅融合、宣传营销三大板块，囊括10个线上线下主题活动。

【六安市第十三届桃花节】 以“桃映山水画廊景，花开乡村振兴时”为主题，于3月10日在金安区九十里山水画廊核心区张店镇金冲村桃花园举行，拉开了2021年“四季游金安”系列文旅活动的帷幕。六安市桃花节在金安区张店镇金冲村连续举办了五届，已成为金安区文化旅游交流、助推脆桃产业发展、促进群众增收的一张名片。

【庐江第三届瓜果采摘嘉年华暨罗河阳家墩首届民俗文化旅游节】 由中共庐江县委宣传部指导，庐江县农业农村局、庐江县文化和旅游局、庐江县乡村振兴局共同主办，于6月30日在罗河镇阳家墩景区开幕。本次活动采用现场开幕式+外场直播形式，全方位展示庐江县旅游资源与特色产业发展盛况。

【庐江首届白湖紫云英花海旅游文化节】 由中共庐江县委宣传部指导，庐江县文化和旅游局、庐江县农业农村局、庐江县白湖镇人民政府等联合主办，开幕式于4月17日在白湖梅山农场举办。本届活动以“白湖浮紫云 芳菲映韶华”为主题，邀请来自各地的游客一起游白湖，赏花海，观美景，品美食，共同领略皖中明珠白湖的独特魅力。

【庐江县第十三届温泉节】 由庐江县人民政府主办，以“冬汤池，暖合肥” 为主题，于12月16日在合肥启动。温泉节期间，陆续推出“大爷大妈大舞台”广场舞专场展演、“Super I抖庐江 红遍全城”新媒体达人采风活动、温泉“剧本杀”挑战活动、乡村年味节等一系列主题活动，让游客在享受温泉的同时，能够了解、感受庐江的文化底蕴。

四川省

【第十一届大蜀道文化旅游节】 由四川省文化和旅游厅、广元市人民政府主办，以“小养胜地 大道朝天”为主题，于12月10日在广元市朝天区曾家山开幕。本次活动重点突出“蜀道之美”“文化之旅”“康养之都”三大主题，采用线上线下同屏联动方式进行。大蜀道文化旅游节是四川省委、省政府批准保留的川东北地区高水平文化旅游盛会，也是蜀道沿线经批准的以蜀道文化旅游为主题的知名节庆活动。

【2021中国（广元）女儿节】 2021年是第33届中国（广元）女儿节，广元市坚持“政府引导、市场主体、文旅融合”原则，充分展示“剑门蜀道、女皇故里”城市形象，宣传城市名片、加强文化交流、促进经济发展，助推中国生态康养旅游名市建设。本届女儿节于9月1日在四川省广元市南河水上公园开幕，继续采取“线上+现场”相结合方式呈现各项活动。女儿节是广元人民纪念一代女皇武则天的特有传统节日，1988年广元市委、市政府决定恢复这一民间节日，并将每年9月1日定为“女儿节”。

【第九届巴人文化艺术节】 由四川省文化和旅游厅和中共巴中市委、巴中市人民政府共同主办，于9月22日－24日在巴中举行。本届艺术节围绕“文艺演出、文旅展览、文旅推介、商贸交流、考察畅游、文化访谈”六大类别，举行泛巴区域优秀文艺作品惠民展演、“5+N”城市文化旅游联盟推介会、泛巴区域文旅演艺产品开发推介会等10余项活动。

【第十九届四川光雾山国际红叶节】 由四川省文化和旅游厅、四川省林业和草原局、巴中市人民政府共同主办，以“安逸走四川 遇见光雾山”为主题，于10月18日在南江县光雾山镇铁炉坝广场开幕。红叶节期间，开展了光雾山特色旅游商品展销会暨国际美食周，全国百强旅行社及百家媒体巴中行，光雾山红叶摄影、写生、歌曲征集大赛，光雾山民歌民俗民乐表演秀，“金秋醉红叶”主题游，“夜宿红叶林”

房车展示和体验，“梦境·光雾山”电音快闪巡演，“光雾红叶、线上等你”线上狂欢季等9大配套活动。

【熊猫家园·净土阿坝·2021九寨沟世界旅行者大会】 由阿坝州人民政府主办，于9月19日在九寨沟开幕。本届大会集跨界论坛、音乐节、美食节、艺术展为一体，让人在熊猫家园、净土阿坝邂逅九寨沟，感受藏羌风土人文，品尝地方美食佳肴，欣赏艺术品展览，陶醉于音乐节优美旋律，近距离感受各种科技文化带来的全新思想碰撞。

【2021青川唐家河紫荆花节】 以“熊猫相亲春意浓 十里紫荆等您来”为主题，于4月1日在唐家河景区游客中心开幕。此次紫荆花节持续到4月30日，其间举行“赏紫荆遇熊猫”主体摄影大赛、“熊猫家园·大美青川”现场采风活动、“走进紫荆花谷”主题自然教育等系列活动。

【中国·通江梨园古村第三届民俗文化节】 以“巴賨古村·奋进梨园”为主题，秉持“赏梨花、闻古韵、观新貌”休闲定位，于3月20日在泥溪镇开幕。活动旨在以花为媒、以节会友，促进文旅融合，走出传统民俗文化与乡村观光旅游融合发展的新路子。

【南江县第四届金银花节】 6月5日在南江县兴马镇饮马池村金银花产业园开幕。旨在通过节庆活动塑造南江金银花产业外在形象，提升南江县自主研发的“南银1号”金银花品牌影响力，让金银花切实成为当地村民的致富花、幸福花。

【第三届巴山大峡谷·罗盘云顶冰雪节】 由宣汉县人民政府、达州市文化体育和旅游局主办，于12月17日在巴山大峡谷罗盘顶开幕。冰雪节期间推出“冰雪运动‘五进’活动”、巴山大峡谷云顶美食汇、达州迎冬奥 冰雪体验游、“四川省第四届全民健身冰雪季暨‘全民迎冬奥’川渝雪地定向赛达州站”等系列活动，持续到2022年2月底。

重庆市

【第十五届中国·重庆长江三峡（巫山）国际红叶节】 以“又到满山红叶时”为主题，于11月26日在巫山县开幕。本届红叶节更加注重沉浸式体验，在视觉、听觉等方面进行了全新设计，借助“内外联动”“虚实结合”，打造沉浸式漫游的全新旅游模式。从2007年开始，巫山县便在全国打响“三峡红叶”旅游品牌，举办首届“中国重庆长江三峡国际红叶节”。巫山红叶，已成为长江三峡旅游的一张名片。

【首届长江三峡非遗龙舟邀请赛】 6月14日，首届长江三峡非遗龙舟邀请赛在巫溪县大宁河大宁古城水域举行。活动旨在深入挖掘长江三峡非物质文化遗产资源，不断提高巫溪文化旅游知名度，以文旅活动为载体促进旅游经济发展，实现长江三峡旅游新高地目标，共筑长江三峡旅游新品牌，推动乡村振兴。

第七部分
附 录

秦岭旅游资源概况

【综述】 旅游资源是旅游业发展的依托和基础。一切有利于旅游业发展的资源都可称为旅游资源，包括自然与人文、有形和无形等。秦岭是一座自然与人文旅游资源的宝库，种类众多，数量巨大。由于未进行过旅游资源普查，根据《中国秦岭旅游图》行政区域范围和《中国秦岭旅游年鉴（2021）》编纂梳理情况，本卷《秦岭旅游资源概况》仅对秦岭旅游地理涉及市辖县级行政区内已获国际和国内命名、认定的世界遗产、国家级自然保护区、国家级风景名胜区、世界和国家地质公园、国家森林公园、国家水利风景区、国家湿地公园、国家级重点文物保护单位、世界和国家级非物质文化遗产项目等名录予以概览。

【世界遗产】 是指被联合国教科文组织和世界遗产委员会确认的人类罕见的、无法替代的财富，是全人类公认的具有突出意义和普遍价值的文物古迹及自然景观。世界遗产包括世界文化遗产（包含文化景观）、世界自然遗产、世界文化与自然双重遗产3类；从存在形态上分为物质文化遗产（有形文化遗产）和非物质文化遗产（无形文化遗产）。物质文化遗产是具有历史、艺术和科学价值的文化和文物遗存；非物质文化遗产是指各种以非物质形态存在的、与群众生活密切相关且世代相承的传统文化。

表-1

秦岭山系世界遗产名录

序号	所在省（市）	世界遗产名称	遗产类别
1	陕西省	陕西秦始皇陵及兵马俑坑	文化遗产
2	陕西省	陕西张骞墓	文化遗产
3	甘肃省	甘肃麦积山石窟	文化遗产
4	河南省	河南崤函古道石壕段遗址	文化遗产
5	湖北省	湖北武当山古建筑群	文化遗产
6	湖北省	湖北明显陵	文化遗产
7	湖北省	湖北神农架	自然遗产
8	四川省	四川九寨沟风景名胜区	自然遗产
9	陕西省	西安鼓乐	非物质文化遗产
10	甘肃省	格萨（斯）尔	非物质文化遗产
11	甘肃省	剪纸（定西剪纸）	非物质文化遗产
12	甘肃省	花儿（岷县二郎山花儿会）	非物质文化遗产

续表

序号	所在省（市）	世界遗产名称	遗产类别
13	河南省	灵宝剪纸、卢氏剪纸	非物质文化遗产
14	湖北省	端午节（宜昌市屈原故里端午习俗）	非物质文化遗产
15	四川省	格萨（斯）尔	非物质文化遗产

【国家级自然保护区】 自然保护区是对有代表性的自然生态系统、珍稀濒危野生动植物物种的天然集中分布、有特殊意义的自然遗迹等保护对象所在的陆地、陆地水域或海域，依法划出一定面积予以特殊保护和管理的区域。自然保护区按照建立目的、要求和本身所具备的条件不同，有多种类型。按照保护的主要对象来划分，自然保护区可以分为生态系统类型保护区、生物物种保护区和自然遗迹保护区3类。据不完全统计，秦岭旅游地理范围内现有大熊猫国家公园和国家级自然保护区61处。

表-2

秦岭山系国家级自然保护区名录

序号	所在省（市）	国家级自然保护区名称
1	陕西省、甘肃省、四川省	大熊猫国家公园
2	陕西省	陕西黑河珍稀水生野生动物国家级自然保护区
3	陕西省	陕西周至老县城国家级自然保护区
4	陕西省	陕西周至国家级自然保护区
5	陕西省	陕西紫柏山国家级自然保护区
6	陕西省	陕西黄柏塬国家级自然保护区
7	陕西省	陕西太白山国家级自然保护区
8	陕西省	陕西滑水河珍稀水生生物国家级自然保护区
9	陕西省	陕西朱鹮国家级自然保护区
10	陕西省	陕西长青国家级自然保护区
11	陕西省	陕西米仓山国家级自然保护区
12	陕西省	陕西青木川国家级自然保护区
13	陕西省	陕西略阳珍稀水生动物国家级自然保护区
14	陕西省	陕西桑园国家级自然保护区
15	陕西省	陕西摩天岭国家级自然保护区
16	陕西省	陕西佛坪国家级自然保护区
17	陕西省	陕西观音山国家级自然保护区
18	陕西省	陕西平河梁国家级自然保护区
19	陕西省	陕西天华山国家级自然保护区
20	陕西省	陕西化龙山国家级自然保护区

续表

序号	所在省（市）	国家级自然保护区名称
21	陕西省	陕西武关河珍稀水生动物国家级自然保护区
22	陕西省	陕西牛背梁国家级自然保护区
23	甘肃省	甘肃裕河国家级自然保护区
24	甘肃省	甘肃白水江国家级自然保护区
25	甘肃省	甘肃小陇山国家级自然保护区
26	甘肃省	甘肃漳县珍稀水生动物国家级自然保护区
27	甘肃省	甘肃秦州珍稀水生野生动物国家级自然保护区
28	甘肃省	甘肃多儿国家级自然保护区
29	河南省	河南连康山国家级自然保护区
30	河南省	河南小秦岭国家级自然保护区
31	河南省	河南伏牛山国家级自然保护区
32	河南省	河南鸡公山国家级自然保护区
33	河南省	河南恐龙蛋化石群国家级自然保护区
34	河南省	河南高乐山国家级自然保护区
35	河南省	河南丹江湿地国家级自然保护区
36	河南省	河南大别山国家级自然保护区
37	河南省	河南董寨国家级自然保护区
38	湖北省	湖北五道峡国家级自然保护区
39	湖北省	湖北赛武当国家级自然保护区
40	湖北省	湖北堵河源国家级自然保护区
41	湖北省	湖北十八里长峡国家级自然保护区
42	湖北省	湖北神农架国家级自然保护区
43	湖北省	湖北大别山国家级自然保护区
44	湖北省	湖北龙感湖国家级自然保护区
45	湖北省	湖北南河国家级自然保护区
46	湖北省	湖北青龙山恐龙蛋化石群国家级自然保护区
47	湖北省	湖北巴东金丝猴国家级自然保护区
48	安徽省	安徽金寨天马国家级自然保护区
49	安徽省	安徽鹞落坪国家级自然保护区
50	安徽省	安徽古井园国家级自然保护区
51	安徽省	安徽古井园国家级自然保护区
52	四川省	四川唐家河国家级自然保护区
53	四川省	四川米仓山国家级自然保护区

续表

序号	所在省（市）	国家级自然保护区名称
54	四川省	四川白河国家级自然保护区
55	四川省	四川诺水河珍稀水生动物国家级自然保护区
56	四川省	四川花萼山国家级自然保护区
57	重庆市	重庆大巴山国家级自然保护区
58	重庆市	重庆雪宝山国家级自然保护区
59	重庆市	重庆五里坡国家级自然保护区
60	重庆市	重庆阴条岭国家级自然保护区
61	陕西省	秦岭国家植物园（国家级植物园）

【国家级风景名胜区】 国家级风景名胜区凝结着大自然亿万年神奇造化，承载着华夏文明五千年丰厚积淀，是中华民族薪火相传的共同财富，也是观光游览、审美启智、感知中国的重要空间载体。风景名胜区兼顾“风景”与“名胜”，即“自然”与“文化”的双重属性，协调了自然与文化综合管理功能与保护类型。风景名胜区划分为国家级风景名胜区和省级风景名胜区，据不完全统计，秦岭旅游地理范围现有国家级风景名胜区17家。

表-3 **秦岭山系国家级风景名胜区名录**

序号	所在省（市）	国家级风景名胜区名称
1	陕西省	陕西华山国家级风景名胜区
2	陕西省	陕西骊山国家级风景名胜区
3	陕西省	陕西天台山国家级风景名胜区
4	甘肃省	甘肃麦积山国家级风景名胜区
5	河南省	河南鸡公山国家风景名胜区
6	河南省	河南桐柏山淮源国家级风景名胜区
7	河南省	河南尧山国家级风景名胜区
8	湖北省	湖北武当山国家级风景名胜区
9	湖北省	湖北大洪山国家级风景名胜区
10	湖北省	湖北丹江口水库国家级风景名胜区
11	湖北省	湖北隆中国家级风景名胜区
12	湖北省	湖北东湖国家级风景名胜区
13	安徽省	安徽天柱山国家级风景名胜区
14	安徽省	安徽花亭湖国家级风景名胜区
15	四川省	四川米仓山大峡谷国家级风景名胜区
16	四川省	四川白龙湖国家级风景名胜区

续表

序号	所在省（市）	国家级风景名胜区名称
17	四川省	四川光雾山—诺水河国家级风景名胜区

【国家森林公园】 森林公园是经过修整可供短期自由休假的森林，或是经过改造使其形成一定景观系统的森林。1982年起，我国开始实行国家森林公园批准制度。秦岭区域良好的生态环境和丰富的天然林地，为森林公园开发和建设提供了优势资源，因此，秦岭山系成为中国中部国家森林公园的集中呈现地。据不完全统计，秦岭旅游地理范围现有国家森林公园99处。

表-4

秦岭山系国家森林公园名录

序号	所在省（市）	国家森林公园名称
1	陕西省	陕西太白山国家森林公园
2	陕西省	陕西终南山国家森林公园
3	陕西省	陕西金丝大峡谷国家森林公园
4	陕西省	陕西黎坪国家森林公园
5	陕西省	陕西天台山国家森林公园
6	陕西省	陕西天华山国家森林公园
7	陕西省	陕西王顺山国家森林公园
8	陕西省	陕西汉阴凤凰山国家森林公园
9	陕西省	陕西青峰峡国家森林公园
10	陕西省	陕西少华山国家森林公园
11	陕西省	陕西紫柏山国家森林公园
12	陕西省	陕西天竺山国家森林公园
13	陕西省	陕西牛背梁国家森林公园
14	陕西省	陕西洪庆山国家森林公园
15	陕西省	陕西黑河国家森林公园
16	陕西省	陕西上坝河国家森林公园
17	陕西省	陕西千家坪国家森林公园
18	陕西省	陕西鬼谷岭国家森林公园
19	陕西省	陕西太平国家森林公园
20	陕西省	陕西木王国家森林公园
21	陕西省	陕西通天河国家森林公园
22	陕西省	陕西汉中天台国家森林公园
23	陕西省	陕西骊山国家森林公园
24	陕西省	陕西五龙洞国家森林公园

续表

序号	所在省（市）	国家森林公园名称
25	陕西省	陕西南宫山国家森林公园
26	陕西省	陕西朱雀国家森林公园
27	陕西省	陕西嘉陵江源国家森林公园
28	陕西省	陕西楼观台国家森林公园
29	甘肃省	甘肃麦积山国家森林公园
30	甘肃省	甘肃小陇山国家森林公园
31	甘肃省	甘肃天池国家森林公园
32	甘肃省	甘肃鸡峰山国家森林公园
33	甘肃省	甘肃渭河源国家森林公园
34	甘肃省	甘肃官鹅沟国家森林公园
35	甘肃省	甘肃贵清山国家森林公园
36	甘肃省	甘肃大峡沟国家森林公园
37	甘肃省	甘肃沙滩国家森林公园
38	甘肃省	甘肃莲花山国家森林公园
39	甘肃省	甘肃腊子口国家森林公园
40	河南省	河南寺山国家森林公园
41	河南省	河南亚武山国家森林公园
42	河南省	河南龙峪湾国家森林公园
43	河南省	河南甘山国家森林公园
44	河南省	河南淮河源国家森林公园
45	河南省	河南玉皇山国家森林公园
46	河南省	河南燕子山国家森林公园
47	河南省	河南石漫滩国家森林公园
48	河南省	河南大苏山国家森林公园
49	河南省	河南黄柏山国家森林公园
50	河南省	河南天池山国家森林公园
51	河南省	河南金兰山国家森林公园
52	河南省	河南铜山湖国家森林公园
53	河南省	河南南湾国家森林公园
54	河南省	河南白云山国家森林公园
55	河南省	河南薄山国家森林公园
56	河南省	河南嵖岈山国家森林公园
57	河南省	河南花果山国家森林公园

续表

序号	所在省（市）	国家森林公园名称
58	河南省	河南汝州国家森林公园
59	湖北省	湖北鹿门寺国家森林公园
60	湖北省	湖北神农架国家森林公园
61	湖北省	湖北薤山国家森林公园
62	湖北省	湖北沧浪山国家森林公园
63	湖北省	湖北牛头山国家森林公园
64	湖北省	湖北诗经源国家森林公园
65	湖北省	湖北九女峰国家森林公园
66	湖北省	湖北偏头山国家森林公园
67	湖北省	湖北丹江口国家森林公园
68	湖北省	湖北汉江瀑布群国家森林公园
69	湖北省	湖北岘山国家森林公园
70	湖北省	湖北千佛洞国家森林公园
71	湖北省	湖北大洪山国家森林公园
72	湖北省	湖北大别山国家森林公园
73	湖北省	湖北五脑山国家森林公园
74	湖北省	湖北素山寺国家森林公园
75	湖北省	湖北虎爪山国家森林公园
76	湖北省	湖北太子山国家森林公园
77	湖北省	湖北双峰山国家森林公园
78	湖北省	湖北吴家山国家森林公园
79	湖北省	湖北红安天台山国家森林公园
80	湖北省	湖北中华山国家森林公园
81	湖北省	湖北三角山国家森林公园
82	湖北省	湖北龙门河国家森林公园
83	湖北省	湖北大口国家森林公园
84	湖北省	湖北白竹园寺国家森林公园
85	湖北省	湖北安陆古银杏国家森林公园
86	湖北省	湖北玉泉寺国家森林公园
87	安徽省	安徽天堂寨国家森林公园
88	安徽省	安徽万佛山国家森林公园
89	安徽省	安徽天柱山国家森林公园
90	安徽省	安徽大龙山国家森林公园

续表

序号	所在省（市）	国家森林公园名称
91	安徽省	安徽妙道山国家森林公园
92	安徽省	安徽石莲洞国家森林公园
93	四川省	四川米仓山国家森林公园
94	四川省	四川空山国家森林公园
95	四川省	四川宣汉国家森林公园
96	重庆市	重庆小三峡国家森林公园
97	重庆市	重庆红池坝国家森林公园
98	重庆市	重庆雪宝山国家森林公园
99	重庆市	重庆九重山国家森林公园

【地质公园】 地质公园是以具有特殊地质科学意义，稀有的自然属性、较高的美学观赏价值，具备一定规模和分布范围的地质遗迹景观为主体，并融合其他自然景观与人文景观而构成的一种独特的自然区域。既为人们提供具有较高科学品位的观光旅游、度假休闲、保健疗养、文化娱乐服务，又是地质遗迹景观和生态环境的重点保护区，地质科学研究与普及的基地。中国的地质公园建设是响应联合国教科文组织建立“世界地质公园网络体系”的倡议，为保护地质遗迹而从2000年开始命名的。秦岭漫长的地质演变史和分布广泛的特殊地质构造，为各级地质公园建设提供了有利条件。据不完全统计，秦岭旅游地理范围内有世界地质公园6处，国家地质公园25处。

表-5

秦岭山系世界地质公园名录

序号	所在省（市）	世界地质公园名称
1	陕西省	陕西秦岭·终南山世界地质公园
2	河南省	河南南阳伏牛山世界地质公园
3	湖北省	湖北神农架世界地质公园
4	湖北省	湖北黄冈大别山世界地质公园
5	安徽省	安徽天柱山世界地质公园
6	四川省	四川光雾山—诺水河世界地质公园

表-6

秦岭山系国家地质公园名录

序号	所在省（市）	国家地质公园名称
1	陕西省	陕西翠华山国家地质公园
2	陕西省	陕西华山国家地质公园
3	陕西省	陕西柞水溶洞国家地质公园
4	陕西省	陕西金丝峡国家地质公园

续表

序号	所在省（市）	国家地质公园名称
5	陕西省	陕西黎坪国家地质公园
6	陕西省	陕西岚皋南宫山国家地质公园
7	甘肃省	甘肃天水麦积山国家地质公园
8	甘肃省	甘肃宕昌官鹅沟国家地质公园
9	甘肃省	甘肃扎尕那国家地质公园
10	河南省	河南灵宝小秦岭国家地质公园
11	河南省	河南内乡宝天曼国家地质公园
12	河南省	河南嵖岈山国家地质公园
13	河南省	河南金刚台国家地质公园
14	河南省	河南汝阳恐龙国家地质公园
15	河南省	河南尧山国家地质公园
16	湖北省	湖北神农架国家地质公园
17	湖北省	湖北武当山国家地质公园
18	湖北省	湖北郧阳区恐龙蛋化石群国家地质公园
19	湖北省	湖北黄冈大别山国家地质公园
20	湖北省	湖北远安化石群国家地质公园
21	安徽省	安徽天柱山国家地质公园
22	安徽省	安徽大别山（六安）国家地质公园
23	四川省	四川光雾山—诺水河国家地质公园
24	四川省	四川大巴山国家地质公园
25	四川省	四川青川地震遗迹国家地质公园

【国家级水利风景区】 国家级水利风景区有水库型、湿地型、自然河湖型、城市河湖型、灌区型和水土保持型等。秦岭水文资源丰富，以水为依托开发建设的水利风景区分布广泛，数量较多，是亲水型旅游休闲的好去处。据不完全统计，秦岭旅游地理范围现有国家水利风景区74处。

表-7

秦岭山系国家水利风景区名录

序号	所在省（市）	国家水利风景区名称
1	陕西省	陕西翠华山国家水利风景区
2	陕西省	陕西太白山国家水利风景区
3	陕西省	陕西金龙峡国家水利风景区
4	陕西省	陕西嘉陵江源头国家水利风景区
5	陕西省	陕西黄柏塬国家水利风景区

续表

序号	所在省（市）	国家水利风景区名称
6	陕西省	陕西青峰峡国家水利风景区
7	陕西省	陕西瀛湖国家水利风景区
8	陕西省	陕西南沙湖国家水利风景区
9	陕西省	陕西飞渡峡国家水利风景区
10	陕西省	陕西凤堰古梯田国家水利风景区
11	陕西省	陕西乾佑河源国家水利风景区
12	陕西省	陕西龙驹寨国家水利风景区
13	陕西省	陕西丹江公园国家水利风景区
14	陕西省	陕西金丝大峡谷国家水利风景区
15	陕西省	陕西红寺湖国家水利风景区
16	陕西省	陕西石门国家水利风景区
17	陕西省	陕西石门水库（汉中市）国家水利风景区
18	陕西省	陕西千层河国家水利风景区
19	陕西省	陕西眉县霸渭关中文化国家水利风景区
20	陕西省	陕西安康任河国家水利景区
21	甘肃省	甘肃两当云屏河国家水利风景区
22	甘肃省	甘肃康县阳坝国家水利风景区
23	甘肃省	甘肃西和县晚家霞湖国家水利风景区
24	甘肃省	甘肃迭部县白龙江国家水利风景区
25	甘肃省	甘肃腊子口国家水利风景区
26	河南省	河南龙王沟国家水利风景区
27	河南省	河南鸭河口水库国家水利风景区
28	河南省	河南陆浑湖国家水利风景区
29	河南省	河南薄山湖国家水利风景区
30	河南省	河南西子湖国家水利风景区
31	河南省	河南香山湖国家水利风景区
32	河南省	河南龙山水库国家水利风景区
33	河南省	河南昭平湖国家水利风景区
34	河南省	河南板桥水库国家水利风景区
35	河南省	河南泼河水库国家水利风景区
36	河南省	河南鲇鱼山水库国家水利风景区
37	河南省	河南窄口水库国家水利风景区
38	河南省	河南石漫滩水库国家水利风景区

续表

序号	所在省（市）	国家水利风景区名称
39	河南省	河南望花湖国家水利风景区
40	河南省	河南石门湖国家水利风景区
41	河南省	河南南湾湖国家水利风景区
42	河南省	河南铜山湖国家水利风景区
43	湖北省	湖北漳河国家水利风景区
44	湖北省	湖北天堂湖国家水利风景区
45	湖北省	湖北观音湖国家水利风景区
46	湖北省	湖北郧西天河国家水利风景区
47	湖北省	湖北丹江口大坝国家水利风景区
48	湖北省	湖北丹江口大坝旅游区国家水利风景区
49	湖北省	湖北丹江口松涛国家水利风景区
50	湖北省	湖北英山县毕升湖国家水利风景区
51	湖北省	湖北钟祥市温峡湖国家水利风景区
52	湖北省	湖北三道河水镜湖国家水利风景区
53	湖北省	湖北京山惠亭湖国家水利风景区
54	湖北省	湖北夏家寺水库国家水利风景区
55	湖北省	湖北明山水库国家水利风景区
56	湖北省	湖北浮桥河水库国家水利风景区
57	湖北省	湖北白莲河水库国家水利风景区
58	湖北省	湖北大同水库国家水利风景区
59	湖北省	湖北宜昌高岚河国家水利风景区
60	湖北省	湖北太和梅花谷国家水利风景区
61	安徽省	安徽万佛湖国家水利风景区
62	安徽省	安徽佛子岭水库国家水利风景区
63	安徽省	安徽梅山水库国家水利风景区
64	安徽省	安徽燕子河大峡谷国家水利风景区
65	安徽省	安徽响洪甸水库国家水利风景区
66	安徽省	安徽横排头国家水利风景区
67	安徽省	安徽淠河国家水利风景区
68	安徽省	安徽天峡国家水利景区
69	安徽省	安徽大别山彩虹瀑布国家水利风景区
70	安徽省	安徽华亭湖国家水利风景区
71	安徽省	安徽悠然蓝溪国家水利风景区

续表

序号	所在省（市）	国家水利风景区名称
72	四川省	四川青川青竹江国家水利风景区
73	四川省	四川南江玉湖国家水利风景区
74	重庆市	重庆开州区汉丰湖风景区

【国家湿地公园】 湿地公园是以水和生态多样性文化为主体，以湿地良好生态环境和多样化湿地景观资源为基础，以湿地的科普宣教、湿地功能利用、弘扬湿地文化等为主题，并建有一定规模的旅游休闲设施，可供人们旅游观光、休闲娱乐的生态型主题公园。据不完全统计，秦岭旅游地理范围内现有国家湿地公园62处。

表-8 **秦岭山系国家湿地公园名录**

序号	所在省（市）	国家湿地公园名称
1	陕西省	陕西田峪河国家湿地公园
2	陕西省	陕西丹江源国家湿地公园
3	陕西省	陕西丹江国家湿地公园
4	陕西省	陕西洛河源国家湿地公园
5	陕西省	陕西太白石头河国家湿地公园
6	陕西省	陕西嘉陵江国家湿地公园
7	陕西省	陕西汤峪龙源国家湿地公园
8	陕西省	陕西旬河源国家湿地公园
9	陕西省	陕西莲花古渡国家湿地公园
10	陕西省	陕西千层河国家湿地公园
11	陕西省	陕西观音河国家湿地公园
12	陕西省	陕西蒽滩国家湿地公园
13	陕西省	陕西牧马河国家湿地公园
14	陕西省	陕西汉水源国家湿地公园
15	甘肃省	甘肃洮河国家湿地公园
16	甘肃省	甘肃黄林沟国家湿地公园
17	甘肃省	甘肃梅园河国家湿地公园
18	河南省	河南陆浑湖国家湿地公园
19	河南省	河南伊河国家湿地公园
20	河南省	河南香山湖国家湿地公园
21	河南省	河南龙山湖国家湿地公园
22	河南省	河南湍河国家湿地公园

续表

序号	所在省（市）	国家湿地公园名称
23	河南省	河南唐河国家湿地公园
24	河南省	河南丹阳湖国家湿地公园
25	河南省	河南铜山湖国家湿地公园
26	河南省	河南汝州汝河国家湿地公园
27	湖北省	湖北神农架大九湖国家湿地公园
28	湖北省	湖北漳河国家湿地公园
29	湖北省	湖北天堂湖国家湿地公园
30	湖北省	湖北白莲河国家湿地公园
31	湖北省	湖北浠水策湖国家湿地公园
32	湖北省	湖北金沙湖国家湿地公园
33	湖北省	湖北浮桥河国家湿地公园
34	湖北省	湖北赤龙湖国家湿地公园
35	湖北省	湖北英山张家咀国家湿地公园
36	湖北省	湖北徐家河国家湿地公园（试点）
37	湖北省	湖北沮河国家湿地公园
38	湖北省	湖北万洋洲国家湿地公园
39	湖北省	湖北谷城汉江国家湿地公园
40	湖北省	湖北长寿岛国家湿地公园
41	湖北省	湖北圣水湖国家湿地公园
42	湖北省	湖北龙湖国家湿地公园
43	湖北省	湖北襄阳汉江国家湿地公园
44	湖北省	湖北古南河国家湿地公园
45	湖北省	湖北黄龙滩国家湿地公园
46	湖北省	湖北清凉河国家湿地公园
47	湖北省	湖北郧阳湖国家湿地公园（试点）
48	湖北省	湖北泗河国家湿地公园（试点）
49	湖北省	湖北封江口国家湿地公园
50	湖北省	湖北仙居河国家湿地公园
51	湖北省	湖北莫愁湖国家湿地公园
52	湖北省	湖北惠亭湖国家湿地公园
53	湖北省	湖北老观湖国家湿地公园
54	湖北省	湖北安陆府河国家湿地公园
55	湖北省	湖北当阳青龙湖国家湿地公园

续表

序号	所在省（市）	国家湿地公园名称
56	安徽省	安徽花亭湖国家湿地公园
57	安徽省	安徽嬉子湖国家湿地公园
58	安徽省	安徽潜水河国家湿地公园
59	安徽省	安徽淠河国家湿地公园
60	重庆市	重庆巫山大昌湖国家湿地公园
61	重庆市	重庆汉丰湖国家湿地公园
62	重庆市	重庆巴山湖国家湿地公园

【全国重点文物保护单位】 全国重点文物保护单位，是由国家文物管理部门对不可移动文物所核定的最高保护级别。由国家文物管理部门在省、市、县级文物保护单位中，选择具有重大历史、艺术、科学价值者确定为全国重点文物保护单位。自1961年3月4日－2019年10月16日，国务院已公布八批全国重点文物保护单位，总数为5058处。秦岭地区作为中华文化的发源地和中国历史的见证地之一，全国重点文物保护单位星罗棋布，省、市、县各级文物保护单位更是不计其数。据不完全统计，秦岭旅游地理范围内现有全国重点文物保护单位244处。

表-9 **秦岭山系全国重点文物保护单位名录**

序号	所在省（市）	全国重点文物保护单位名称
1	陕西省	陕西蓝田猿人遗址
2	陕西省	陕西水陆庵
3	陕西省	陕西红二十五军军部旧址
4	陕西省	陕西蓝田吕氏家族墓地
5	陕西省	陕西华山西岳庙
6	陕西省	陕西大秦寺塔
7	陕西省	陕西姜寨遗址
8	陕西省	陕西华清宫遗址
9	陕西省	陕西圣寿寺塔
10	陕西省	陕西二龙塔
11	陕西省	陕西化羊庙东岳献殿
12	陕西省	陕西敬德塔
13	陕西省	陕西鸠摩罗什舍利塔
14	陕西省	陕西仙游寺法王塔
15	陕西省	陕西西峪遗址
16	陕西省	陕西薄太后陵

续表

序号	所在省（市）	全国重点文物保护单位名称
17	陕西省	陕西窦皇后陵
18	陕西省	陕西老牛坡遗址
19	陕西省	陕西灞桥遗址
20	陕西省	陕西石鼓山墓地
21	陕西省	陕西茹家庄遗址
22	陕西省	陕西太公庙秦公墓
23	陕西省	陕西桥镇遗址
24	陕西省	陕西李茂贞墓
25	陕西省	陕西元君庙—泉护村遗址
26	陕西省	陕西横阵遗址
27	陕西省	陕西京师仓遗址
28	陕西省	陕西南沙遗址
29	陕西省	陕西桥上桥
30	陕西省	陕西渭华起义旧址
31	陕西省	陕西弘农杨氏家族墓地
32	陕西省	陕西十二连城烽火台遗址
33	陕西省	陕西潼关故城
34	陕西省	陕西杨震家族墓地
35	陕西省	陕西褒斜道石门及其摩崖石刻
36	陕西省	陕西勉县武侯墓
37	陕西省	陕西勉县武侯祠
38	陕西省	陕西龙岗寺遗址
39	陕西省	陕西李家村遗址
40	陕西省	陕西张骞墓
41	陕西省	陕西蔡伦墓和祠
42	陕西省	陕西开明寺塔
43	陕西省	陕西五门堰
44	陕西省	陕西张良庙
45	陕西省	陕西灵岩寺摩崖
46	陕西省	陕西何家湾遗址
47	陕西省	陕西宝山遗址
48	陕西省	陕西宁强羌人墓地
49	陕西省	陕西汉中东塔

续表

序号	所在省（市）	全国重点文物保护单位名称
50	陕西省	陕西良马寺觉皇殿
51	陕西省	陕西智果寺
52	陕西省	陕西青木川老街建筑群
53	陕西省	陕西青木川魏氏庄园
54	陕西省	陕西国立西北联合大学旧址
55	陕西省	陕西花石浪遗址
56	陕西省	陕西东龙山遗址
57	陕西省	陕西商洛盆地旧石器地点群
58	陕西省	陕西紫荆遗址
59	陕西省	陕西商洛崖墓群
60	陕西省	陕西骡帮会馆
61	陕西省	陕西刘家营遗址
62	陕西省	陕西瓦房店会馆群
63	陕西省	陕西凤堰梯田
64	陕西省	陕西岐山周文化景区
65	陕西省	陕西赵家台遗址
66	陕西省	陕西周原遗址
67	陕西省	陕西太平寺塔
68	甘肃省	甘肃麦积山石窟
69	甘肃省	甘肃放马滩墓群
70	甘肃省	甘肃伏羲庙
71	甘肃省	甘肃胡氏古民居建筑
72	甘肃省	甘肃玉泉观
73	甘肃省	甘肃后街清真寺
74	甘肃省	甘肃纪信祠
75	甘肃省	甘肃水帘洞—大像山石窟
76	甘肃省	甘肃毛家坪遗址
77	甘肃省	甘肃木梯寺石窟
78	甘肃省	甘肃狼叫岴遗址
79	甘肃省	甘肃圣寿寺
80	甘肃省	甘肃马家窑遗址
81	甘肃省	甘肃汪氏家族墓地
82	甘肃省	甘肃寺洼遗址

续表

序号	所在省（市）	全国重点文物保护单位名称
83	甘肃省	甘肃灞陵桥
84	甘肃省	甘肃辛店遗址
85	甘肃省	甘肃威远楼
86	甘肃省	甘肃吴挺墓
87	甘肃省	甘肃西狭古栈道及摩崖石刻
88	甘肃省	甘肃大堡子山遗址及墓群
89	甘肃省	甘肃《新修白水路记》摩崖
90	甘肃省	甘肃石沟坪遗址
91	甘肃省	甘肃粟川砖塔
92	甘肃省	甘肃西峡古栈道遗址及题刻
93	河南省	河南虢国墓地
94	河南省	河南北阳平遗址
95	河南省	河南庙底沟遗址
96	河南省	河南宝轮寺塔
97	河南省	河南卢氏城隍庙
98	河南省	河南陕县安国寺
99	河南省	河南庙上村地坑窑院
100	河南省	河南范仲淹墓
101	河南省	河南两程故里
102	河南省	河南七里坪遗址
103	河南省	河南土门遗址
104	河南省	河南桥北村遗址
105	河南省	河南西王村遗址
106	河南省	河南魏明帝高平陵
107	河南省	河南程颢程颐墓
108	河南省	河南山陕会馆
109	河南省	河南张衡墓
110	河南省	河南张仲景墓及祠
111	河南省	河南南阳武侯祠
112	河南省	河南内乡县衙
113	河南省	河南八里岗遗址
114	河南省	河南南阳知府衙门
115	河南省	河南荆紫关古建筑群

续表

序号	所在省（市）	全国重点文物保护单位名称
116	河南省	河南瓦房庄冶铁遗址
117	河南省	河南泗洲寺塔
118	河南省	河南鄂城寺
119	河南省	河南仓房香严寺
120	河南省	河南福胜寺塔
121	河南省	河南杏花山与小空山遗址
122	河南省	河南黄山遗址
123	河南省	河南太子岗遗址
124	河南省	河南八里桥遗址
125	河南省	河南邓窑遗址
126	河南省	河南菩提寺
127	河南省	河南佛沟摩崖造像
128	河南省	河南鄂豫皖革命根据地旧址
129	河南省	河南红二十五军长征出发地
130	河南省	河南邓颖超祖居
131	河南省	河南中国工农红军第二十五军司令部旧址
132	河南省	河南永济桥
133	河南省	河南鸡公山近代建筑群
134	河南省	河南清凉寺汝官窑遗址
135	河南省	河南叶邑故城
136	河南省	河南望城岗冶铁遗址
137	河南省	河南段店窑址
138	河南省	河南叶县县衙
139	河南省	河南元次山碑
140	河南省	河南小李庄遗址
141	河南省	河南文集遗址
142	河南省	河南父城遗址
143	河南省	河南舞钢冶铁遗址群
144	河南省	河南香山寺大悲观音大士塔及碑刻
145	河南省	河南豫陕鄂前后方工作委员会旧址
146	河南省	河南中共中央中原局旧址
147	河南省	河南杨台寺遗址
148	河南省	河南下河湾冶铁遗址

续表

序号	所在省（市）	全国重点文物保护单位名称
149	河南省	河南嵖岈山卫星人民公社旧址
150	河南省	河南台子寺遗址
151	河南省	河南不召寨遗址
152	河南省	河南宜阳韩都故城
153	河南省	河南李陵遗址
154	河南省	河南严和店遗址
155	河南省	河南煤山遗址
156	湖北省	湖北武当山金殿
157	湖北省	湖北武当山建筑群
158	湖北省	湖北紫霄宫
159	湖北省	湖北南岩宫
160	湖北省	湖北学堂梁子遗址
161	湖北省	湖北玉虚宫遗址
162	湖北省	湖北“治世玄岳”牌坊
163	湖北省	湖北饶氏庄园
164	湖北省	湖北慈孝沟“采皇木”摩崖
165	湖北省	湖北甘氏宗祠
166	湖北省	湖北梅铺猿人遗址
167	湖北省	湖北黄龙洞遗址
168	湖北省	湖北上津古城
169	湖北省	湖北七里河遗址
170	湖北省	湖北高家花屋
171	湖北省	湖北三线航天066导弹基地旧址
172	湖北省	湖北李时珍墓
173	湖北省	湖北红安七里坪革命旧址
174	湖北省	湖北董必武故居
175	湖北省	湖北李先念故居
176	湖北省	湖北四祖寺塔
177	湖北省	湖北五祖寺
178	湖北省	湖北陡山吴氏祠
179	湖北省	湖北毛家咀遗址
180	湖北省	湖北盘龙城遗址
181	湖北省	湖北柏子塔

续表

序号	所在省（市）	全国重点文物保护单位名称
182	湖北省	湖北雷氏祠
183	湖北省	湖北双城塔
184	湖北省	湖北万年台戏台
185	湖北省	湖北毕昇墓
186	湖北省	湖北高塔寺塔
187	湖北省	湖北擂鼓墩古墓群
188	湖北省	新四军第五师司令部旧址
189	湖北省	湖北庙台子遗址
190	湖北省	湖北安居遗址
191	湖北省	湖北义地岗墓群
192	湖北省	湖北草店坊城遗址
193	湖北省	湖北广德寺多宝塔
194	湖北省	湖北雕龙碑遗址
195	湖北省	湖北九连墩墓群
196	湖北省	湖北襄阳城墙
197	湖北省	湖北襄樊码头遗址
198	湖北省	湖北襄阳王府绿影壁
199	湖北省	湖北襄阳“古隆中”
200	湖北省	湖北李曾伯纪功铭
201	湖北省	湖北邓国故址
202	湖北省	湖北米公祠
203	湖北省	湖北茨河承恩寺
204	湖北省	湖北南漳山寨群
205	湖北省	湖北安乐堰墓群
206	湖北省	湖北凤凰咀遗址
207	湖北省	湖北楚皇城城址
208	湖北省	湖北郭家岗遗址
209	湖北省	湖北霸王坟墓群
210	湖北省	湖北三线火箭炮总装厂旧址
211	湖北省	湖北明显陵
212	湖北省	湖北文风塔
213	湖北省	湖北元佑宫
214	湖北省	湖北龙王山遗址

续表

序号	所在省（市）	全国重点文物保护单位名称
215	湖北省	湖北苏家垄墓群
216	湖北省	湖北中共鄂豫边区委员会旧址
217	湖北省	湖北新四军五师司令部旧址
218	湖北省	湖北中原军区旧址
219	湖北省	湖北南襄城遗址
220	湖北省	湖北李来亨抗清遗址
221	安徽省	安徽白崖寨
222	安徽省	安徽野寨抗日阵亡将士公墓
223	安徽省	安徽桐城文庙
224	安徽省	安徽张廷玉墓
225	安徽省	安徽法云寺塔
226	安徽省	安徽太平塔
227	安徽省	安徽天柱山山谷流泉摩崖石刻
228	安徽省	安徽佛子岭水库连拱坝
229	安徽省	安徽红二十八军重建会议旧址
230	安徽省	安徽程端忠墓
231	安徽省	安徽六安汉代王陵墓地
232	四川省	四川木门会议旧址
233	四川省	四川中子铺遗址
234	四川省	四川罗家坝遗址
235	四川省	四川红四方面军总医院旧址
236	四川省	四川红军石刻标语群
237	四川省	四川红四方面军总指挥部旧址
238	四川省	四川千佛岩石窟
239	四川省	四川白乳溪石窟
240	重庆市	重庆龙骨坡遗址
241	重庆市	重庆玉米洞遗址
242	重庆市	重庆荆竹坝岩棺群
243	重庆市	重庆大宁盐场遗址
244	重庆市	重庆刘伯承故居

【全国红色旅游经典景区】 红色旅游主要是以中国共产党领导人民在革命和战争时期建立丰功伟绩所形成的纪念地、标志物为载体，以其所承载的革命历史、革命事迹和革命精神为内

涵，组织接待旅游者开展缅怀学习、参观游览的主题性旅游活动。打造红色旅游线路和经典景区，既可观光赏景，也可了解革命历史，培育新的时代精神，并使之成为一种红色基因传承文化。秦岭地区红色旅游资源丰富，其中国家公布的全国红色旅游经典景区数量众多。据不完全统计，秦岭旅游地理范围内，现有被命名的全国红色旅游经典景区数在48处。

表-10 **秦岭山系全国红色旅游经典景区名录**

序号	所在省（市）	全国红色旅游经典景区名称
1	陕西省	陕西汉中市川陕革命根据地纪念馆
2	陕西省	陕西渭南市华州区渭华起义纪念馆
3	陕西省	陕西凤县两当起义纪念地
4	陕西省	陕西眉县扶眉战役纪念馆
5	陕西省	陕西汉中市洋县华阳红二十五军司令部旧址
6	陕西省	陕西西乡县红二十九军军部旧址及红四方面军总后医院旧址
7	陕西省	陕西安康市汉滨区牛蹄岭战役旧址
8	陕西省	陕西商洛市商南县前坡岭战斗遗址
9	甘肃省	甘肃陇南市宕昌县哈达铺红军长征纪念馆
10	甘肃省	甘肃定西市岷县岷州会议纪念馆
11	甘肃省	甘肃陇南市两当县两当兵变旧址
12	甘肃省	甘肃甘南州舟曲特大山洪泥石流地质灾害纪念公园
13	甘肃省	甘肃俄界会议旧址
14	河南省	河南驻马店市确山县竹沟镇竹沟革命纪念馆
15	河南省	河南新县鄂豫皖苏区首府革命博物馆
16	河南省	河南鄂豫皖苏区革命烈士陵园
17	河南省	河南首府路和航空路革命旧址
18	河南省	河南将军故里
19	河南省	河南商城县金刚台红军洞群
20	河南省	河南罗山县铁铺乡红二十五军长征出发地
21	河南省	河南新县箭厂河革命旧址
22	河南省	河南浉河区四望山新四军第五师师部旧址
23	河南省	河南南阳市叶家大庄桐柏英雄纪念馆
24	湖北省	湖北黄冈市大别山红色旅游区
25	湖北省	湖北大悟县宣化店谈判旧址
26	湖北省	湖北大悟县新四军五师旧址
27	湖北省	湖北襄阳市宜城市张自忠纪念馆
28	湖北省	湖北随州市曾都区新四军第五师旧址群

续表

序号	所在省（市）	全国红色旅游经典景区名称
29	安徽省	安徽合肥市庐江县新四军江北指挥部旧址
30	安徽省	安徽安庆市岳西县红二十八军鄂豫皖边区国共和谈旧址
31	安徽省	安徽六安市舒城县新四军第四支队纪念馆
32	安徽省	安徽六安市裕安区独山革命旧址群
33	安徽省	安徽六安市裕安区苏家埠战役纪念园
34	安徽省	安徽金寨县革命烈士陵园
35	安徽省	安徽红二十五军军政机构旧址
36	安徽省	安徽六安市霍山县诸佛庵镇革命遗址
37	安徽省	安徽岳西县及金寨县红二十八军军政及重建旧址
38	安徽省	安徽安庆市太湖县刘家畈高干会议旧址
39	安徽省	安徽六安市金安区张家店战役纪念馆
40	四川省	四川巴中市通江县红四方面军总指挥部旧址纪念馆
41	四川省	四川川陕革命根据地红军烈士陵园
42	四川省	四川南江县巴山游击队纪念馆
43	四川省	四川达州市万源市万源保卫战战史陈列馆
44	四川省	四川旺苍县红军街
45	四川省	四川达州市宣汉县红三十三军纪念馆
46	四川省	四川青川县东河口地震遗址公园
47	重庆市	重庆开县刘伯承故居及纪念馆
48	重庆市	重庆川陕苏区城口县苏维埃政权遗址

【国家级旅游度假区】 国家级旅游度假区是指符合国家标准《旅游度假区等级划分》(GB/T26358)相关要求，经文化和旅游部认定的旅游度假区。国家级旅游度假区更注重于度假旅游目的地建设，在对度假旅游市场进行充分调研的基础上，准确定位、科学规划、合理布局，注重软开发，适度硬开发，同时更注重“供给侧”的旅游项目开发。截至2020年12月，全国有国家级旅游度假区45个，分布在全国23个省、区、市，涵盖多种度假类型，其中河湖湿地类16个，山林类8个，温泉类6个，海洋类5个，冰雪类3个，主题文化类5个，古城古镇类1个，沙漠草原类1个。据不完全统计，秦岭旅游地理范围内，现有国家级旅游度假区3处。

表-11 **秦岭山系国家级旅游度假区名录**

序号	所在省（市）	国家级旅游度假区名称
1	陕西省	陕西太白山温泉旅游度假区
2	河南省	河南尧山温泉旅游度假区
3	湖北省	湖北武当·太极湖旅游度假区

【非物质文化遗产】 非物质文化遗产是指被各社区群体，有时为个人视为其文化遗产组成部分的各种社会实践、观念表达、表现形式、知识、技能及相关的工具、实物、手工艺品和文化场所。这种非物质文化遗产世代相传，在各社区和群体适应周围环境以及与自然和历史的互动中，被不断地再创造，为这些社区和群众提供持续的认同感，从而增强对文化多样性和人类创造力的尊重。据不完全统计，秦岭旅游地理范围关联城市，现有国家级非物质文化遗产198项。

表-12

秦岭山系国家级非物质文化遗产名录

序号	所在省（市）	国家级非物质文化遗产名称
1	陕西省	秦腔
2	陕西省	木偶戏（合阳提线木偶戏）
3	陕西省	红拳
4	陕西省	幻术（周化一魔术）
5	陕西省	木偶戏（陕西杖头木偶戏）
6	陕西省	眉户（华阴迷胡）
7	陕西省	高腔
8	陕西省	同盛祥牛羊肉泡馍制作技艺
9	陕西省	民间信俗（迎城隍）
10	陕西省	民间社火
11	陕西省	民间绣活（西秦刺绣）
12	陕西省	炎帝祭典
13	陕西省	皮影戏（华县皮影戏）
14	陕西省	汉调桄桄
15	陕西省	蔡伦造纸传说
16	陕西省	汉调二黄
17	陕西省	商洛花鼓
18	陕西省	道情戏（商洛道情戏）
19	陕西省	楮皮纸制作技艺
20	陕西省	牛郎织女传说
21	陕西省	蓝田普化水会音乐
22	陕西省	华阴老腔
23	陕西省	眉户
24	陕西省	紫阳民歌
25	陕西省	镇巴民歌
26	陕西省	烟火爆竹制作技艺
27	陕西省	民间社火

续表

序号	所在省（市）	国家级非物质文化遗产名称
28	陕西省	佛教音乐（洋县佛教音乐）
29	陕西省	弦子腔
30	陕西省	洛南静板书
31	陕西省	仓颉传说
32	陕西省	旬阳民歌
33	陕西省	千年古县——岐山
34	陕西省	张骞传说
35	陕西省	陕西快板
36	陕西省	藤编（汉中藤编）
37	陕西省	关中传统民居营造技艺
38	陕西省	古琴艺术
39	陕西省	碗碗腔（渭南碗碗腔）
40	陕西省	传统面食制作技艺（老孙家羊肉泡馍制作技艺）
41	陕西省	传统面食制作技艺（西安贾三灌汤包子制作技艺）
42	陕西省	规约习俗（吕氏乡约乡仪）
43	甘肃省	道情戏（陇剧）
44	甘肃省	秦腔
45	甘肃省	太昊伏羲祭典
46	甘肃省	武都高山戏
47	甘肃省	雕漆技艺
48	甘肃省	地毯织造技艺（天水丝毯织造技艺）
49	甘肃省	民间信俗（岷县青苗会）
50	甘肃省	巴当舞
51	甘肃省	多地舞
52	甘肃省	傩舞
53	甘肃省	七夕节（乞巧节）
54	甘肃省	尕巴舞
55	甘肃省	陇西云阳板
56	甘肃省	两当号子
57	甘肃省	麻纸制作技艺（西和麻纸制作技艺）
58	甘肃省	宝卷（岷县宝卷）
59	甘肃省	锅庄舞（甘南锅庄舞）
60	甘肃省	中药炮制技艺（岷县当归加工技艺）

续表

序号	所在省（市）	国家级非物质文化遗产名称
61	甘肃省	元宵节（东山转灯）
62	河南省	豫剧
63	河南省	曲剧
64	河南省	河南坠子
65	河南省	古筝艺术（中州筝派）
66	河南省	河洛大鼓
67	河南省	唐三彩烧制技艺
68	河南省	真不同洛阳水席制作技艺
69	河南省	关公信俗
70	河南省	洛阳牡丹花会
71	河南省	洛阳宫灯
72	河南省	中医正骨疗法
73	河南省	河图洛书传说
74	河南省	板头曲
75	河南省	三弦书
76	河南省	大调曲子
77	河南省	信阳民歌
78	河南省	绿茶制作技艺（信阳毛尖茶制作技艺）
79	河南省	宛梆
80	河南省	马街书会
81	河南省	盘古神话
82	河南省	桐柏皮影戏
83	河南省	西坪民歌
84	河南省	方城石猴
85	河南省	镇平玉雕
86	河南省	蒸馏酒传统酿造技艺
87	河南省	打铁花
88	河南省	罗山皮影戏
89	河南省	老子传说
90	河南省	汝瓷烧制技艺
91	河南省	越调
92	河南省	窑洞营造技艺（地坑院营造技艺）
93	河南省	锣鼓艺术（大铜器）

续表

序号	所在省（市）	国家级非物质文化遗产名称
94	河南省	花鼓戏（光山花鼓戏）
95	河南省	罗卷戏
96	河南省	陕州锣鼓书
97	河南省	烙画（南阳烙画）
98	河南省	鲁山窑烧制技艺（鲁山花瓷烧制技艺）
99	河南省	幻术（宝丰魔术）
100	河南省	中医诊疗法（宋氏中医外科疗法）
101	河南省	农历二十四节气（内乡打春牛习俗）
102	湖北省	楚剧
103	湖北省	京剧
104	湖北省	三国传说
105	湖北省	汉剧
106	湖北省	湖北评书
107	湖北省	湖北大鼓
108	湖北省	湖北小曲
109	湖北省	伯牙子期传说
110	湖北省	武当武术
111	湖北省	武当山宫观道乐
112	湖北省	武当山庙会
113	湖北省	董永传说
114	湖北省	楚剧
115	湖北省	炎帝神农传说
116	湖北省	花鼓戏
117	湖北省	炎帝祭典（随州神农祭典）
118	湖北省	锣鼓艺术
119	湖北省	宜昌薅草锣鼓
120	湖北省	襄阳花鼓戏
121	湖北省	苏东坡传说
122	湖北省	黄梅戏
123	湖北省	黄梅挑花
124	湖北省	禅宗祖师传说
125	湖北省	岳家拳
126	湖北省	兴山民歌

续表

序号	所在省（市）	国家级非物质文化遗产名称
127	湖北省	王昭君传说
128	湖北省	兴山薅草锣鼓
129	湖北省	伍家沟民间故事
130	湖北省	吕家河民歌
131	湖北省	老河口丝弦
132	湖北省	老河口木版年画
133	湖北省	锣鼓艺术（老河口锣鼓架子）
134	湖北省	红安绣活
135	湖北省	汉调二黄
136	湖北省	李时珍传说
137	湖北省	黑暗传
138	湖北省	武当神戏
139	湖北省	民间信俗（嫘祖信俗）
140	湖北省	尹吉甫传说
141	湖北省	灯舞（郧阳凤凰灯舞）
142	湖北省	越调
143	湖北省	七夕节（郧西七夕）
144	湖北省	当阳关凌庙会
145	湖北省	武汉杂技
146	湖北省	木兰传说
147	湖北省	唢呐艺术
148	湖北省	女娲传说
149	湖北省	青铜器制作技艺（青铜编钟制作技艺）
150	湖北省	木偶戏（武汉杖头木偶戏）
151	湖北省	石雕（绿松石雕）
152	湖北省	传统棉纺织技艺（枣阳粗布制作技艺）
153	湖北省	中医传统制剂方法（叶开泰传统中药制剂方法）
154	湖北省	针灸（蕲春艾灸疗法）
155	安徽省	徽剧
156	安徽省	岳西高腔
157	安徽省	庐剧
158	安徽省	大别山民歌
159	安徽省	黄梅戏

续表

序号	所在省（市）	国家级非物质文化遗产名称
160	安徽省	桐城歌
161	安徽省	文南词
162	安徽省	绿茶制作技艺（六安瓜片）
163	安徽省	竹编（舒席）
164	安徽省	桑皮纸制作技艺
165	安徽省	孔雀东南飞传说
166	安徽省	包公故事
167	安徽省	徽菜烹饪技艺
168	安徽省	陶器烧制技艺（痘姆陶器烧制技艺）
169	四川省	川剧
170	四川省	川江号子
171	四川省	四川扬琴
172	四川省	四川清音
173	四川省	石雕（白花石刻）
174	四川省	民间绣活（麻柳刺绣）
175	四川省	巴山背二歌
176	四川省	藏族编织、挑花刺绣工艺
177	四川省	川北薅草锣鼓
178	四川省	㑇舞
179	四川省	南坪曲子
180	四川省	登嘎甘（熊猫舞）
181	四川省	川东土家族薅草锣鼓
182	四川省	端公戏（旺苍端公戏）
183	四川省	藏棋
184	四川省	川菜烹饪技艺
185	四川省	龙舞（安仁板凳龙）
186	四川省	中医诊疗法（李仲愚杵针疗法）
187	重庆市	川剧
188	重庆市	川江号子
189	重庆市	龙舞
190	重庆市	四川竹琴
191	重庆市	车灯
192	重庆市	漆器髹饰技艺

续表

序号	所在省（市）	国家级非物质文化遗产名称
193	重庆市	豆豉酿制技艺
194	重庆市	四川扬琴
195	重庆市	四川清音
196	重庆市	搬运号子
197	重庆市	蹬技（重庆蹬技）
198	重庆市	挑花（巫溪嫁花）

【国家地理标志产品】 地理标志产品是指产自特定地域，所具有的质量、声誉或其他特性本质上取决于该产地的自然因素和人文因素，经审核批准以地理名称进行命名的产品。据不完全统计，秦岭旅游地理范围市级行政区内现有国家地理标志产品500种以上。

表-13

秦岭山系国家地理标志产品名录

序号	所在省（市）	国家地理标志产品名称
1	陕西省西安市	西安黄桂稠酒　临潼石榴　临潼火晶柿子　阎良甜瓜　阎良相枣　灞桥葡萄　灞桥樱桃　蓝田樱桃　蓝田大杏　蓝田玉　蓝田神仙粉　蓝田白皮松　蓝田饸饹　周至猕猴桃　周至山茱萸　老堡子鲜桃　户县黄酒　户县葡萄　王莽鲜桃　华胥大银杏　长安草莓　秦岭土蜂蜜
2	陕西省渭南市	潼关酱笋　华州皮影　华县大葱　临渭葡萄
3	陕西省宝鸡市	宝鸡辣椒　宝鸡蜂蜜　太白酒　眉县猕猴桃　太白贝母　太白甘蓝　凤县大红袍花椒　太白山药王茶　陈仓核桃　岐山臊子面　西凤酒
4	陕西省汉中市	汉中附子　汉中仙毫　汉中冬韭　汉水银梭　褒河蜜橘　西乡牛肉干　子午仙豪　镇巴腊肉　秦巴雾毫　洋县黑米　洋县红米　佛坪山茱萸　略阳黄精　略阳杜仲　略阳天麻　略阳乌鸡　略阳猪苓　宁强华细辛　宁强雀舌　留坝黑木耳　留坝白果　留坝板栗　留坝蜂蜜　城固蜜橘
5	陕西省安康市	紫阳富硒茶　紫阳毛尖　紫阳红　紫阳蓝黑宝石　岚皋魔芋　平利女娲茶　平利绞股蓝　宁陕天麻　宁陕香菇　镇坪洋芋　镇坪乌鸡　镇坪黄连　旬阳拐枣　白河木瓜
6	陕西省商洛市	商洛丹参　孝义湾柿饼　丹凤葡萄　丹凤葡萄酒　柞水黑木耳　商南泉茗　山阳九眼莲　山阳核桃　洛南核桃　洛南豆腐　镇安大板栗　云盖寺挂面
7	甘肃省天水市	秦安苹果　秦安花椒　秦安蜜桃　秦州大樱桃　花牛苹果　甘谷辣椒　甘谷大葱　清水大麻　清水粉壳蛋　武山韭菜
8	甘肃省定西市	定西酿皮子　定西浆水面　临洮大丽花　临洮紫皮大蒜　临洮马铃薯　麻腐包　临洮仿古地毯　岷县当归　岷县根雕　岷县点心　漳县手抓羊肉　陇西黄芪　陇西咸肉　陇西腊肉　陇西荞粉　陇西宴席　陇西牡丹　渭源粉条　洮砚　洮河鱼　洮绣　洮河奇石

续表

序号	所在省（市）	国家地理标志产品名称
9	甘肃省陇南市	陇南绿茶 哈达铺当归 宕昌党参 宕昌大黄 成县红川酒 成县核桃 礼县大黄 礼县苹果 徽县银杏 康县黑木耳 康县龙神茶 西和半夏 两当狼牙蜜 文县绿茶 金徽酒 武都花椒
10	甘肃省甘南藏族自治州	甘南牦牛奶粉 甘加藏羊 舟曲从岭藏鸡 舟曲核桃 舟曲花椒 迭部羊肚菌 迭部蕨麻猪肉
11	河南省洛阳市	洛阳牡丹 洛阳唐三彩 孟津葡萄 汝阳杜康 汝阳红薯 栾川豆腐 伏牛山连翘 伊川杜康酒 伊川平菇 伊河鲂鱼 伊水大鲵 嵩胡 嵩县皂角刺 嵩县银杏 洛宁上戈苹果 洛宁金珠果 宜阳韭菜
12	河南省三门峡市	灵宝苹果 灵宝香菇 灵宝杜仲 灵宝大枣 朱阳核桃 卢氏鸡 卢氏黑木耳 卢氏绿壳鸡蛋 卢氏连翘 卢氏核桃 渑池丹参 渑池花椒 渑池柴胡
13	河南省南阳市	南阳玉器 南阳黄牛 方城丹参 镇平烧鸡 内乡核桃 西峡猕猴桃 西峡山茱萸 西峡六味地黄丸 西峡香菇 香花辣椒 南召辛夷 南召柞蚕 桐柏玉叶茶 桐河桐蛋 桐柏朱砂红桃 桐桔梗 唐栀子 唐半夏
14	河南省信阳市	信阳毛尖 信阳红 商桔梗 商茯苓 商城筒鲜鱼 商天麻 商城茶油 商城黑猪 光山青虾 光山麻鸭蛋 光山麻鸭 南湾湖虾 南湾湖鲌鱼 固始鸡 固始云雾 故事萝卜 固始甲鱼 故事皇姑山茶
15	河南省平顶山市	鲁山张良姜 鲁山五里岭酥梨 舞钢鹌鹑 汝瓷
16	河南省驻马店市	驻马店小磨香油 王守义十三香 泌阳花菇 确山板栗 确山夏枯草
17	湖北省武汉市	武汉汉绣 黄陂马蹄 黄陂荆蜜 黄陂芦笋 黄陂麦地湾萝卜 黄陂泥塑 黄陂黄牛 黄陂豆腐 塔尔柿子 杨楼子湾马油 涨渡湖黄颡鱼 张店鱼面 城楼寨茶 李集香葱 南北二荡八眼藕
18	湖北省十堰市	丹江口翘嘴鲌 丹江口青虾 丹江口鳙鱼 均州名晒烟 房县黑木耳 房县北柴胡 房县香菇 房县娃娃鱼 房县冷水红米 房县黄酒 竹山肚倍 竹山绿松石 竹山郧巴黄牛 圣水绿茶 竹溪贡米 竹溪黄连 竹溪豆腐乳 龙峰茶 黄龙鳜鱼 张湾汉江樱桃 郧阳白羽乌鸡 郧阳红薯粉条 郧阳乌鸡 郧阳黑猪 郧阳木瓜 郧阳胭脂米 郧县米黄玉 郧西山葡萄酒 郧西马头山羊 郧西黄姜 郧西杜仲 武当道茶 武当榔梅 武当蜜桔
19	湖北省襄阳市	襄阳大头菜 襄阳菜籽油 襄阳花生 襄阳黑猪肉 襄阳麻油 襄阳甲鱼 襄阳高香菜 襄阳花红 襄阳山药 襄阳半夏 襄阳麦冬 襄阳红谷城黑木耳 薤山叠翠茶 茨河贡米 南漳板栗 南漳香菇 磨坪贡茶 荆山枣子 宜城板鸭 宜城米 保康黑木耳 保康绿茶 保康土蜂蜜 保康山蓝莓 枣阳梨 枣阳油茶 枣阳半枝莲 枣北黄牛肉
20	湖北省随州市	随州古银杏 随州泡泡青 随县万和兰花 随县香菇 曾都葡萄
21	湖北省荆门市	京山桥米 钟祥葛粉 钟祥云雾茶 钟祥长寿村鸡蛋 钟祥花生 钟祥香菇 钟祥皮蛋 钟祥大米 钟祥泉水柑 大口蜜桃 旧口沙梨 七里湖萝卜
22	湖北省孝感市	孝感麻糖 孝感米酒 孝感香米 孝感糯米 孝感龙剑茶 孝昌太子米 周巷凤凰茶 观音湖绿茶 大悟花生 大悟绿茶 安陆银杏

续表

序号	所在省（市）	国家地理标志产品名称
23	湖北省黄冈市	红安苕　红安大布　老君眉茶　永河皮子　麻城茶油　麻城福白菊　木子店老米酒　龟山岩绿　夫子河鱼面　罗田板栗　罗田甜柿　罗田苍术　罗田金银花　九资河茯苓　英山云雾茶　英山桔梗　叶路大蒜　团风荸荠　团风射干　团风苦荆菜　谢河辣椒　茅山螃蟹　望天湖胖头鱼　巴河莲藕　绿杨桥封缸酒　蕲春酸米粉　蕲春珍米　蕲艾　蕲芹　蕲春薏苡仁　蕲春夏枯草　黄梅挑花　黄梅青虾　黄梅荷叶茶　黄梅鱼面　黄州萝卜　黄梅禅茶
24	湖北省宜昌市	宜昌蜜柑　宜昌蜜桔　宜昌白山羊　宜昌红茶　宜昌百合　宜昌天麻　宜红功夫茶　兴山杨鱼　兴山石蛙　兴山薄壳核桃　兴山白茶　兴山脐橙　兴山锦橙　昭君眉豆　远安冲菜　远安黄茶　远安香菇　瓦仓大米　当阳双莲鸡　双莲荸荠　麇城藕
25	湖北省神农架林区	木鱼绿茶　神农架野板栗　神农架洋芋　神农百花蜜
26	湖北省恩施土家族苗族自治州	恩施火腿　恩施黄牛肉　恩施玉露　景阳鸡　板桥党参　伍家台贡茶　鹤峰茶　巴东独活　利川红　利川山药　巴东大蒜　巴东豆干
27	安徽省合肥市	合肥龙虾　庐江花香藕　黄陂湖大闸蟹　白云春毫
28	安徽省六安市	六安瓜片　六安大麻　金寨猕猴桃　金寨高山米　金寨葛粉　金寨山羊　金寨土鸡　金寨茯苓　金寨西洋参　金寨山茶油　金寨山核桃　金寨灵芝　金寨红茶　金寨花鲢鱼　金寨黄牛　金寨生姜　金寨高山茭白　金寨黑毛猪　金寨板栗　金寨翠眉　金寨天麻　金寨丝绸　金寨吊锅　霍山黄大茶　霍山黄芽　霍山石斛　霍山灵芝　漫水河百合　舒城小兰花　皖西白鹅　迎驾贡酒
29	安徽省安庆市	“桐城小花”茶　桐城水芹　岳西翠兰　岳西黑猪　岳西茭白　岳西桑皮纸　潜山舒席　雪湖贡藕　天柱山瓜蒌籽　太湖六白猪　太湖黄牛　太湖鳙鱼　天华谷尖
30	四川省广元市	广元橄榄油　青川天麻　青川黑木耳　青川竹笋　七佛贡茶　唐家河蜂蜜　白龙湖银鱼　青竹江娃娃鱼　旺苍杜仲　汉王山娃娃鱼　朝天核桃　朝天扯兜子花生　广元纯黄茶　麻柳刺绣　米仓山茶　曾家山甘蓝　曾家山马铃薯　曾家山土鸡
31	四川省巴中市	巴山土鸡　巴山土鸡蛋　巴中小角楼酒　通江银耳　通江青峪猪　罗村茶　空山马铃薯　空山核桃　南江翡翠米　南江杜仲　南江金银花　南江黄羊　南江大叶茶　南江核桃　南江厚朴　南江黑木耳
32	四川省达州市	达州脆李　万源旧院黑鸡蛋　万源旧院黑鸡　万源富硒茶　万源板角山羊　万源马铃薯　万源老腊肉　蜂桶蜂蜜　宣汉桃花米　宣汉牛肉　峰城玉米　蜀宣花牛　黄金黑木耳　老君香菇　漆碑茶
33	四川省阿坝藏族羌族自治州	九寨沟柿子　九寨刀党　九寨沟蜂蜜　九寨猪苓
34	重庆市	开县桑叶鸡　开县肉兔　开县木香　开县锦橙　开县春橙　开县龙珠茶　开县水竹凉席　巫溪独活　巫溪洋鱼　静观蜡梅　巫溪红三叶　巫溪洋芋　巫山脆李　巫山粉条　巫山庙党　巫山魔芋　城口蜂蜜　城口核桃　城口板栗　城口太白贝母　城口洋芋　城口山地鸡

【风味美食】　秦岭山系涵盖区域广泛，庞大的山岳体系和江河流域都有其鲜明的地域文化特点，不同的地域和气候特点，不同的农耕习惯和作物特点，也使这一区域在饮食习惯上出现了较大差别，形成了隔山不一，跨水不同，东西南北极为丰富的饮食文化。各地不同的饮食和特色风味，成为秦岭旅游的重要资源。本表无法全部表述，仅对各地风味特色美食作以引导性梳理。

表-14

秦岭山系风味美食名录

序号	所在省（市）	秦岭风味美食名称
1	陕西省西安市	西安凉皮　biángbiáng面　牛羊肉泡馍　葫芦头　腊汁肉夹馍　黄桂柿子饼　贾三汤包　荞面饸饹　臊子面　油茶　辣子蒜羊血　菠菜面　油泼面　烩面　蒜蘸面　石子馍　锅盔　镜糕　黄桂稠酒　腊牛羊肉　粉汤羊血　葫芦鸡　八宝饭　麻什　搅团　葱花饼　千层油酥　蜂蜜粽子
2	陕西省渭南市	时辰包子　老城油糕　南七饸饹　孝义醪糟
3	陕西省宝鸡市	宝鸡擀面皮　西府扯面　搅团　驴肉泡馍　烙面皮　麻酱凉皮　水煎面　岐山臊子面
4	陕西省汉中市	汉中面皮　菜豆腐　粉皮子　浆水面　石门麻辣豆瓣鱼　宁强麻辣鸡　略阳罐罐茶　红豆腐　宁强核桃馍　西乡酸辣子　镇巴腊肉　米糕馍　锅贴　梆梆面
5	陕西省安康市	蒸面　滋养蒸盆子　汉阴炕炕馍　石泉五香豆腐干　安康窝窝面　猪血豆腐干　白河王记黄金脆　汉阴涧池烩面片　岚皋苦荞饼　石泉鼓气馍　岚皋辣子鸡　吊罐肉　酸辣茴香小鱼
6	陕西省商洛市	商芝肉　水煎包　大烩菜　黑擀面皮　香苜蓿粉蒸肉　洛源豆腐干　寺坡橡子凉粉　糍粑　洛南糢糊面或糁子饭　洛南窍面　锅边饭　神仙叶子凉粉　漫川八大件　山阳羊肉泡　酸汤水饺　柞水腊肉　柞水洋芋糍粑　镇安腊肉
7	甘肃省天水市	浆水面　天水呱呱　甘谷辣椒　猪油盒　酥圈圈
8	甘肃省定西市	定西把把肉　定西粉汤　定西粉鱼儿　定西醪糟　定西烤小猪　口条肉凉粉　卤鸡　麻腐角儿　定西钱儿肉　定西酿皮子
9	甘肃省陇南市	八盘梨　陇南大红袍花椒　礼县苹果　豆花子　洋芋搅团　杠子面　陇南猕猴桃　红军锅盔　西和锅盔　徽县麻食　成县馄饨　武都甜柿　两当狼牙蜜　礼县热面皮
10	甘肃省甘南藏族自治州	羊肉筏子　藏族奶茶　蕨麻米饭　杂面疙瘩　牦牛酸奶　藏包子　手抓羊肉　糌粑　火烧蕨麻猪肉　热豆腐　迭部羊肚菌
11	河南省洛阳市	洛阳水席　洛阳燕菜　牡丹饼　炸八块　阎家羊肉汤　老浆面条　不翻汤　张家馄饨　潘金和烧鸡
12	河南省三门峡市	灵宝羊肉汤　三门峡麻花　五香豆面　观音堂牛肉　陕州糟蛋　石子馍　水花佛手糖糕　油脂烧饼　灵宝大刀面　甑糕　天池炒扁垛　天池夹心红薯面　棒棒鞭舞　四龙庙牛心柿　仰韶油茶
13	河南省南阳市	南阳蒸菜　方城烩面　水煎包　新野板面　王店火烧　唐河凉粉　油茶　羊肉烩面　烧鸡　黄牛肉　芥菜肉　桐柏豆筋
14	河南省信阳市	信阳板鸭　石凉粉　商城筒鲜鱼　商城炖菜　桂花汤圆　罗山大肠汤　大营麻花　面坑鸡　高桩馍　神仙饺　筒子麻花　长江河鱼　固始鹅　固始麻鸭　固始糍粑　固始皮丝　呼噜汤

续表

序号	所在省（市）	秦岭风味美食名称
15	河南省平顶山市	手抓葱油饼 鲁山搅锅菜 鲁山羊杂汤 舞钢热豆腐 叶县烩面 张集硬面馍 宝丰买根烧鸡 羊肉冲汤 汝州素胡辣汤 汝州粉皮 汝州砂锅面
16	河南省驻马店市	薄山湖松针野生鱼 风味热豆腐 五香松花蛋 潘记烩面
17	湖北省武汉市	热干面 三鲜豆皮 汤包 煨汤 豆丝 糊汤粉 烧麦 面窝 周黑鸭 红烧武昌鱼 麻球 糯米鸡 油粑
18	湖北省十堰市	竹溪碗糕 郧阳三合汤 瓦块鱼 五香豆腐干 郧县网油砂 酸浆面
19	湖北省襄阳市	牛肉面 孔明菜 酸菜面 宜城大虾 腊肉粑粑 夹沙肉 爆炒河虾 缠蹄 三镶盘 盘鳝
20	湖北省随州市	春卷 滑肉 蜜枣 酸汤鱼 随州油桃 拐子饭 奎面 土鸡汤 气泡包馍馍
21	湖北省荆门市	蟠龙菜 雪枣 皮条鳝鱼 风干鸡 烟熏肉 茶花点心太师饼 矮子馅饼 钟祥米茶 万寿羹
22	湖北省孝感市	孝感麻糖 孝感米酒 云梦鱼面 胡金店水汽包子 豆油藕卷 干拨才鱼 安陆翰林鸡 大悟臭豆腐 扒肉 焦切糖 鱼面 糍粑
23	湖北省黄冈市	东坡豆腐 东坡牛脯 东坡扣肉 罗田板栗 黄梅鱼面 马曹庙狗肉 蟹黄鱼翅
24	湖北省宜昌市	萝卜饺子 红油小面 凉虾 凉拌节节根 炕土豆 卤水豆腐干 油脆春卷 京果条 顶顶糕 土家蒸肉 三游神仙鸡 白汤肥鱼 榨广椒炒腊肉 白刹肥鱼 冰凉糕 秭归粽子 将军过桥 鸡泥桃花鱼 踏豆饼
25	湖北省神农架林区	神农架腊肠 神农架腊牛肉 神农架腊排骨 神农架腊蹄子 神农架腊猪肉 神农架懒豆腐 神农架砣砣肉 香菇炖土鸡 岩耳炖土鸡 渣广椒 火烧粑
26	湖北省恩施土家族苗族自治州	巴东土腊肉 雷家坪椪柑 巴东羊肉大面 葵花年肉 榨广椒炒腊肉 神农溪刁子鱼 大派火腿 魔芋鸡
27	安徽省合肥市	老母鸡汤 包公鱼 李鸿章大杂烩 曹操鸡 泥鳅挂面 臭鳜鱼 周贵妃凉皮 龙虾 胖姐拌面 芙蓉蛋卷
28	安徽省六安市	六安酱鸭 六安水饺 六安包子 六安凉皮 六安锅贴 六安臭干子 金寨将军菜 金寨黑木耳 天堂寨泡菜 白塔畈乡大白鹅 小吊米酒 桃溪瓦罐汤 橡栗粉丝 瓦罐汤贡席 万佛湖砂锅鱼头 万佛湖鳙鱼头 白蒜 天然泡菜 王滩大棚蔬菜
29	安徽省安庆市	老鸡汤泡沙米 墨子酥 侉饼油条 雪贡糕 山粉圆子烧肉 安庆粉蒸肉 鸡汤水饺 石耳炖鸡 五谷豆粑 安庆龙须酥 五香牛肉脯 岳西豆花鱼 天柱香鸭 皖贡贡糕 安庆龙须酥 安庆五香牛肉脯 墨子酥 蒿子粑粑
30	四川省广元市	女皇蒸凉面 广元河鲜 酸菜面鱼儿 核桃脆薄饼 肉蛤蟆 曾家十大碗 酸菜豆腐 火烧馍馍 老腊肉

续表

序号	所在省（市）	秦岭风味美食名称
31	四川省巴中市	巴中串串　青峪红烧肉　川北凉粉　板桥麻花　回锅黄牛肉　通江银耳　麻饼　油茶馓子　巴中罐罐饭　巴中腊肉　巴中油茶　巴中枣林鱼　刨汤
32	四川省达州市	达州功夫肉　徐鸭子手撕鸭　大风羊肉　杜仲腰花　五香卤豆干　干烧岩鲤　顺江薄饼　石锅鱼　酸菜鱼　灯影牛肉　羊肉格格　姜葱螃蟹　红海游龙　万源老腊肉　珍珠元子　鱼香茄花　小煎仔鸡
33	四川省阿坝藏族羌族自治州	羊肉血肠　和尚包子　酸菜面块　烧馍馍　九寨沟蜂蜜　糌粑　土腊肉　牦牛肉玉带酥
34	重庆市	巴山腊瘦肉　胡安太皮蛋　开县冰薄月饼　龙须牛肉　开县香辣豆瓣酱　巫溪牛肉干　巫溪腊肉　芝麻酥包　巫溪薇菜　巫溪烤鱼　巫溪烤洋芋　翡翠凉粉　巫山雪枣　巫山烤鱼　向氏包子　谭包面　巫山脆李　张氏三糕　水口钮丝面　孔洋芋　抄手　腊蹄炖洋芋果果　蓬江牛肉脯　清炖牛尾汤　石鸡　腊肉粉粑粑　格格面　城口魔芋　椒香土鸭

秦岭区域重点景区海拔对比表

（以景区制高点表示）

景区名称	所在地区	海拔/米
华清宫文化旅游景区（骊山）	陕西省西安市临潼区华清路038号	1301.9
华山名胜风景区	陕西省渭南市华阴市	2154.9
太白山国家森林公园	陕西省宝鸡市眉县	3771.2
金丝大峡谷	陕西省商洛市商南县金丝峡镇庙台子村	1200
陕西终南山国家地质公园	陕西省西安市长安区	2589
太平国家森林公园	陕西省西安市鄠邑区	3015
西安秦岭野生动物园	陕西省西安市长安区滦镇街道	400
西安关中民俗艺术博物院	陕西省西安市长安区五台街道	428
洪庆山国家森林公园	陕西省西安市灞桥区	1302
楼观台国家森林公园	陕西省西安市周至县	2997
西安黑河旅游景区	陕西省西安市周至县	1266
王顺山景区	陕西省西安市蓝田县蓝桥镇	2239
西安金龙峡风景区	陕西省西安市周至县石井镇	1837.5
朱雀国家森林公园	陕西省西安市鄠邑区涝峪	1489
周至水街沙沙河景区	陕西省西安市周至县	430
白鹿原影视城景区	陕西省西安市蓝田县107省道附近	700
白鹿原·白鹿仓景区	陕西省西安市灞桥区狄寨北路	700
凤凰湖景区	陕西省宝鸡市凤县县城	964
通天河景区	陕西省宝鸡市凤县唐藏镇	2738.7
嘉陵江源国家森林公园	陕西省宝鸡市凤县	2597.8
中华石鼓园	陕西省宝鸡市渭滨区石鼓镇	595
红河谷景区	陕西省宝鸡市眉县营头镇	3666.6
青峰峡森林公园	陕西省宝鸡市太白县桃川镇	2738.7
大水川旅游景区	陕西省宝鸡市陈仓区香泉镇	2300
金台太极源文化景区	陕西省宝鸡市金台区陵塬路	587
天台山国家森林公园	陕西省宝鸡市渭滨区	3000

续表

景区名称	所在地区	海拔/米
九龙山景区	陕西省宝鸡市渭滨区高家镇桑园铺村	1800
扶眉战役纪念馆	陕西省宝鸡市眉县常兴镇	442
长乐塬抗战工业遗址景区	陕西省宝鸡市金台区	609
少华山国家森林公园	陕西省渭南市华州区莲花寺镇	1664.4
渭华起义纪念馆	陕西省渭南市华州区高塘镇	584
张良庙—紫柏山	陕西省汉中市留坝县留候镇闸口石村	2610
长青华阳景区	陕西省汉中市洋县华阳镇	1700
黎坪景区	陕西省汉中市南郑区黎坪镇	1500
青木川	陕西省汉中市宁强县青木川镇	801
朱鹮梨园	陕西省汉中市洋县洋州街道办牛头坡	476
石门栈道风景区	陕西省汉中市河东店镇前进街23号	2000
武侯墓	陕西省汉中市勉县定军山镇元坪村	833
武侯祠	陕西省汉中市勉县武侯镇武侯村	555
古汉台	陕西省汉中市汉台区东大街	514
五龙洞风景区	陕西省汉中市略阳县五龙洞镇	2214
熊猫谷景区	陕西省汉中市佛坪县长角坝镇	1117
栈道水世界景区	陕西省汉中市留坝县武关驿镇	867
骆家坝景区	陕西省汉中市西乡县骆家坝镇	588
兴汉胜境	陕西省汉中市汉台区兴汉新区	514
张骞墓景区	陕西省汉中市城固县博望镇	481
午子山景区	陕西省汉中市西乡县堰口镇	436
南宫山国家地质公园	陕西省安康市岚皋县	2267.4
燕翔洞景区	陕西省安康市石泉县熨斗镇	459
瀛湖旅游景区	陕西省安康市汉滨区瀛湖镇	536
香溪洞风景区	陕西省安康市汉滨区张滩镇	257
中坝大峡谷景区	陕西省安康市石泉县后柳镇	400
天华山国家森林公园	陕西省安康市宁陕县	2964
宁陕筒车湾休闲景区	陕西省安康市宁陕县筒车湾镇	737
汉滨双龙景区	陕西省安康市汉滨区双龙镇	467
飞渡峡	陕西省安康市镇坪县曙坪镇阳安村	1012
天书峡景区	陕西省安康市平利县	2300
石泉古城景区	陕西省安康市石泉县	382
凤凰山国家森林公园	陕西省安康市汉阴县	1100

续表

景区名称	所在地区	海拔/米
秦巴文化生态旅游区	陕西省安康市汉滨区	252
鬼谷岭景区	陕西省安康市石泉县	2009
白河天宝梯彩农园景区	陕西省安康市白河县仓上镇天宝村	481
雁山瀑布景区	陕西省安康市石泉县喜河镇	476
牛背梁景区	陕西省商洛市柞水县	2802
天竺山景区	陕西省商洛市山阳县	2074
柞水溶洞景区	陕西省商洛市柞水县石瓮镇	1106
塔云山景区	陕西省商洛市镇安县柴坪镇	555
丹江漂流景区	陕西省商洛市丹凤县江滨北路	571
商於古道棣花文化旅游景区	陕西省商洛市丹凤县棣花镇	609
漫川古镇景区	陕西省商洛市山阳县漫川镇	340
木王山景区	陕西省商洛市镇安县黄杨路	1378
金台山文化旅游景区	陕西省商洛市镇安县	703
九天山风景区	陕西省商洛市柞水县下梁镇	775
音乐小镇	陕西省商洛市洛南县四皓街道南沟社区	480
秦岭江山景区	陕西省商洛市商州区腰市镇	901
天蓬山寨景区	陕西省商洛市山阳县	1300
月亮洞景区	陕西省商洛市山阳县杨地镇	605
蟒岭绿道景区	陕西省商洛市洛南县	927
麦积山国家地质公园	甘肃省天水市麦积区	2334
小龙山国家森林公园	甘肃省天水市麦积区	2686
伏羲庙景区	甘肃省天水市秦州区伏羲路110号	1169
南郭寺景区	甘肃省天水市秦州区	1169
玉泉观景区	甘肃省天水市秦州区上庵沟	1169
水帘洞	甘肃省天水市武山县	1490
甘谷大像山	甘肃省天水市甘谷县大像山镇五里铺村	1272
遮阳山/贵清山旅游景区	甘肃省定西市漳县大草滩乡	2478
渭河源景区	甘肃省定西市渭源县五竹镇	2270
渭源首阳山	甘肃省定西市渭源县莲峰镇	2054
李家龙宫景区	甘肃省定西市陇西县	1743
阳坝旅游景区	甘肃省陇南市康县阳坝镇	974
西狭颂旅游景区	甘肃省陇南市成县小川镇政府东北方向	1326
官鹅沟旅游景区	甘肃省陇南市宕昌县城关镇官鹅村	1763

续表

景区名称	所在地区	海拔/米
晚霞湖旅游景区	甘肃省陇南市西和县姜席镇	1697
云屏三峡旅游景区	甘肃省陇南市两当县云屏乡	1190
兵变红色旅游景区	甘肃省陇南市两当县	961
花桥村旅游景区	甘肃省陇南市康县	1246
文县天池国家森林公园	甘肃省陇南市文县	1728
哈达铺红色旅游景区	甘肃省陇南市宕昌县哈达铺	2224
王坝生态民俗旅游区	甘肃省陇南市康县	1246
岸门口古村康养旅游区	甘肃省陇南市康县岸门口镇朱家沟	1143
拉尕山景区	甘肃省甘南藏族自治州舟曲县	2561.4
大峡沟国家森林公园	甘肃省甘南藏族自治州舟曲县	3278
沙滩国家森林公园	甘肃省甘南藏族自治州舟曲县	4356
老君山·鸡冠洞	河南省洛阳市栾川县	2297
白云山	河南省洛阳市嵩县	1845
老界岭—恐龙遗迹园景区	河南省南阳市西峡县丹水镇-太平镇	2212.5
尧山—中原大佛景区	河南省平顶山市鲁山县西部	2153.3
嵖岈山风景区	河南省驻马店市遂平县境内	786
重渡沟风景区	河南省洛阳市栾川县洛阳栾川重渡沟	2248
龙峪湾风景区	河南省洛阳市栾川县庙子镇	2219
伏牛山滑雪度假乐园	河南省洛阳市栾川县伏牛山老界岭北坡	2200
养子沟景区	河南省洛阳市栾川县	1668
抱犊寨景区	河南省洛阳市栾川县三川镇	1803
天河大峡谷	河南省洛阳市栾川县叫河镇	2116
王府竹海景区	河南省洛阳市栾川县狮子庙镇	690
木札岭旅游区	河南省洛阳市嵩县车村镇	2053
天池山国家森林公园	河南省洛阳市嵩县	1859.6
西泰山旅游风景区	河南省洛阳市汝阳县	1018
恐龙谷漂流	河南省洛阳市汝阳县靳村	1016
神灵寨国家森林公园	河南省洛阳市洛宁县涧神路	1859.6
二程文化园	河南省洛阳市伊川县	1385
石漫滩景区	河南省平顶山市舞钢市龙泉路	872
祥龙谷景区	河南省平顶山市舞钢市杨庄乡	113
香山寺景区	河南省平顶山市宝丰县闹店镇	674
尧山大峡谷漂流	河南省平顶山市鲁山县尧山镇	2153.3

续表

景区名称	所在地区	海拔/米
画眉谷	河南省平顶山市鲁山县	2153.3
虢国博物馆	河南省三门峡市湖滨区大安街道	358
黄河公园	河南省三门峡市湖滨区	377
甘山国家森林公园	河南省三门峡市陕州区西张村镇	1055
天鹅湖景区	河南省三门峡市陕州区张湾乡	759
陕州地坑院景区	河南省三门峡市陕州区张汴乡北营村	638
函谷关历史文化旅游区	河南省三门峡市灵宝市函谷关镇	330
燕子山国家森林公园	河南省三门峡市灵宝市	1497
汉山景区	河南省三门峡市灵宝市故县镇	2206.6
娘娘山景区	河南省三门峡市灵宝市	1556.1
玉皇山国家森林公园	河南省三门峡市卢氏县	2057.9
豫西大峡谷	河南省三门峡市卢氏县官道口镇	824
双龙湾风景区	河南省三门峡市卢氏县双龙湾镇	890
豫西百草园	河南省三门峡市卢氏县	953
卧龙岗武侯祠	河南省南阳市卧龙区卧龙路766号	122
花洲书院	河南省南阳市邓州市	114
南召宝天曼景区	河南省南阳市南召县乔端镇	364
五朵山旅游区	河南省南阳市南召县四棵树乡	331
七峰山生态旅游区	河南省南阳市方城县杨集乡	410
七十二潭景区	河南省南阳市方城县杨集乡大河口村	176
龙潭沟生态景区	河南省南阳市西峡县双龙镇化山村	346
老鹳河漂流	河南省南阳市西峡县老鹳河	566
寺山国家森林公园	河南省南阳市西峡县	381
老君洞景区	河南省南阳市西峡县二郎坪镇	684
国际玉城	河南省南阳市镇平县石佛寺镇	187
内乡县衙博物馆	河南省南阳市内乡县县衙路88号	161
内乡宝天曼峡谷漂流景区	河南省南阳市内乡县七里坪乡	301
大宝天曼原始森林生态旅游景区	河南省南阳市内乡县夏馆镇	282
云露山景区	河南省南阳市内乡县马山口镇石庙村	219
二龙山风景区	河南省南阳市内乡县板场乡让河村	343
丹江香严寺风景名胜区	河南省南阳市淅川县仓房镇	243
山陕会馆	河南省南阳市社旗县赊店镇永庆街9号	124
桐柏山淮源风景区	河南省南阳市桐柏县城关镇312国道南侧	1140

续表

景区名称	所在地区	海拔/米
大苏山国家森林公园	河南省信阳市光山县	433.9
鄂豫皖红色首府景区	河南省信阳市新县文博新村首府路004号	125
金刚台国家地质公园	河南省信阳市商城县	1584
鸡公山风景区	河南省信阳市浉河区	678
南湾国家森林公园	河南省信阳市浉河区	906.2
灵山风景区	河南省信阳市罗山县灵山镇	254
西河风景区	河南省信阳市商城县金刚台镇	176
灵龙湖生态文化旅游区	河南省信阳市浉河区东双河镇杜河村	85
许世友将军故里	河南省信阳市新县	84
黄柏山国家森林公园	河南省信阳市商城县长竹园乡	1075
大别山露营公园	河南省信阳市新县	84
金兰山国家森林公园	河南省信阳市新县	768
鸡公山桃花寨景区	河南省信阳市浉河区李家寨镇	195
金顶山风景区	河南省驻马店市驿城区蚁蜂镇	162
铜山湖国家森林公园	河南省驻马店市泌阳县	632.6
确山竹沟革命纪念馆	河南省驻马店市确山县	90
老乐山旅游景区	河南省驻马店市确山县瓦岗镇	149
武当山	湖北省十堰市丹江口市武当山特区永乐路14号	1055
神农架国家森林公园	湖北省神农架林区	3105.4
古隆中	湖北省襄阳市襄城区隆中路461号	116
黄陂木兰文化生态旅游区	湖北省武汉市黄陂区王家河街道	86
黄陂区木兰清凉寨景区	湖北省武汉市黄陂区	470
黄陂锦里土家风情谷旅游区	湖北省武汉市黄陂区蔡店街道	76
大余湾旅游区	湖北省武汉市黄陂区木兰乡梳店花竹园特1号	55
木兰胜天风景区	湖北省武汉市黄陂区王家河街道	86
黄陂区木兰花乡景区	湖北省武汉市黄陂区葛家塆	61
牛头山国家森林公园	湖北省十堰市张湾区	1155.9
房县野人洞（谷）旅游区	湖北省十堰市房县	1276
五龙河旅游景区	湖北省十堰市郧西县安家乡五龙河旅游区	339
郧西龙潭河旅游区	湖北省十堰市郧西县羊尾镇	311
十堰市博物馆	湖北省十堰市北京北路91号	343
太极峡景区	湖北省十堰市丹江口市石鼓镇	241
净乐宫	湖北省十堰市丹江口市丹赵路151号	129

续表

景区名称	所在地区	海拔/米
天河旅游区	湖北省十堰市郧西县悬鼓观路	322
九龙瀑旅游区	湖北省十堰市郧阳区大柳乡	769
赛武当旅游区	湖北省十堰市茅箭区	1723
观音洞旅游区	湖北省十堰市房县城关镇	750
十堰市人民公园	湖北省十堰市公园路25号	278
武当山南神道旅游区	湖北省十堰市丹江口市官山镇吕家河村	1600
上津文化旅游区	湖北省十堰市郧西县上津古镇	1338
虎啸滩旅游区	湖北省十堰市郧阳区大柳乡	850
恐龙蛋化石群地质公园	湖北省十堰市郧阳区柳坡镇	807
女娲山旅游区	湖北省十堰市竹山县宝丰镇新茶村	900
太和梅花谷景区	湖北省十堰市竹山县文峰乡	550
丹江口沧浪海旅游区	湖北省十堰市丹江口市石岸新城区武当大道1号	109
武当山快乐谷旅游区	湖北省十堰市武当山特区瓦房河村	432
襄阳古城景区	湖北省襄阳市襄城区滨江大道北街128号	69
中国唐城景区	湖北省襄阳市襄城区胜利街	70
春秋寨旅游区	湖北省襄阳市南漳县东巩镇	270
尧治河旅游区	湖北省襄阳市保康县马桥镇尧治河村	1600
五道峡风景区	湖北省襄阳市保康县(五道峡大桥)	1450
九路寨生态旅游区	湖北省襄阳市保康县歇马镇	1426
香水河风景区	湖北省襄阳市南漳县薛坪镇	937
中国汉城景区	湖北省襄阳市枣阳市建设路	113
堰河乡村旅游区	湖北省襄阳市谷城县五山镇	209
高岚朝天吼漂流景区	湖北省宜昌市兴山县	474
昭君村古汉文化游览区	湖北省宜昌市兴山县宝坪村	245
鸣凤山景区	湖北省宜昌市远安县鸣凤山路	112
武陵峡口生态旅游区	湖北省宜昌市远安县洋坪镇	143
三峡龙隐谷生态旅游区	湖北省宜昌市远安县花林寺镇	190
太子山国家森林公园	湖北省荆门市京山县	1000
明显陵旅游景区	湖北省荆门市钟祥市明显陵管理处	52
黄仙洞	湖北省荆门市钟祥市客店镇	554
大口国家森林公园	湖北省荆门市钟祥市	350
绿林山景区(原大洪山鸳鸯溪)	湖北省荆门市京山县绿林镇	221
彭墩乡村旅游世界	湖北省荆门市钟祥市石牌镇彭墩村	44

续表

景区名称	所在地区	海拔/米
漳河风景名胜区	湖北省荆门市东宝区漳河镇	109
汤池温泉旅游景区	湖北省孝感市应城汤池镇	51
双峰山旅游度假区	湖北省孝感市孝昌县周巷镇	888
观音湖旅游度假区	湖北省孝感市孝昌县	198
中原军区旧址景区	湖北省孝感市大悟县宣化店镇	101
龟峰山景区	湖北省黄冈市麻城市龟峰山风景区	512
麻城市烈士陵园	湖北省黄冈市麻城市陵园大道75号	234
孝感乡文化园	湖北省黄冈市麻城市湖广大道	234
五脑山森林公园	湖北省黄冈市麻城市	234
三角山国家森林公园	湖北省黄冈市浠水县	1055
天台山国家森林公园	湖北省黄冈市红安县	817
黄麻起义和鄂豫皖苏区纪念园	湖北省黄冈市红安县城关镇陵园大道	52
李先念故居纪念园	湖北省黄冈市红安县高桥镇长丰村	49
大别山主峰旅游风景区	湖北省黄冈市英山县吴家山林场	1777
桃花冲旅游风景区	湖北省黄冈市英山县草盘地镇	1699.8
四季花海景区	湖北省黄冈市英山县温泉镇金石路18号	146
天堂寨景区	湖北省黄冈市罗田县九资河镇	940
大别山薄刀峰风景区	湖北省黄冈市罗田县胜利镇薄刀峰景区	868
四祖寺禅宗文化旅游区	湖北省黄冈市黄梅县大河镇四祖寺	29
五祖寺景区	湖北省黄冈市黄梅县吴祖镇禅定大道	9
李时珍医道文化旅游区普阳观	湖北省黄冈市蕲春漕河镇南阳四路11号	22
雾云山生态旅游景区	湖北省黄冈市蕲春县林镇雾云村	338
炎帝故里风景名胜区	湖北省随州市曾都区历山镇大同街72号	72
西游记公园	湖北省随州市随县洪山镇	136
西游记漂流	湖北省随州市随县淮河镇	155
大洪山风景名胜区	湖北省随州市随县长岗镇	1636
千年银杏谷景区	湖北省随州市洛阳镇永兴村	122
天燕旅游区	湖北省神农架林区红坪镇	2200
红坪景区	湖北省神农架林区木鱼镇	1985
巴桃园景区	湖北省神农架林区松柏镇花朵村	906
天堂寨国家森林公园	安徽省六安市金寨县	1729.13
万佛山国家森林公园	安徽省六安市舒城县	1480
天柱山国家森林公园	安徽省安庆市潜山市	1489.8

续表

景区名称	所在地区	海拔/米
红军广场	安徽省六安市金寨县	123
燕子河大峡谷	安徽省六安市金寨县	568
佛子岭风景区	安徽省六安市霍山县	1200
大别山（六安）国家地质公园	安徽省六安市霍山县	1774
南岳山景区	安徽省六安市霍山县衡山南路	405
铜锣寨景区	安徽省六安市霍山县上土市镇	1096
东石笋景区	安徽省六安市金安区	760
皖西大裂谷景区	安徽省六安市金安区	266.4
独山革命旧址群景区	安徽省六安市裕安区	67
横排头景区	安徽省六安市裕安区苏埠镇	826
花亭湖景区	安徽省安庆市太湖县寺前镇麒林村	1109
五千年文博园景区	安徽省安庆市太湖县	74
妙道山国家森林公园	安徽省安庆市岳西县	1462
明堂山景区	安徽省安庆市岳西县河图镇	1232
天峡景区	安徽省安庆市岳西县	435
大别山彩虹瀑布	安徽省安庆市岳西县黄尾镇	306
石莲洞国家森林公园	安徽省安庆市宿松县	1000
白崖寨风景区	安徽省安庆市宿松县趾凤乡	173
嬉子湖生态旅游区	安徽省安庆市桐城市嬉子湖镇双店村	119
桐城孔城老街	安徽省安庆市孔城镇	14
光雾山景区	四川省巴中市南江县	2507
清溪古镇	四川省广元市青川县	1088
战国木牍文化生态园	四川省广元市青川县	834
东河口地震遗址公园	四川省广元市青川县	834
唐家河景区	四川省广元市青川县	3837
木门景区	四川省广元市旺苍县	433
红军城景区	四川省广元市旺苍县	427
鼓山城——七里峡景区	四川省广元市旺苍县	1490
龙门阁	四川省广元市朝天区	892
明月峡景区	四川省广元市朝天区	764
曾家山景区	四川省广元市朝天区	1413
最美玉湖——七彩长滩旅游景区	四川省巴中市南江县	555
米仓山国家森林公园	四川省巴中市南江县	2507

续表

景区名称	所在地区	海拔/米
王坪旅游景区	四川省巴中市通江县	357
唱歌石林旅游景区	四川省巴中市通江县	1114
空山天盆旅游景区	四川省巴中市通江县	1200
诺水河景区	四川省巴中市通江县	501
巴山大峡谷旅游景区	四川省达州市宣汉县渡口土家族乡	520
红军公园旅游景区	四川省达州市万源市太平镇	670
洋烈水乡景区	四川省达州市宣汉县君塘镇	470
八台山旅游景区	四川省达州市万源市八台镇	942
爱情海景区	四川省阿坝藏族羌族自治州九寨沟县	1392
红池坝森林旅游景区	重庆市巫溪县	2281
巫山神女景区(神女峰·神女溪)	重庆市巫山县宁江路	1015
巫山文峰景区	重庆市巫山县	720
巫山博物馆	重庆市巫山县巫峡镇平湖西路369号	150
雪宝山国家森林公园	重庆市开州区	2626
开州区博物馆	重庆市开州区	255
城口亢谷景区	重庆市城口县	2680

备注： 以上数据来自百度百科、景区官网，实际海拔以当地公布的科学测量数据为准。

秦岭区域高速公路服务区指南

区域	服务区名称	地址
陕西省	华山服务区	连霍高速公路国高网G30陕西境西潼段K935+100处
	渭南西服务区	连霍高速公路国高网G30陕西境西潼段K998+000处
	眉县服务区	连霍高速公路国高网G30陕西宝鸡眉县段K1164+500处
	宝鸡西服务区	连霍高速公路国高网G30陕西境宝牛段K1232+000处
	秦岭服务区	京昆高速公路国高网G5陕西境西汉段K1165+000处
	宁陕服务区	京昆高速公路国高网G5陕西境西汉段K1220+500处
	洋县服务区	京昆高速公路国高网G5陕西境汉宁段K1293+000处
	汉中服务区	京昆高速公路国高网G5陕西境汉宁段K1355+000处
	勉县服务区	京昆高速公路国高网G5陕西境汉宁段K1387+000处
	宁强服务区	京昆高速公路国高网G5陕西境汉宁段K1440+000处
	华胥服务区	福银高速公路国高网G70陕西境西安蓝田段
	安康东服务区	十天高速公路国高网G7011陕西境安康汉滨段
	略阳服务区	十天高速公路国高网G7011陕西境汉中略阳段
	汉中北服务区	京昆高速公路国高网G5陕西境西安至勉县段K254+000处
	西乡服务区	十天高速公路国高网G7011陕西境汉中段K328+500处
	白河服务区	沪蓉高速公路国高网G42陕西境荆宜路段K1105+000处
	汉阴服务区	十天高速公路国高网G7011陕西境安康段K257+300处
	平利服务区	麻安高速公路国高网G4213陕西境安康平利段
	商洛北服务区	沪陕高速公路国高网G40陕西境商洛商州区段
	丹凤服务区	沪陕高速公路国高网G40陕西境商洛段K1376+400处
	蓝田东服务区	沪陕高速公路国高网G40陕西境西安蓝田段
	金丝峡服务区	沪陕高速公路国高网G40陕西境商洛商南段
	商州服务区	沪陕高速公路国高网G40陕西境商洛商州段
	蓝田服务区	福银高速公路国高网G70陕西境西安蓝田段
	山阳服务区	福银高速公路国高网G70陕西境商洛山阳段
	宝鸡北服务区	连霍高速公路国高网G30陕西境宝鸡陈仓段
	镇安服务区	包茂高速公路国高网G65陕西境商洛镇安段

续表

区域	服务区名称	地址
陕西省	紫阳南服务区	包茂高速公路国高网G65陕西境安康紫阳段
	柞水服务区	包茂高速公路国高网G65陕西境商洛柞水段
	南五台服务区	包茂高速公路国高网G65陕西境西安长安段
甘肃省	徽县服务区	十天高速公路国高网G7011甘肃境陇南段K565+240处
	西和服务区	十天高速公路国高网G7011甘肃境陇南段k660+000处
	甘谷服务区	连霍高速公路国高网G30甘肃境天定段K1445+000处
	定西服务区	连霍高速公路国高网G30甘肃境定西段K1648+000处
	秦州服务区	连霍高速公路国高网G30甘肃境天水段K732+500处
	礼县服务区	十天高速公路国高网G7011甘肃境陇南礼县段
河南省	豫皖界服务区	连霍高速公路国高网G30河南境商丘段K292+720处
	豫陕界服务区	连霍高速公路国高网G30河南境三门峡段K889+492处
	唐河服务区	沪陕高速公路国高网G40河南境南阳段K1093＋500处
	泌阳服务区	沪陕高速公路国高网G40河南境泌阳段K1037+000处
	信阳西服务区	沪陕高速公路国高网G40河南境平桥区段K976+000处
	商城服务区	沪陕高速公路国高网G40河南境信阳段K802+000处
	光山服务区	沪陕高速公路国高网G40河南境信阳段K856+000处
	西峡服务区	沪陕高速公路国高网G40河南境南阳段K1231+830处
	罗山服务区	沪陕高速公路国高网G40河南境信阳段K911+200处
	镇平服务区	沪陕高速公路国高网G40河南境南阳段K1162+504处
	驻马店服务区	京港澳高速公路国高网G4河南境京珠段K843+000处
	确山服务区	京港澳高速公路国高网G4河南境驻马店段K904+000处
	信阳服务区	沪陕高速公路国高网G40河南境信阳段G40 K976+000处
	灵山服务区	京港澳高速公路国高网G4河南境信阳段K998+000处
	灵宝服务区	连霍高速公路国高网G30河南境三门峡段K864+500处
	三门峡服务区	连霍高速公路国高网G30河南境湖滨区段K816+500处
	洛阳服务区	连霍高速公路国高网G30河南境洛阳段K681+000处
湖北省	黄梅服务区	沪渝高速公路国高网G50湖北境黄黄段K710+600处
	蕲春服务区	沪渝高速公路国高网G50湖北境黄冈蕲春段
	郧西服务区	福音高速公路国高网G70湖北境十漫段K1432+000处
	大悟服务区	京港澳高速公路国高网G4湖北境京珠段K1055+000处
	孝感服务区	福银高速公路国高网G70湖北境孝襄段K1001+000处
	京山服务区	随岳高速公路国高网G0421湖北境京山段K134+600处
	宜昌大桥服务区	沪渝高速公路国高网G50湖北境宜昌猇亭段

续表

区域	服务区名称	地址
湖北省	恩施服务区	沪渝高速公路国高网G50湖北境沪蓉段K1396+700处
	钟祥服务区	沪蓉高速公路国高网G42湖北境荆门钟祥段
安徽省	太湖服务区	沪渝高速公路国高网G50安徽境安庆高界段
	霍山服务区	济广高速公路国高网G35安徽境六安霍山段
	宿松服务区	沪渝高速公路国高网G50安徽境高界段K670+800处
四川省	万源南服务区	包茂高速公路国高网G65四川境达州万源段
	万源北服务区	包茂高速公路国高网G65四川境达州万源段
	达州北服务区	包茂高速公路国高网G65四川境达州宣汉段
	旺苍服务区	恩广高速公路国高网G5012四川境广元旺苍段

备注：以上服务区名称和地点仅供参考，随着高速公路的开通和自驾营地等服务设施的普及，道路交通关联的服务设施将日趋增加和完善，驾车出行前请注意做好攻略。

2021秦岭区域市/县级文旅部门党政负责人名录

秦岭区域市级文旅管理部门及负责人名录

地区	管理部门名称	党政负责人	职务
陕西省	**6市**		
西安市	西安市文化和旅游局	孙 超	党组书记、局长
宝鸡市	宝鸡市文化和旅游局	周保君	党组书记、局长
渭南市	渭南市文化和旅游	马小红	党组书记
		常 伟	局长
汉中市	汉中市文化和旅游局	徐红菊	党组书记、局长
安康市	安康市文化和旅游广电局	付 波	党组书记、局长
商洛市	商洛市文化和旅游局	巩文超	党组书记、局长
甘肃省	**4市**		
天水市	天水市文化和旅游局	牛新虎	党组书记、局长
定西市	定西市文体广电和旅游局	包翠霞	党组书记、局长
陇南市	陇南市文化广电和旅游局	魏朝晖	党组书记、局长
甘南藏族自治州	甘南藏族自治州文化广电和旅游局	马文涛	党组书记、局长
河南省	**6市**		
洛阳市	洛阳市文化广电旅游局	胡大鹏	党组书记、局长
三门峡市	三门峡市文化广电和旅游局	毋慧芳	党组书记、局长
南阳市	南阳市文化广电和旅游局	任永亮	党组书记、局长
信阳市	信阳市文化广电和旅游局	裴 军	党组书记、局长
平顶山市	平顶山市文化广电和旅游局	徐 渊	党组书记、局长
驻马店市	驻马店市文化广电和旅游局	何新阁	党组书记、局长
湖北省	**10市（州）**		
武汉市	武汉市文化和旅游局	肖 敏	党委书记、局长
十堰市	十堰市文化和旅游局	边 疆	党组书记、局长
宜昌市	宜昌市文化和旅游局	苏海涛	党组书记、局长
襄阳市	襄阳市文化和旅游局	袁晓宁	党组书记、局长
荆门市	荆门市文化和旅游局	陈定萍	党组书记、局长

续表

地区	管理部门名称	党政负责人	职务
孝感市	孝感市文化和旅游局	王建学	党组书记、局长
黄冈市	黄冈市文化和旅游局	肖　敏	党委书记、局长
随州市	随州市文化和旅游局	苏海涛	党组书记、局长
神农架林区	神农架林区文化和旅游局	张守东	党组书记、局长
恩施土家族苗族自治州	恩施州文化和旅游局	刘俐萍	党组书记、局长
安徽省	**3市**		
合肥市	合肥市文化和旅游局	郑家余	党组书记、局长
安庆市	安庆市文化和旅游局	郭　中	党组书记、局长
六安市	六安市文化和旅游局	时　军	党组书记
		蔡黎丽	局长
四川省	**4市（州）**		
广元市	广元市文化广播电视和旅游局	罗余生	党组书记、局长
达州市	达州市文化体育和旅游局	李冰雪	党组书记、局长
巴中市	巴中市文化广播电视和旅游局	李明刚	党组书记、局长
阿坝藏族羌族自治州	阿坝州文化体育和旅游局	陈顺清	党组书记
		巴　黎	局长

备注：以上管理部门名称和党政负责人姓名来自各省市、地市、县区官网，时间界定为2021年12月。

秦岭区域县级文旅管理部门及负责人名录

地区	下辖县/区文旅部门	党政负责人	职务
陕西省			
西安市（6个）	灞桥区文化和旅游体育局	吴小进	党委书记、局长
	临潼区文化和旅游体育局	王　健	党委书记、局长
	长安区文化和旅游体育局	王　楠	党委书记、局长
	鄠邑区文化和旅游体育局	吴宁超	党委书记、局长
	蓝田县文化和旅游体育局	韩　健	党委书记、局长
	周至县文化和旅游体育局	舒建军	党委书记、局长
宝鸡市（7个）	金台区文化和旅游局	李巨怀	党组书记、局长
	渭滨区文化和旅游局	吴宝利	党组书记、局长
	陈仓区文化和旅游局	齐智雄	党组书记、局长
	岐山县文化和旅游局	杨慧敏	党委书记、局长
	眉县文化和旅游局	马　飞	党委书记、局长
	凤县文化和旅游局	王商峰	党组书记、局长
	太白县文化和旅游局	蔺建林	党组书记、局长
渭南市（4个）	临渭区文化和旅游局	刘晓亮	党组书记、局长
	华州区文化和旅游局	余晓燕	党委书记、局长
	华阴市文化和旅游局	苗席俊	党组书记、局长
	潼关县文化和旅游局	燕晓骢	党组书记、局长
汉中市（11个）	汉台区文化和旅游局	邹璋洁	党组书记、局长
	南郑区文化和旅游局	胡志军	党组书记、局长
	城固县文化和旅游局	张旭枫	党组书记、局长
	洋县文化和旅游局	王宝庆	党组书记、局长
	西乡县文化和旅游局	葛年华	党组书记、局长
	勉县文化和旅游局	邹树兴	党组书记、局长
	宁强县文化和旅游局	唐小军	党组书记、局长
	略阳县文化和旅游局	黄文阁	党组书记、局长
	镇巴县文化和旅游局	唐　灏	党组书记、局长
	留坝县文化和旅游局	谢建斌	党组书记、局长
	佛坪县文化和旅游局	姜正安	党组书记、局长
安康市（10个）	汉滨区文化和旅游广电局	李小东	党委书记、局长
	旬阳市文化和旅游广电局	王孔均	党组书记、局长
	汉阴县文化和旅游广电局	张　石	党组书记、局长

续表

地区	下辖县/区文旅部门	党政负责人	职务
安康市（10个）	石泉县文化和旅游广电局	王守明	党组书记、局长
	宁陕县文化和旅游广电局	吕宣强	党组书记、局长
	紫阳县文化和旅游广电局	刘　毅	党组书记、局长
	岚皋县文化和旅游广电局	许祖琴	党组书记、局长
	平利县文化和旅游广电局	袁守波	党组书记、局长
	镇坪县文化和旅游广电局	龙　英	党组书记、局长
	白河县文化和旅游广电局	阮　郁	党组书记、局长
商洛市（7个）	商州区文化和旅游局	张高彦	党组书记、局长
	洛南县文化和旅游局	李少轩	党组书记、局长
	丹凤县文化和旅游局	付学华	党组书记、局长
	商南县文化和旅游局	朱　峰	党组书记、局长
	山阳县文化和旅游局	赵华飙	党组书记、局长
	镇安县文化和旅游局	胡发卿	党组书记、局长
	柞水县文化和旅游局	陈立德	党组书记、局长
甘肃省			
天水市（4个）	秦州区文体广电和旅游局	罗铁军	党组书记、局长
	麦积区文体广电和旅游局	陈书田	党组书记、局长
	甘谷县文体广电和旅游局	孙　斌	党组书记、局长
	武山文体广电和旅游局	汪向理	党委书记、局长
定西市（5个）	陇西文体广电和旅游局	张国辉	党组书记、局长
	渭源县文体广电和旅游局	王　纲	党组书记、局长
	临洮县文体广电和旅游局	韩有存	党组书记、局长
	漳县文体广电和旅游局	潘双平	党组书记、局长
	岷县文体广电和旅游局	石志平	党组书记、局长
陇南市（9个）	武都区文体广电和旅游局	赵文强	党组书记、局长
	成县文体广电和旅游局	赵小宁	党委书记、局长
	文县文体广电和旅游局	龚海文	党组书记、局长
	宕昌县文体广电和旅游局	王胜利	党组书记、局长
	康县文体广电和旅游局	沈小煊	党组书记、局长
	西和县文体广电和旅游局	张　博	党组书记、局长
	礼县文体广电和旅游局	秦　波	党组书记、局长
	徽县文体广电和旅游局	王新田	党组书记、局长
	两当县文体广电和旅游局	高　山	党组书记、局长

续表

地区	下辖县/区文旅部门	党政负责人	职务
甘南藏族自治州（2个）	舟曲县文体广电和旅游局	陈舟芳	党组书记、局长
	迭部县文体广电和旅游局	杨永照	党组书记、局长
河南省			
洛阳市（6个）	栾川县文化广电和旅游局	李文超	党组书记、局长
	嵩县文化广电和旅游局	段喜波	党组书记
		胡红建	局长
	汝阳县文化广电和旅游局	王战峰	党组书记
		杨旭强	局长
	宜阳县文化广电和旅游局	李振海	党组书记、局长
	洛宁县文化广电旅游局	郭沛昱	党组书记、局长
	伊川县文化广电和旅游局	赵校辉	党组书记、局长
平顶山市（6个）	石龙区文化广电和旅游局	刘大伟	党组书记、局长
	舞钢市文化广电和旅游局	唐应学	党组书记、局长
	汝州市文化广电和旅游局	张志强	党组书记
		李玉政	局长
	宝丰县文化广电和旅游局	张玲玲	党组书记、局长
	叶县文化广电和旅游局	娄　毅	党组书记、局长
	鲁山县文化广电和旅游局	景春迎	党组书记、局长
三门峡市（5个）	湖滨区文化旅游局	范钦胜	党组书记、局长
	陕州区文化广电和旅游局	卫冠军	党组书记、局长
	灵宝市文化广电和旅游局	赵江峰	党组书记、局长
	渑池县文化广电和旅游局	崔博非	党组书记、局长
	卢氏县文化广电和旅游局	黑华宁	党组书记、局长
南阳市（13个）	卧龙区文化广电和旅游局	王宏岳	党组书记
		雷　燕	局长
	宛城区文化广电和旅游局	张　森	党组书记、局长
	邓州市文化广电和旅游局	高玉晓	党组书记、局长
	南召县文化广电和旅游局	柳　绘	党组书记、局长
	方城县文化广电和旅游局	谭　政	党组书记、局长
	西峡县文化广电和旅游局	万　方	党组书记、局长
	镇平县文化广电和旅游局	张海山	党组书记、局长
	内乡县文化广电和旅游局	赵国浩	党组书记、局长
	淅川县文化广电和旅游局	罗书运	党组书记、局长

续表

地区	下辖县/区文旅部门	党政负责人	职务
南阳市（13个）	社旗县文化广电和旅游局	李　峥	党组书记、局长
	唐河县文化广电和旅游局	魏　锴	党组书记
		崔亚丽	局长
	新野县文化广电和旅游局	罗现渠	党组书记、局长
	桐柏县文化广电和旅游局	曲东辉	党组书记、局长
信阳市（6个）	浉河区文化广电和旅游局	范振清	党组书记
		杨冬梅	党组书记、局长
	罗山县文化广电和旅游局	罗志明	党组书记、局长
	光山县文化广电和旅游局	裴仁和	党组书记、局长
	新县文化广电和旅游局	杨桂芝	党组书记
		吴克君	局长
	商城县文化广电和旅游局	林友森	党组书记、局长
	固始县文化广电和旅游局	祝孔勇	党组书记、局长
驻马店市（4个）	驿城区文化和旅游局	张庆春	党组书记、局长
	确山县文化广电和旅游局	臧世新	党组书记、局长
	泌阳县文化广电和旅游局	刘康乐	党组书记、局长
	遂平县文化广电和旅游局	赵东升	党组书记、局长
湖北省			
武汉市（2个）	黄陂区文化和旅游局	向正坤	党组书记、局长
	新洲区文化和旅游局	张晓菡	党组书记、局长
十堰市（8个）	茅箭区文化和旅游局	蔡远铭	党组书记、局长
	张湾区文化和旅游局	王庆华	党组书记、局长
	郧阳区文化和旅游局	方周圆	党组书记、局长
	丹江口市文化和旅游局	史海钧	党组书记、局长
	郧西县文化和旅游局	姚　超	党组书记、局长
	竹山县文化和旅游局	胡吉政	党组书记、局长
	竹溪县文化和旅游局	喻泉源	党组书记、局长
	房县文化和旅游局	陆龙权	党组书记、局长
宜昌市（3个）	当阳市文化和旅游局	陈万林	党组书记、局长
	远安县文化和旅游局	张文朋	党组书记
		田园	局长
	兴山县文化和旅游局	张　洪	党组书记、局长
襄阳市（9个）	襄城区文化和旅游局	耿　芳	党组书记、局长

续表

地区	下辖县/区文旅部门	党政负责人	职务
襄阳市（9个）	樊城区文化和旅游局	刘华玲	党组书记、局长
	襄州区文化和旅游局	郝朝阳	党组书记、局长
	老河口市文化和旅游局	马青山	党组书记、局长
	枣阳市文化和旅游局	卢世成	党组书记、局长
	宜城市文化和旅游局	李秀东	党组书记、局长
	南漳县文化和旅游局	李文余	党组书记、局长
	谷城县文化和旅游局	姜 辉	党组书记、局长
	保康县文化和旅游局	王 颖	党组书记、局长
荆门市（3个）	东宝区文化和旅游局	陈艳华	党组书记、局长
	钟祥市文化和旅游局	郭 庆	党组书记、局长
	京山市文化和旅游局	黄红波	党组书记、局长
孝感市（3个）	安陆市文化和旅游局	孙克超	党组书记、局长
	孝昌县文化和旅游局	陈义文	党组书记、局长
	大悟县文化和旅游局	李善政	党组书记、局长
黄冈市（8个）	麻城市文化和旅游局	丁明东	党组书记、局长
	团风县文化和旅游局	马智玉	党组书记
		吕学文	局长
	红安县文化和旅游局	罗 军	党组书记、局长
	罗田县文化和旅游局	倪雄文	党组书记、局长
	英山县文化和旅游局	余 智	党组书记、局长
	浠水县文化和旅游局	王 峰	党委书记
		王惠斌	局长
	蕲春县文化和旅游局	潘 华	党组书记、局长
	黄梅县文化和旅游局	陈海明	党组书记
		张 惠	局长
随州市（3个）	曾都区文化和旅游局	邬 波	党组书记、局长
	广水市文化和旅游局	叶红波	党组书记、局长
	随县文化和旅游局	侯 涛	党组书记、局长
恩施土家族苗族自治州（1个）	巴东县文化和旅游局	谭 勇	党组书记、局长
安徽省			
合肥市（1个）	庐江县文化和旅游局	苏 荣	党组书记、局长
安庆市（5个）	桐城市文化旅游体育局	伍建强	党组书记、局长

续表

地区	下辖县/区文旅部门	党政负责人	职务
安庆市（5个）	潜山市文化旅游体育局	李桃生	党组书记、局长
	太湖县文化旅游体育局	王振奋	党组书记、局长
	宿松县文化旅游体育局	吴　辉	党组书记、局长
	岳西县文化旅游体育局	王　莉	党组书记、局长
六安市（5个）	金安区文化和旅游局	邓忠玉	党组书记、局长
	裕安区文化和旅游局	张伟长	党组书记、局长
	舒城县文化旅游体育局	武立胜	党组书记、局长
	金寨县文化旅游体育局	洪　潮	党组书记、局长
	霍山县文化旅游体育局	赵　刚	党组书记、局长
四川省			
广元市（3个）	朝天区文化旅游和体育局	刘安文	党组书记、局长
	旺苍县文化旅游和体育局	卢　嵩	党组书记、局长
	青川县文化旅游和体育局	王　露	党组书记、局长
达州市（2个）	万源市文化体育和旅游局	童小佳	党组书记、局长
	宣汉县文化体育和旅游局	吴　熠	党组书记、局长
巴中市（2个）	通江县文化广播电视和旅游局	张光明	党组书记、局长
	南江县文化广播电视和旅游局	辛　勤	党组书记、局长
阿坝藏族羌族自治州（1个）	九寨沟县文化体育和旅游局	杨　飞	党组书记、局长
重庆市			
重庆市（4个）	开州区文化和旅游发展委员会	王　斌	党组书记、主任
	城口县文化和旅游发展委员会	陈良丰	党组书记、主任
	巫山县文化和旅游发展委员会	李元华	党委书记、主任
	巫溪县文化和旅游发展委员会	段家宁	党组书记、主任

备注：以上管理部门名称和党政负责人姓名来自各省市、地市、县区官网，时间界定为2021年12月。

专家学者/文化名人说秦岭

大秦岭为什么“大”？

肖云儒
（著名文化学者）

参加2021秦岭旅游（华山）合作大会，最深切的感受就是“秦岭变大了”，我们对它的认识大了，因为秦岭有了大观念、有了大动作、有了大学问。

秦岭有了大观念

近年来，我们对秦岭的认识有了非常大的拓展和深度的掘进。这主要来自习近平总书记关于秦岭的论述。这里我想用一个阈值。首先，秦岭的空阈大了。原来我们认识的秦岭仅仅在陇东、陕西与河南洛阳以西这个范围之内，现在经过地质学家们的论证，秦岭的空阈扩大到六省一市，大多了，正像总书记指出的，秦岭是和合南北的一道山。第二，秦岭的时阈大了。王若冰老师多年行走秦岭，他解读了212万年至今4000多年间，古人类与中华文明在秦岭地区的历史印迹，从蓝田猿人到旧石器时代、新石器时代直至周秦汉唐。秦岭的时阈拉长了，印证了总书记说的秦岭是我们中华民族的祖脉。第三，秦岭的功阈扩大了。原来多从地质学的角度特别从秦岭是南北分界线方面来认识它，却很少从中国哲学中阴阳互补的另一面来理解。秦岭不但划分南北，更和合南北、泽被天下，它对中华民族文化的形成有着巨大的功劳。正因为秦岭划分了南北，才划出了长江流域与黄河流域，使得中国的文化结构形成了东方的两河文明。我国的两河文明与巴比伦的两河文明完全不同，巴比伦的幼发拉底河和底格里斯河的两河文明是纵向的两条河，在最后的100多千米合成了一条河，叫印度河。而我国的两河文明是横向的，两河中间的跨度从400多千米到两三千千米的距离，广阔的纬度空间造成了中国中部的不同气候带、不同植物带、不同动物带的变化。中华文明也因此变成两种文明的递进互补，当黄河文明被几个大王朝消弭得几近衰微的时候，长江文明发展起来，反哺黄河文明。南北既分步又合作，这样中华文明才能够在递进互补中永续不断。所以，我们既要对于秦岭的分割功能给予充分肯定，另一方面，又要重视秦岭的和合功能，它把中国的南北衔接为一体。在秦巴山两麓，南边是长江支流嘉陵江、汉江的发源地，北边是黄河支流渭河、洮河的发源地，东边是淮河的发源地。秦岭是当之无愧的仅次于昆仑山的中国最大补水站，没有秦岭，长江、黄河的走向将是一个历史之谜。秦岭真正意义上泽被天下。第四，秦岭的文化阈值也大了。秦岭是中国文化的源头和主干之一，是中国文化萌易、生道、立儒、融佛之地。秦岭是周文化的发祥地。老子骑着他的驴沿秦岭行走，从函谷关到楼观台，一路上布道天下。孔子虽然没到过秦，但儒家思想成为我们民族的核心价值观是在秦岭脚下的长安。秦岭亦是融佛之地，佛教虽产生于印度，然而佛教的大寺、名刹、祖庭遍布于秦岭沿线，使得佛教中国化并在中国生根发芽壮大。最后我们还要提出秦岭的神阈，精、气、神之神。秦岭是我们的父亲山，它刚强、伟岸，像华山就是世界地质史上非常罕见的由整体花岗岩构成的一座山峰，它象征着力量。作为男子汉的形象，父亲的形象，给了我们坚毅的文化人格。而劈山救母和宝莲灯的故事，又蕴含着我们民族温润如水的一面。父亲的刚强、母亲的温柔，组合成为华山的内在精神。

重新认识秦岭的精神，我们会探索出许多新的发展空间，包括旅游空间。

秦岭有了大行动

此次召开的2021秦岭旅游（华山）合作大会，是研究、认识秦岭的一次大行动，令人欢欣鼓舞。我还想补充我所知道的两个行动，一个是2015年中国工程院的副院长徐德龙组织了十多位两院院士，召开了关于秦岭的一场科考会议。在这个科考会议上，很多院士都谈到了组建“环秦岭经济圈”的问题。列举了抗战时的西迁，让重庆、西安、宝鸡、天水成为了中国内陆的工业重镇。20世纪60年代“大三线”“小三线”建设，又一次进入中国腹地。改革开放以后，我国迎来了前所未有的发展机遇。我权且用“三拳两脚”来归纳：第一个重拳打在了以深圳为标志的粤港澳湾区；第二个重拳打在了以上海浦东为标志的长三角湾区；第三个重拳打在以雄安为标志的环渤海湾区。但是光有“三拳”是不行的，因为这“三拳”都在沿海，改革开放的红利一定要进入腹地，外循环建立之后要有内循环作为基础。要解决东西部、南北方的不平衡、不充分发展，因此就出现了“两脚”或者“三脚”。第一脚踏在长江中游城市群，再一脚踏在成渝双城经济区，随之又提出了欧亚大陆桥的发展规划。中国内陆的发展需要“两线一圈”，黄河一线、长江一线，如果没有秦岭这个经济圈来衔接它，内陆的发展就会乏力。另一次关于秦岭的大动作是陕西省的几位领导，领衔组织一批社科专家，搞了一个关于秦岭的建言献策。现在全国政协正准备来考察调研，落实这些建议。

我更高兴看到此次大会上已经推出了众多的科学考察研究成果，发布了秦岭历史上第一张《中国秦岭旅游图》，成立了大秦岭文化旅游合作联盟，还有今明两年“丈量大秦岭”科考活动的详细安排……这些都是结结实实的成果。所以，在对秦岭有了大观念之后，继而对秦岭有了大动作，这些动作还会以更大的力度和速度来拓展。

秦岭要有大学问

秦岭是我国的中央山脉，华山是中华民族的发祥地之一，“中华”“华夏”皆因华山而得名，华山被誉为“华夏之根”。香港著名文化学者饶宗颐老先生很早就提出来“国学”是否叫“华学”为好的观点。我曾著文响应。

“国学”这个词自古以来就有，《周礼》《晋书》里均有提及。那时候的“国学”主要当教育机构，教授国艺，即茶艺、书艺、武艺等。到了清末，黄遵宪、刘师培、邓实等人在办报的时候，强调提出了“国学”这个词，把它作为中国学问、中国精神的统称，而且提出了“立一国之学，以治一国之政”。把学问立起来，管理我们的国家。但文化不止是一种国家的政治现象，纵向看，文化是跨越朝代积淀而属于整个民族的；横向看，文化又是跨越国界与世界文明交流并成为世界文明一部分的；从功能上看，立一国之学，并不止于治一国之政，还奠基、营构了包括治国理政在内的全民族政统、道统、学统在内的硕大的文明体系。因而用“国学”、国家之学就远不如用“华学”，即民族文化之学更能够概括我们的优秀传统文化了。我想，这也正是现在党和国家正式文件和讲话中不用“国学”而用中华文化、优秀传统文化的提法的原因吧。

华学是民族之学，是中华56个民族大家庭共有之学。华学与中华民族、华夏、华人、华语、华文构成一个概念体系，涵盖整个中华文明，便于在海内外推广传播。

无独有偶，华山脚下渭南的学者朋友告诉我，宋代学者侯可曾经创立过以“华学”为称谓的儒学学派，以《易》为宗，为《礼》为用，阐述孔孟之道，尤以气节为主。其代表人物有申颜、侯仲良等。张载创始的“关学”，程颢、程颐创始的“洛学”皆与其有流脉渊源。

这样，“华学”就有了三个层级，一是“大华学”，指中华民族之学；一是“中华学”，指40万平方千米跨六省一市的大秦岭之学；一是“小华学”，指侯可、申颜提出的研究华山的学问。我们在研究大秦岭文化的时候，倘若从这一历史流脉和学理层面来思考，并且在实践中做好，这对大秦岭文化资源的开发，将是一种透过历史沉积层的最深度的开发。大秦岭文化将耸立于高天远云之上。秦岭，真是一座读不完的山，真是一座开掘不尽的大山。

【摘自肖云儒先生在2021秦岭旅游（华山）合作大会上的主旨发言】

开创秦岭文化旅游合作新征程

李国强
（国务院发展研究中心研究员）

围绕讲好秦岭故事、打造大秦岭文旅共同体、促进大秦岭旅游发展，我讲几点认识与大家分享。

我讲的第一点，我觉得本次会议具有非常重要的意义和深远的影响。本次大会是我国大秦岭山系首次召开的旅游合作大会，这是大秦岭文旅业发展的一次盛会，将开启大秦岭全山系跨省际文化旅游高质量发展的新征程。本次会议将向市场展示大秦岭文旅融合发展的蓬勃活力，将广泛地凝聚秦岭山系跨区域合作的共识，倡议共建秦岭生命共同体，倡导共享秦岭世界级生态资源，携手共建秦岭国际旅游目的地，建立大秦岭文化旅游合作联盟，制定共同行动计划，以秦岭旅游市场互动，带动人们认识和共享秦岭。今天大会是秦岭文旅发展的一个高光时刻，将载入史册。

我谈的第二个问题是认识秦岭。前面的几位专家学者，给我们都介绍了秦岭有多大，同时发布了“丈量大秦岭”的考察成果，所以帮助我们全面地认识了秦岭。“秦岭是什么”是这次会议非常重要的一个共识的基点。大家知道秦岭有小秦岭、中秦岭、大秦岭之分，据有关的专家研究，小秦岭是华山向东延伸进入河南函谷关称为小秦岭，主要在灵宝境内；中秦岭就是辞书上说的秦岭，它是一个狭义的秦岭，是在陕西境内的秦岭，而广义的秦岭，就是从甘、青交界的甘肃一端起步向东，山连山、峰连峰，一直到河南伏牛山。这是过去关于小、中、大秦岭的一些定义。今天发布的秦岭最新地图，又扩展、延伸了，包括到安徽的大别山。所以说这次会议，这个成果发布，我认为在秦岭研究，在秦岭发展过程中具有震撼性的作用，是具有重要价值的。这次公布的数据，秦岭东西长是1496千米，南北宽是689千米，面积达到41.86万平方千米。这次关于大秦岭科考的成果，很有震撼性，这个首发很有意义。大秦岭是一个广大的生态圈，它把关中、中原、荆楚、巴蜀、羌藏、甘青联系在一起了。

我讲的第三个要点是，秦岭是一个有待挖掘的巨大的文旅宝地。秦岭山脉位居世界十大山脉之列，是世界上最伟大的山脉之一，在中华名山大川中具有重要和独特的地位。习近平总书记讲“秦岭和合南北、泽被天下，是我国的中央水塔，是中华民族的祖脉和中华文化的重要象征”。大家知道，秦岭是长江、黄河两大水系的分水岭和重要水源地，是我国地理上最重要的南北天然分界线和中国地理重要标识。

秦岭是历史文化厚重的中华圣山，是中华脊梁，是华夏文明的龙脉、中华民族的父亲山，是中华生态命脉，是中国人的中央国家公园，对我国的自然生态和文化生态都具有极其重要的意义。在中国文化上，秦岭哺育和深刻地影响了中华文明的进程，与中华民族血脉相融。秦岭哺育了渭河，哺育了关中，哺育了洛河，河洛地区周秦汉唐皆奠基和崛起于关中。秦岭哺育了关中之中的西安、河洛之中的洛阳，这两个比翼齐飞的千年帝都，也都是十三朝古都。在地理上，嘉陵江源出秦岭，上游流经汉中西南，嘉陵江流域的巴蜀文化独具一格；汉江源出秦岭一路东流，与丹江交汇的丹江口地带，是楚文化的祖庭所在；渭河也源出秦岭，由陇至秦在潼关交汇入黄河，留下了博大精深的中华文明和古文化印记。所以说刚才王晓民理事长也讲到，秦岭有世界遗产、国家命名的各类优质旅游资源超过582 处，其中有许多是被认定的世界级遗产和地质奇观。

秦岭是具有世界级价值的文化旅游资源宝库，在生态环境上，秦岭是中国地理的分界线。秦岭自西向东，由南至北蕴含了非常丰富并且是品类众多、分布极为广泛的、无可比拟的、深厚而博大的历史、人文、自然、地理、宗教、民俗、生态、康养、动植物等优质的旅游资源，是中国现代旅游业发展的巨大资源宝库，已经成为了关联地区文化旅游业发展的重要支撑和消费增长极。我们认识了秦岭的资源，我们更要不失时机地抓住秦岭文化旅游资源的转化，要把秦岭的文化旅游资源转化为发展优势。今天这个大会提出来打造大秦岭文旅共同体，这是符合当前发展形势的，是大势所趋。

简要来讲，有三层意思：第一，当前是我们国家经济快速发展的时期，文旅大发展也进入了一个新时代。随着人们消费水平的不断提升和升级，文化旅游成为人们的一种新的生活方式。秦岭得天独厚的文化旅游资源具有巨大的吸引力。第二，发展大秦岭全山系的旅游，最主要的就是我们当今现代交通条件得到了极大的改善。改革开放以来，高速公路、高速铁路的发展使中国的区域经济发展、区域规划等概念都发生了极大的变化，对于各地的规划都带来了新的动力。秦岭以前是“蜀道之难难于上青天”，秦岭长期以来是一种无法逾越的自然屏障，南北不相通，东西不知道边际。大家知道尽管当时也修了几条古栈道，包括陈仓道、褒斜道、傥骆道、子午道、武关道等等，但是还是艰难备至。所以说现在交通条件改善以后，为大秦岭的发展带来了新机遇，也为大秦岭的文旅产业发展带来了新机遇，形成了一个新的发展格局、也将形成一个新的大市场。构建这个新的发展格局，新的大市场，就要从我们传统的思维里边跳出来，要快速地融入大秦岭全山系文化旅游的大发展之中来。第三，我们推动大秦岭全山系文化旅游的发展，符合国家推动区域经济全面协调发展大战略。所以说在这一方面，我们要把秦岭全山系文化旅游作为推动区域经济协调发展的一个新动能，这也是各地政府要重新认识的，在发展中注入的一个新元素。

总的来说，我认为推动大秦岭全山系文旅大发展，能够有效地提高秦岭旅游的知名度，可以推动旅游基础设施的改善提升，能够提高秦岭文旅营销管理水平，能够有效地改善秦岭旅游市场的客源结构。

第四个问题是，有必要建立大秦岭全山系共同合作的体制和机制。大秦岭如此丰富的优质文旅资源，我们怎么抓住这个机遇，怎么把握这个机遇，把资源转变为发展优势。我们一定要从大秦岭全山系的整体性上来考虑问题，要遵循探索全山系发展的规律。在这一方面不仅仅是思想意识上要有新突破，同时在推动产业发展过程中，还要打破过去的八仙过海、各显神通、单打独斗的局面，我们要向大秦岭全山系集群作战转变，这就是打造秦岭全山系的融合发展共同体。

在总体构想上，我认为可以包含以下内容。首先是要深化大秦岭文化旅游发展的战略共识，构建大秦岭文化旅游发展的品牌形象，明确发展的重点内容，创新融合发展的业态模式，尤其是要不断完善大秦岭文旅融合发展的治理机制。在目前已有的合作基础上，进一步协同治理。在政府、市场、社会之间不断地寻求突破，尤其是要注重发挥社会力量。今天的大会我们就看到了，西北旅游文化研究院和《中国秦岭旅游年鉴》编委会为推动秦岭社会认知和旅游发展所做的这一切，我想到了一个词，就是公共产品，由社会组织在非常不容易、困难的条件下做了大秦岭全山系合作发展这样一个公益性的重大行动。这样前所未有的行动，如果是由大秦岭的相关地市县自己去组织，不是这么容易的。我们要注重发挥和依靠社会力量，当然是在党和政府的领导之下开展的。在促进大秦岭文体大发展的具体行动中，包含以下一些内容，应该得到大家的共同努力。

第一是要加快建立秦岭文旅共同体建设的顶层设计。顶层设计建立以后，今天的会议和成果是加强与各地各方面合作的第一个指引，这是必不可少的；第二是要明确大秦岭全山系发展的路径。在这里边首先是要坚持走生态发展路线，要大力贯彻落实习近平总书记视察秦岭时的重要讲话精神，坚持生态保护为先的高质量发展路线；第三是要坚持以文塑旅，以旅彰文的文化旅游发展路线。文化旅游产业要持续协调健康地发展，必须是要高度重视对文化的利用，提升文化旅游产业的文化内涵和品位。秦岭的文旅资源为各领域深度融合提供了深厚的基础和发展条件。要统筹大秦岭全山系的合作机制，就要构建政府加社会的资源开发力量；第四是要在大秦岭的发展过程中，要高度地重视挖掘研究、交流传播大秦岭文化，向世界讲述大秦岭故事，推进美丽中国建设。前一段时间在推进秦岭文化传播过程中，西北旅游文化研究院以及《中国秦岭旅游年鉴》提到的一些口号，我觉得都是有价值的，应该发扬，比如“告诉世界一个秦岭”“让世界爱上中国秦岭”等；第五我们要高度重视秦岭文旅的数字化，推进数字秦岭建设，探索线上线下秦岭旅游发展的新业态。尤其是在后疫情时代，对于相关的数字秦岭提出了迫切性要求，所以在拓展秦岭的文旅市场过程中，对于数字秦岭我们要有敏感的认识，要跟上数字时代的步伐。

最后强调要注重大秦岭文旅发展过程中的人才建设、机构建设。要把大秦岭联盟，还有相关的旅游年鉴等等，都建设成为一个智库共同体，以智库延揽各方面的人才、专家、学者，还有包括企业、智政产学研媒各个方面，这样可以更好地整合各方面的力量来推动大秦岭文旅产业的发展。

【根据2021秦岭旅游（华山）合作大会发言整理】

着力构建新型的秦岭文化旅游带

张 辉
（世界旅游城市联合会专家委员会副主任、文化和旅游部“十四五”规划专家）

各位专家学者对秦岭文化、自然资源，包括未来的发展方向，都做了很好的阐述，我非常同意。秦岭之大，秦岭之美，秦岭的文化之内涵，在中国的各个版图上都具有它重要意义。所以借这样的一次会议，我想提几点建议。

第一个建议，我们已经开展过的丈量大秦岭不是从纯粹的文化丈量，也不是纯粹的一种地理丈量，而是以旅游为主体，形成对秦岭的再认识。经过丈量，我们已经把它说清楚了，把秦岭的文化价值和自然价值已经说得很好了。而且对秦岭区域的六省一市以及168个县（区、市）进行了解读。下一步它在中国是什么概念呢？我想一定要通过这次丈量，竖起一个品牌，就是秦岭文化旅游带，成为继长征、长城和运河、黄河之后的第五个国家文化公园。我想借这样的一种方式，使它上升到一个国家文化战略上去。因为秦岭的文化的底蕴、自然的丰富，生物的多样性，以及在中国地理和文化的概念中都具有重大意义。它和其他四个文化国家文化公园相比较，一点不逊色。所以我想通过这种方式必须让国人，让世界认识我们秦岭的文化价值。我们必须要坚定创建秦岭文化旅游带的信心，因为前四个国家文化旅游带、文化公园现在已经纳入到国家战略。我想第五个非秦岭莫属。

第二个建议，根据疫情以后中国旅游发展的进程，要借助于秦岭重构中国旅游的概念。大家知道中国旅游的发展，走了四十年，这四十年，我们都很难堪，为什么很难堪呢？大家看一个地区发展旅游无非借助这几类资源：一类是历史文化，一类是自然环境，这两类资源也就构成了世界旅游的两大主体——文化旅游和自然旅游。从文化资源来看，中国历史悠久、文化灿烂，世界没有几个国家像我们国家这样文化历史这么丰富，应该也理应成为资源最丰富的一个国家。从地理形态来讲，不要说秦岭，就说中国的地理形态，我们的地理形态、地理构造是非常完整的，世界上没有几个国家像我们国家地理这么完整。另外，我们这些年，政府对旅游的重视程度，世界上没有几个国家像我们国家这样对旅游这么重视。再者，近十年特别是在中国进入新常态发展阶段以后，大量的资本和技术开始涌向旅游业，可以说各种高技术产业都进来了。百度、腾讯、阿里、美团，资本技术已经成为在中国旅游业施展才华的一个很重要领域。那么我们投入很好，资源丰富，政府重视，资本技术关注，但是我们的产出是什么呢？2019 年中国的旅游业，国内旅游有 60 亿人次，但我们看看这 60 亿人次质量， 85% 是“一日游”客人，这和发达国家的旅游结构完全不一样。 2019 年，我们的入境旅游，按纯外国人去排位，我们还比不上泰国。泰国和中国，无论从历史文化、自然环境相比，不是一个量级关系，但是我们在全世界排到了第 18 位。相反，2019年中国的出境旅游在全世界排第一。什么问题呢？一个国家大规模的出境旅游，一个国家的入境旅游持续下滑，说明什么问题呢？说明国内旅游出问题了，也就说国内旅游的产品形态、服务方式，服务质量，不能满足国人的需要，所以旅游者用脚投票来进行市场的选择。因此秦岭的开发，或者秦岭文化旅游带的建设，就必须站在中国旅游发展这样一个概念中，要重构中国旅游的产品体系，要走一条高质量发展之路，这样世界人才会关注秦岭，我们国人才会关注秦岭，秦岭才能成为世界著名的旅游目的地。

第三个建议，我想秦岭的文化旅游带的建设，要体现一种新型的发展方式，要成为新型发展方式的一个试验场。大家知道，改革开放40年，我们一直走的是工业化和城镇化之路。那么这两条路，有没有负效应呢？是有的。工业化可以把城市经济做起来，但难以做起乡村经济，工业化可以把沿海地区做起来，但难以做起山区经济。现在形成了城乡二元结构和地区二元结构的核心机制，是工业化这种机制。

因此来讲，秦岭文化旅游带的建设，重点是山地。秦岭的县区大多属于欠发达地区，欠发达地区要走工业化和城镇化之路，由于山地这样的一个特点，使得很难走出去，所以这些地区或者秦岭文化旅游带建设，就必须要重新杀出一条血路。也就是说继工业化之后的另外一条路，就是旅游化之路。大家不要小看旅游化，我们这几年的城乡振兴，核心问题是要形成一种现代的乡贤和乡绅，但在工业化和城镇化浪潮中，很难出现，因为工业化之路和城镇化之路，是剥夺乡村资源的过程。所以在这种情况下，通过旅游，特别是以乡村旅游代表性的民宿建设，使一大批艺术家、一大批企业家和一大批原来从山居走出来的青年回到了乡村，形成了我们乡村振兴的人才基础，这就是一个旅游化之路。工业化、城镇化是乡村到城市，山区到沿海。旅游化刚好相反，是城市到乡村，沿海到山区。所以秦岭文化旅游带建设，要成为实践新型的生产方式，旅游化发展方式的一个高地。我想这就是习近平总书记所说的“绿水青山就是金山银山”，但绿水青山不能直接等于金山银山，中间必须有一个转换器，秦岭文化旅游带的建设，要成为这个转换器的高地。

最后一个建议，秦岭文化旅游带的建设，一定要展现中国的旅游文化，要形成具有文化目的的一个旅游地。现在世界旅游中无非是两种文化的较量，西方的旅游文化是海洋文化，我们中国的旅游文化是山地文化，西方讲究海滩、海洋、阳光，我们强调的是山、水、石、林、泉，所以会形成一个东方和西方旅游文化的较量，也就是大海与大山的对话。我们老说文化和旅游融合，我觉得这个题目的核心问题，要在中国通过文化和旅游融合，创造出中国独立的旅游文化，所以秦岭文化旅游带的建设必须要展现这个文化。我们一说中国文化都是说传统文化、农耕文化，但是在当代社会，中国文化的振兴必须有一组现代文化的产生。如果没有现代文化产生，怎么和世界进行对话呢？你不能用农耕文化去和世界文化对话，这种文化也不符合现有的生活方式。大家知道文化是生活方式的一种沉淀，当你的社会形态、生产方式、生活方式都发生变化时，过去的农耕文化要传承、要继承、要传播是非常非常困难的一件事情。因此我们要借助于秦岭文化旅游带的建设，创造具有中国特色的一种旅游文化。对于这个命题大家必须要思考。因为在中国旅游发展的过程中，出现了很多新的趋势，要迎合这种趋势来改变我们现在形态。比如说一种趋势，过去，我们一讲旅游，谈要素的组合问题，食、住、行、游、购、娱，通过组合形成线路，形成产品。但是进入到新世纪，要素现在都开始独立化了。十年以前住的要素，随着度假旅游出现，形成了一个独立化现象，精品酒店、主题酒店、民宿和露营地，它形成了完整的产业链。近五年意义的要素也开始独立化，以沉浸式体验、文化演艺等等为核心，形成了一个独立的产业链。近几年随着高速交通建设，我们行的要素也开始独立化，特别是这次疫情，自由式房车、拖挂式房车和房车营地、露营地，以及汽车俱乐部的产生，构建了一个新型的发展形态，而这种新型发展形态，对我们秦岭文化旅游带的建设是非常吻合的。所以我们不要走过去40年中国旅游发展的老路，要重构我们的秦岭文化旅游带建设，使其成为中国旅游高质量发展的一个示范地。

【根据2021秦岭旅游（华山）合作大会发言整理】

让更多人分享秦岭珍贵的旅游资源

弗朗西斯科 · 弗朗加利
（联合国世界旅游组织前秘书长）

对于中国的旅游业来说，秦岭是一个很重要的地区，我很荣幸能够游览太白山等秦岭的山脉。

山脉不仅代表着人类文明发展的进步，山脉也是连接村与村、人与人、文化与文化之间沟通的桥梁。分享一个我个人的经历，我生活在一个法国的小村庄，它周围被阿尔卑斯山脉所包围，它的经济、文化发展都受到了周边意大利、瑞士文化的影响。像秦岭这样的山脉，是珍贵的旅游资源宝库，山脉的生态资源、文化资源及地质资源等，都是历史的沉淀，都是周围地域与地域、村落与村落、人与人之间的文化经济沟通沉淀的结果。同时，各个区域不同社会人文环境的多样性，造就了秦岭蕴藏着丰富的资源，不可替代，令人称赞。

秦岭山脉的资源，是 21 世纪不可多得的珍贵资源，其中孕育了许多珍稀的生命。秦岭优秀的环境资源以及文化资源，是非常珍贵的宝库，要保护好、利用好，也要让更多人去分享。

【摘自弗朗西斯科 • 弗朗加利在 2021 秦岭旅游（华山）合作大会致词】

要让秦岭旅游变得更亲切

关口贡
（中日动漫游戏产业联合会理事长、日本Hello Kitty原创设计总监）

恭喜 2021 秦岭旅游（华山）合作大会的召开，32 年来我一直在三丽鸥旗下的 Hello Kitty 公司担任授权部门艺术顾问，2012 年开始担任中国 IP 授权企业顾问，参加中国各地的授权展和旅游研讨会。秦岭对于中国来说，就像日本的富士山一样。据调查了解，秦岭山脉是熊猫的栖息地，拥有独特的动植物系，是生态系统的宝库。以秦岭山脉和淮河线的连接线为界，形成以北方是小麦，南方是水稻，耕作谷物不同而产生的饮食习惯，产生了“北麦南稻，南船北马”的文化习惯。而我所扮演的角色，是将自然文化、传统习惯进行商务化，使旅游变得更加亲切。我非常愿意为秦岭这样伟大的山脉尽力，让人们更加亲切活泼地认识它。

【摘自关口贡先生向 2021 秦岭旅游（华山）合作大会的祝词】

秦岭是海外华人的思慕之地

蔡联华
（法国法兰西岛大区经济、社会与环境委员会副主席，欧洲华语广播电台董事局主席）

秦岭位于中国之正中，是华夏文化的泉源。秦岭是自然界一座将中国划分为南北的山脉，更是一个奇妙的自然生物保护区，那里有世界上每个儿童都喜爱的、象征和平的大熊猫。

秦岭是海外华人的思慕之地，深刻影响着中国人民的习俗和传统。秦岭也是欧美人士羡慕的道、佛文化孕育和发扬的圣地。愿来秦岭寻根的同胞、来秦岭寻求中国文化灵性的朋友们，获得丰富的心灵滋养。

【摘自蔡联华先生向 2021 秦岭旅游（华山）合作大会的祝词】

希望到秦岭旅游

高尔 Gor Sargsyan
（亚美尼亚孔子学院官方院长）

在亚美尼亚，很多人知道秦岭，他们很多人也知道秦岭是中国的父亲山，是一个美丽的地方，并希望能够到秦岭旅游。

【摘自 Gor Sargsyan 对 2021 秦岭旅游（华山）合作大会贺电】

秦岭的故事很精彩

胡兰波
（意大利《世界中国》杂志社社长）

说秦岭是中国的祖脉，说秦岭的大山壮观，说秦岭－淮河线是中国南北分界线……祖国，令我思念，秦岭让我向往。秦岭的文化淳朴博大，让世界上千千万万的人向往。在海外讲中国故事，秦岭的故事一定最精彩。愿疫情早日结束，与意大利朋友们飞向祖国，与秦岭人欢聚，不醉不散……

【摘自胡兰波女士向 2021 秦岭旅游（华山）合作大会的贺电】

编后记

AFTERWORD

一座大秦岭，半部中国史。2022 年 9 月丰收的季节，第二部综合反映秦岭旅游发展风貌和历史的纪年型文献——《中国秦岭旅游年鉴（2022）》正式与广大读者见面了。这是又一部全面解读秦岭地质地理、山川河流、历史文化、生态环境、旅游资源分布及秦岭区域旅游发展情况的百科全书和文化旅游工具书。作为按年度出版的体例形式，2022 年卷我们承前启后，重点聚焦秦岭地理范畴关联的 168 个县（区、市）及国家 4A 级及以上景区，全面记录了 2021 年秦岭区域旅游资源现状、市场营销、旅游节会、资源开发利用情况及旅游大事记等，为人们认识和了解秦岭，推动秦岭文化传播和旅游发展，助力秦岭世界级旅游目的地建设提供服务和科学帮助。

由于连续不断的新冠肺炎疫情影响，《中国秦岭旅游年鉴（2022）》从策划、研讨、启动，到为期一年的资料收集、整理、论证、编纂和评审过程，都遇到了前所未有的困难，虽然不能按计划行走各地，也没有专项的经费支持，但我们始终矢志不渝，坚定不移地推进编纂工作。从涵盖各领域、遍布多省市的编纂委员会和参与编纂人员名单可以看到，《中国秦岭旅游年鉴（2022）》得到了各级领导、专家学者、社会贤达的广泛支持，也凝聚着秦岭关联省、市、县文化旅游部门及众多单位的支持力量。正是这种默契一致的众志成城，才有了《中国秦岭旅游年鉴（2022）》的如期呈现。

回顾这三年多来，《中国秦岭旅游年鉴》2021、2022 卷的编纂历程，在历史空白中我们拓荒前行，从“丈量”行走到科学研究，从手工绘图到专业制作，从区域界定到资源填入，从首张地图出版到连续两本年鉴呈现，终于实现了“祖脉”秦岭从概念到雏形、由地质地理到文化旅游生动呈现的历史转变，以科学为基础，让人们对中华秦岭有了一个全面清晰的认识。每走一步，每次行动，每个篇章皆有知名人士领衔和专家学者指导。当我们看到设计简约、装帧精致的历史上第二卷《中国秦岭旅游年鉴（2022）》清样付梓时，编纂团队每个成员心情都颇为激动，我们为秦岭文化传播和旅游促进联动工程所播下的种子又开花结果了！

《中国秦岭旅游年鉴》编纂工作是一项复杂的系统工程，由于秦岭地域广阔，涉及省、市、县级行政区划众多，仅编纂资料搜集、逐项分类和规范文字、逐家逐条核审、校准就极为不易。在此过程中，陕西省文化和旅游厅、甘肃省文化和旅游厅、河南省文化和旅游厅、重庆市文化和旅游发展委员会及工作人员给予了我们大力支持；当我们将县（区、市）、景区编纂文字发至各地和重点景区审核时，得到了西安市、宝鸡市、渭南市、安康市、商洛市、武汉市、神农架林区、合肥市、达州市等文旅局的高度重视，先后指定专人审核文字和完善资料；西安市长安区、蓝田县，宝鸡市金台区、渭滨区、陈仓区、岐山县、眉县、凤县、太白县，渭南市临渭区、华州区、华阴市、潼关县，安康市旬阳市、汉滨区、石泉县、镇坪县，商洛市商南县，定西市渭源县，陇南市宕昌县，洛阳市汝阳县，南阳市社旗县，信阳市商城县，武汉市黄陂区，宜昌市兴山县，合肥市庐江县，重庆市开州区、城口县、巫山县、巫溪县，达州市万源市、宣汉县，黄冈市红安县等 33 个县区文旅部门以及太白山、金丝峡、华山、青峰峡、通天河、黄柏塬、白鹿原影视城、王顺山、渭华起义纪念馆、少华山、阳城驿、天竺山、老界岭 · 恐龙遗迹园、内乡县衙博物馆、金兰山国家森林公园、关中民俗艺术博物院等景区积极协助审核资料，宝鸡市、渭南市文旅局，商南县、凤县文旅局，华山管委会、金丝峡管委会，陕旅集团白鹿原影视城、华山三特索道、太白山秦岭旅游股份、陕西省旅游设计院等及时给予各种支持。秦岭地区 33 座城市（含神农架林区）、168 个县（区、市）在管理部门名称、党政负责人信息核准时也给予了积极配合。此外，西安地图出版社毛腊梅社长、韩小武总编辑对年鉴持续出版极为重视，工作人员在绘图、编审等方面加班加点，陈宏伟、朱峰、马凌云、路惊涛、肖军、景鑫等积极为年鉴提供摄影图片等，对此，我们一并表示诚挚感谢！

由于各类编纂资料收集渠道有限，核准校对关联面较宽，部分资料在送达相关单位后未见回复，书中错误与遗漏之处在所难免，敬请读者理解和批评指正。欢迎大家多提宝贵意见，以便我们在下年度编纂工作中逐步完善。

《中国秦岭旅游年鉴》的逐年编纂是一项意义深远、利在千秋的使命性伟大工程，随着秦岭国家公园建设和国际旅游目的地的有序打造，这项文化工程的意义将更加重大，实施也将任重道远。希望更多的单位、社会贤达与我们一起携手，为保护秦岭生态环境，推动秦岭文化传播，促进秦岭旅游发展，共建共享秦岭文化旅游圈和生命共同体贡献力量。今天所有人的努力与付出，都会成为秦岭文化丛林中的一棵常青树，植根于中华秦岭这方沃土，终将根深叶茂，大树参天。

《中国秦岭旅游年鉴》编辑部

2022 年 9 月

北峰索道 党昊/摄

“自古华山一条路”的破题者

陕西华山三特索道有限公司

陕西华山三特索道有限公司为中外合作企业，由武汉三特索道集团股份有限公司(股票代码002159)、新加坡高技术公司及华阴市公路索道总公司等共同组建。华山三特索道总投资8909万元人民币，于1994年7月破土动工，1996年4月建成开通运营，成为了“自古华山一条路”的破题者，为华山旅游和地方经济的蓬勃发展做出了巨大贡献，也为秦岭旅游发展史写下了浓墨重彩的一笔。

华山三特索道全套引进奥地利多贝玛亚公司设备，为单线循环脱挂式6人吊厢索道，拥有多重安全保护系统，全长1524.9米，落差755米，其建设难度之大、投资规模之大、设备之精良被业内专家誉为“亚洲第一索”。运营26年来，累计接待中外游客2300余万人次，为轻松领略华山雄伟、挺拔、奇险、峻秀的独特神韵提供了安全、舒适、便捷的通道，受到社会各界及广大游客的广泛赞誉，成为中国索道行业的示范单位。

陕西华山三特索道有限公司发展大事记：

自1997年至2005年，华山三特索道连续8年被评为陕西省“优秀外商投资企业”。

2003年6月2日，华山三特索道被陕西省人民政府授予“全省助残先进集体”称号。

2003年10月10日，华山三特索道被华阴市委、市政府评为“03.8抗洪抢险先进集体”。

2003年元月，华山索道成功通过中国方圆标志认证委员会ISO9001：2000国际质量体系认证，成为首家引进标准索道企业，为中国索道与世界先进标准接轨提供了可借鉴经验。

2004年8月27日，华山三特索道被中共渭南市委、市政府授予渭南市“文明示范窗口”。

2004年10月30日，华山三特索道被省国家税务局、地方税务局评为“A级纳税户”。

2004年11月23日，华山三特索道被陕西省消费者协会授予“诚信单位”称号。

2005年3月20日，华山三特索道被中国索道协会评为“全国十佳索道企业”。

2008年11月，华山三特索道被中国索道协会评为全国首批“5S(五星级)”索道企业。

2011年11月，华山三特索道被中国索道协会评为全国首批安全生产标准化“一级”索道企业。

2014年4月，华山三特索道被中华全国总工会、国家质量监督总局评为全国安康杯“优胜单位”。

2014年12月，华山三特索道被陕西省人力资源和社会保障厅评为陕西省劳动和谐企业。

2016年3月，华山三特索道被华阴市委、市政府授予2015年度安全生产“先进单位”。

2017年3月，华山三特索道被陕西省中小企业促进局授予陕西省“行业之星”企业。

2019年2月，华山三特索道被华阴市委、市政府授予“纳税贡献”先进单位。

2020年6月，华山三特索道被华阴市委、市政府授予扶贫攻坚“先进帮扶”单位。

2021年10月，华山三特索道派出精干力量支援2022北京冬奥会索道维保任务。

宝鸡：秦岭中心城 主峰所在地

2021宝鸡文化旅游大事记

宝鸡市区眺望 陈宏伟／摄

【概述】 2021年宝鸡市文化和旅游局按照“聚焦一个主线，围绕两个目标，紧扣三项职能，提升四大能力，处理好五个关系，构建完善六大体系”的“123456”工作思路，坚持高起点筹划、高标准推进、高质量落实，确保了文化旅游和广播电视等多项工作有力有序有效推进。

2021年全市重点文化旅游工作大事如下：

1月7日，陕西省人民政府办公厅下发了《关于命名全域旅游示范区的通报》，**眉县、凤县被命名为陕西省全域旅游示范区，**标志着我市全域旅游示范区创建工作取得了实质性的进展。

2月20日，市2020年度目标责任考核暨招商引资大项目表彰大会通报，**宝鸡市文化和旅游局获评全市2020年度目标责任考核优秀单位。**

4月15日—16日，中央气象台主办的“中国天气”助力美丽中国建设资源发布会在浙江绍兴召开，**宝鸡市荣获“最受关注的天气预报城市（宜居宜游）”荣誉称号。**

4月29日，第十届宝鸡市文化旅游节开幕式暨太白山国家级旅游度假区授牌仪式在太白山旅游景区举办。本届文化旅游节由宝鸡市人民政府主办，以“喜迎建党百年·畅游魅力宝鸡”为主题。

5月19日，以“绿色发展、美好生活、畅游金台”为主题的519中国旅游日宝鸡分会场活动暨2021金台区文化旅游系列活动启动仪式在宝鸡市文化艺术中心广场举办。

6月4日，第十届宝鸡市文化旅游节暨千阳县第四届西秦刺绣文化旅游香包节在金台区西府老街隆重开幕。

6月11日，由中国国际文化交流中心、宝鸡市文化和旅游局、宝鸡市人民对外友好协会主办的“丝路青铜·魅力宝鸡·美美与共”中国宝鸡青铜文化艺术走进英联邦驻华使馆活动在尼日利亚联邦共和国驻华大使馆成功举办。

7月9日—11日，宝鸡市文化和旅游局依

法门文化景区（国家AAAAA级旅游景区） 陈宏伟／摄

托第九届澳门国际旅游（产业）博览会平台，在“文化陕西”澳门旅游推介会上全面推广了宝鸡市独具特色的文化旅游资源和整体形象。

7月16日—18日，宝鸡市在2021西安丝绸之路国际旅游博览会通过特装搭建、主题推介、节目展演、商品展销、项目签约、现场互动等方式，全面展示宝鸡文旅资源和产品，唱响了“看中国·来宝鸡”的城市品牌。签约文化旅游项目5个，投资总计17.9亿元，**荣获“最佳参展组织奖”“最佳展台设计奖”“最佳展台人气奖”**。

7月20日，宝鸡市文化和旅游局在陕西省文化和旅游厅组织的“2021第七届旅游商品大赛”中获得一银两铜的好成绩。

7月21日，市委办、市政府办印发关于《宝鸡市国家公共文化服务体系示范区创新发展工作方案》（宝办发〔2021〕8号），成为全市推进国家公共文化服务体系示范区建设高质量发展的纲领性文件。

9月3日，在中国旅游协会、四川省文化和旅游厅举办的2021中国特色旅游商品大赛、中国特色旅游商品展暨第八届四川国际旅游交易博览会上，宝鸡荣获一银一铜的好成绩。

9月3日，文化和旅游部、国家发改委公布第三批全国乡村旅游重点村名录，**金台区金河镇周家庄村成功入选**。

9月15日，市长杨广亭主持召开市政府2021年第十四次常务会议，听取宝鸡市文化和旅游局组织编制《宝鸡市“十四五”建设区域旅游休闲度假中心规划》情况汇报，会议审议并通过了《宝鸡市“十四五”建设区域旅游休闲度假中心规划》。

9月15日，宝鸡“迎全运、庆国庆、游宝鸡”网络宣传活动启动，借助十四运在陕西举办契机，通过媒体对外宣传宝鸡的文化旅游产品和线路，助推宝鸡旅游消费市场复苏。

9月24日，2021年陕西省红色旅游导游讲解大赛圆满落幕。宝鸡市参赛选手凤县博物馆导游员李蓉在本次大赛中荣获特等奖。

10月13日，由陕甘川宁毗邻地区旅游合作联盟主办的“陕甘川宁毗邻城市文化旅游（兰州）推介会”在甘肃省兰州市举行。兰州、宝鸡、汉中、渭南等市文化旅游部门、陕甘川宁经联会办事处等120余名代表参加推介会。

10月19日，陕西省文化和旅游厅印发《关于命名2021年省级旅游休闲街区的通报》（陕文旅发〔2021〕56号），全省7个街区被命名为首批省级旅游休闲街区，**宝鸡市西府老街文化旅游街区获得命名**。

10月20日，“盛世华章·看我中国”——中国宝鸡青铜主题美术作品全国巡展（北京站）暨中国青铜文化艺术高峰论坛在民族文化宫开幕。

10月27日，文化和旅游部、发展和改革委员会、财政部公布了**第二批国家文化和旅游消费试点城市名单，连同宝鸡在内的55个城市成功入选**。

11月5日，文化和旅游部印发《关于公布第一批国家级夜间文化和旅游消费集聚区名单的通知》（文旅产业发〔2021〕112号），宝鸡市石鼓·文化城旅游示范区被评为**第一批国家级夜间文化和旅游消费集聚区**。

11月5日，省文化和旅游厅印发《关于命名2021—2023年度陕西省民间文化艺术之乡的通知》，宝鸡市陈仓区（民间社火）、凤翔区（凤翔泥塑）、麟游县（欧体楷书）、凤翔区（木版年画）、千阳县（千阳刺绣）、岐山县（岐山传鼓）等6个县区镇被命名为**“2021—2023年度陕西省民间文化艺术之乡”**，上榜数量为历年之最。

11月18日，国家人力资源和社会保障部、国家文化和旅游部联合下发《关于表彰全国文化和旅游系统先进集体、先进工作者和劳动模范的决定》，对全国文化和旅游系统231个先进集体进行了表彰。**宝鸡市文化和旅游局光荣上榜**，跻身全国文化和旅游工作先进单位行列。

12月16日，由中共宝鸡市委宣传部、宝鸡市文化和旅游局主办的2022宝鸡新年秦腔交响音乐会在宝鸡市文化艺术中心音乐厅举办。

太白山旅游景区（国家AAAAA级旅游景区）

陈宏伟／摄

华彩渭南：华夏山水文脉汇聚传承地

——2021渭南市文化和旅游亮点记录

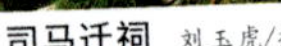
司马迁祠 刘玉虎/摄

洽川风景名胜区 马赞/摄

潼关三河交汇处 占方/摄

【概述】 陕西省渭南市是中华民族和中华文明的重要发祥地之一，素有“华夏之根、文化之源、三圣故里、将相之乡”之美誉。渭南是陕西省的“东大门”和西北连接中东部地区的重要窗口，东襟黄河与山西运城、河南三门峡毗邻，南依秦岭与商洛为界，秦岭自西向东连接临渭、华州、华阴、潼关4区市县，留下了西岳华山与万里黄河在此“岳渎相望”的中华大地奇妙景观。

2021年，渭南市文化和旅游局聚焦“高举旗帜、响应号召、奋进新时代、启航新征程”主题，以文旅融合高质量发展为目标，全力打造华夏山水文脉汇聚传承地，为谱写全市文化旅游高质量发展新篇章作出了精彩贡献。

党建引领积极为群众办实事。全力推进“十项重点工作”文旅融合华彩渭南159项工作任务，集中开展庆祝建党百年十大类137项群众文化系列活动，组织红色电影下基层328场、红色文艺行42场、文化惠民演出2268场次，播放廉政电影152场，惠及城乡居民450余万人。

艺术创作百花齐放成效显著。创作编排了一批思想精深、艺术精湛、制作精良的文化精品，大型秦腔现代戏《根据地》《黄河湾记事》成功首演；《张富清1948》《赵五娘吃糠》参加全国会演并获奖；策划举办了大型音乐舞蹈史诗《百年辉煌·渭南巨变》，举办了“庆百年华诞·启秦腔辉煌”的大型展演，8台戏曲、16场秦腔大戏巡演惠及10万人次；组织“一元剧场”线上线下演出2166场次，受惠观众284.72万人次。

公共文化服务设施提档升级。完成国家公共文化服务体系示范区创新发展复核检查，梳理创新案例56个；推动公共文化服务创新发展，韩城“欢乐送基层”获评国家示范项目，全市12家文化馆获评国家一级馆2个、二级馆4个、三级馆6个，全市2个项目荣获“中国民间文化艺术之乡”、5个项目荣获“陕西省民间文化艺术之乡”、4镇获评省级公共文化服务高质量发展示范镇、2县获得省级公共文化服务高质量发展示范县创建资格；创新公共文化服务空间，新建12家“渭南书苑”城市书房；提升公共服务数字化水平，在5个贫困县实施公共文化数字项目，在12个县市区设立公共文化数字墙宣传牌2610块；加强旅游厕所规范管理，新建旅游厕所19座、改建25座，完成“一厕一码”线上评价反馈系统。

非物质文化遗产保护成绩斐然。2个项目列入第五批国家非遗名录，全市17项国家级非遗数量列全省第一；全市现存国家级非遗项目17项、省级109项、市级311项、县级629项；推

荐9家工坊申报省级第二批非遗扶贫就业工坊；成功举办2021“文化和自然遗产日”陕西省主会场活动，组织举办黄河流域九省区传统戏曲展演，开展“非遗购物节”产品展销；与央视《美丽中华行》栏目合作拍摄《千古风华·筑梦渭南》非遗纪录片，《传承非遗 创新美好》非遗直播周系列活动广受好评。

文化产业稳步发展。储备全市黄河国家文化公园（陕西段）建设保护规划重大项目80个；争取中省资金支持，其中3个项目申请中央资金8400万元，16个项目通过国家地方专项债券项目初审；通过积极参加国内旅博会、展览会、洽谈会，签约文旅项目5个，签约资金33.9亿元；新增规上文化企业8家，全市规上文化企业总数达到90家；3个园区获评省级文化产业示范园区（基地）、4家入选市级文化产业重点园区、7家成为市级文化产业示范基地；全市新建、续建重点文旅项目10个，总投资75.2亿元。

全域旅游创建工作扎实推进。大力推进全域旅游示范市创建工作。临渭区通过省级全域旅游示范区创建验收；合阳县南社社区入选第三批全国乡村旅游重点村名录；申报2022年省级旅游专项资金项目24个，申请资金7468万元；发布6条红色主题线路，全市多个重点村镇、景区（点）入选文旅部、国家发展改革委推出的主题线路和省级专题线路。

文博管理工作实现高质高效。通过财政云系统为全市44个项目申报资金7032万元；完成全市2018-2020年文物保护资金绩效评价和文物行业审计工作；建立项目台账管理，全年编制立项报告7个，审查上报修缮保护工程方案28个，评审上报遗址保护规划2个，9项文物修缮工程实施顺利；完成了全市43处陕西省第一批不可移动革命文物的专项调查统计；对全市16家国有博物馆、纪念馆等文博单位馆藏文物进行了全面鉴定，共鉴定、复核8000余件，调整珍贵文物等级110余件；完成数字陈列5个，制作数字展览6个。

文旅促销交流精彩纷呈。举办首届渭南黄河文化旅游节，推出了八大系列活动，成功策划举行“万里黄河看渭南——黄河·华山论剑”，联合秦岭7省市举行了2021秦岭旅游（华山）合作大会，3次活动线上观众近千万人；出台《渭南市促进文化旅游发展奖励办法》，广泛开展“华彩渭南·与您相约”系列推介，并在福州、武汉、镇江、三门峡、西安等地举行专场推介会，累计发放渭南文旅惠民消费券2.2亿元。

文化改革深入推进。印发《渭南市“十四五”文化和旅游发展规划》《渭南市黄河文化保护传承弘扬实施方案》《加快文旅融合建设华彩渭南的实施意见》等文件，规范全市文化旅游发展方向、路径和措施，全面推进文化改革和文旅高质量发展，通过建立机制，实施“五个推进”，全面强基固本，为全市文旅融合高质量发展提供机制保障和政策遵循，推动华彩渭南文化旅游突破发展。

西岳华山 潘向明／摄

金丝峡：生态王国·天下奇峡·兰花之都

2021年金丝峡旅游景区历史记忆

【概述】 金丝峡景区位于陕西省商洛市商南县，鄂豫陕三省八县结合部，是镶嵌在秦岭东南麓的一颗璀璨的生态旅游明珠。金丝峡是国家5A级旅游景区、国家森林公园、国家地质公园、国家水利风景区，被誉为“峡谷奇观，生态王国”。景区先后荣获中国最美十大峡谷、中国王牌景区、生态中国贡献奖等二十多项殊荣。

2021年金丝峡景区认真贯彻落实各级工作要求，紧紧围绕安全与发展两大中心任务，大力实施一体推进发展战略，实现了景区高质量发展。

2021 年景区工作大事如下：

金丝峡荣获全市最佳志愿服务组织

3 月 15 日，商洛市学雷锋志愿服务先进集体揭晓，金丝峡景区获评“全市最佳志愿服务组织”，这是继全市“精神文明建设先进集体”、全市“脱贫攻坚优秀驻村单位”之后，景区荣获的又一市级荣誉。

金丝峡兰花节创新举办

4 月 22 日，2021 中国秦岭金丝峡兰花节暨“行走大秦岭 · 穿越金丝峡”生态勇士挑战赛在金丝峡景区启动，来自全国各地的媒体记者，书画、摄影、兰花爱好者共同见证了活动盛况。

金丝峡成为全市网红打卡地

4 月 25 日，商洛市发布了首批网红打卡地名单，金丝峡景区跻身其中，成为全市十大网红打卡地之一。

金丝峡迎来“四好成绩单”

“五一”期间，金丝峡核心景区游客接待人数达 5.5 万人次，分别较 2019 年、2020 年增长 12%、65 %， 其中 5 月 2 日、3 日、4 日连续 3 日游客接待数量突破 10000 人次，时隔 700 多天后金丝峡迎来疫情之后的首波客流高峰。旅游接待工作呈现秩序好、评价好、体验好、保障好四大亮点。

“金丝峡杯”全国摄影大赛启动

5 月 17 日，“金丝峡杯”全国旅游摄影大赛启动仪式在金丝峡景区举行，商洛市委宣传部原副部长董发亮，市文联主席王良，商南县人民政府党组成员、金丝峡景区管委会主任赵有群等出席启动仪式并赴金丝峡景区采风。

金丝峡入选“中华秦岭 100 景”

5 月 27 日，2021 秦岭旅游（华山）合作大会发布了《中国秦岭旅游图》、“中华秦岭 100 景”和“大秦岭边际线上的最美风景”推荐名单，地处大秦岭心脏位置的金丝峡景区入选“中华秦岭 100 景”。

金丝峡携优惠赴南阳邀客

6 月 4 日，商南县旅游暨项目招商推介会首站在南阳市举办，商南县文化和旅游局重点推介了 3 条精品旅游线路、5 个优质文旅项目，现场签署合作项目 4 个，计划投资总额达 2.6 亿元，

金丝峡瀑布 肖 军 / 摄

金丝峡白龙湖 景鑫/摄

金丝峡景区、阳城驿景区现场洽谈合作旅行社80多家，两家景区还分别发布了暑假期间对全国16周岁以下青少年免门票的优惠政策。

金丝峡“点靓”大西北

6月10日，商南县旅游暨项目招商推介会在兰州市举办，5A级景区金丝峡、4A级景区阳城驿以奇秀的山水生态、独特的资源禀赋“点靓”大西北。

省市县诗词楹联学会采风金丝峡

6月24日，“庆祝建党百年·歌颂大好河山”省、市、县诗词楹联协会30余人走进金丝峡景区开展采风、交流研讨、诗画创作活动。

金丝峡举办庆祝建党百年主题活动

7月1日，金丝峡景区举办“热烈庆祝中国共产党成立100周年‘唱支山歌给党听’”主题活动，全体职工共同学习回顾党的百年发展历程。

金丝峡向宁夏送特惠政策

7月9日，商南县旅游暨项目推介会在银川市举办，商南县文化和旅游局现场推介了2个重点景区、3条精品旅游线路、4个优质文旅项目。金丝峡景区、阳城驿景区2021年12月31日前对宁夏教师、医护人员实行门票半价的优惠政策；2021年8月31日前宁夏组团旅行社游览金丝峡景区和阳城驿景区实行组合票价（周内72元、周末100元）的优惠政策。

金丝峡在西安丝路旅博会上大放异彩

7月16日—18日，金丝峡景区亮相2021西安丝绸之路国际旅游博览会。展会期间，现场旅游咨询万余人次，发放金丝峡景区宣传彩页12000余份，新增合作旅行社20余家，火热的会场和贴心的服务让金丝峡在展会中大放异彩。

商南金丝峡进入动车时代

9月10日商南“绿巨人”动车开通运营，从此进入了西安到商南金丝峡景区的动车时代，该动车也是用时最快的景区通行车，将助力商南各景区和金丝峡的快速发展。

金丝峡游客服务中心入选国家级文旅融合试点单位

9月13日，陕西省国家级文化和旅游公共服务机构功能融合试点单位名单公布，商洛市商南县金丝峡景区游客服务中心通过验收，成功入选。

抖动商洛网红大赛采风团走进金丝峡

9月15日，由商洛市文化和旅游局主办、商洛新闻网承办的“22℃商洛·中国康养之都”2021抖动商洛网红大赛在商南金丝峡等多个景区开展采风创作活动。来自全市的10多名抖音知名网红达人和摄影爱好者以金丝峡和商南各处风景为素材，开启创作之旅。

金丝峡荣获“陕西省平安示范景区”称号

11月23日，金丝峡景区管委会深入开展“树正气、重实干、提效能”作风建设活动，着力在“聚焦实干作为、聚焦提质增效、聚焦优化服务”上狠下功夫，将作风建设与平安景区创建活动相结合，成功获得“陕西省平安示范景区”称号，为金丝峡景区高质量发展做出贡献。

陕西省文旅厅开展文明旅游示范单位实地评定工作

11月26日，陕西省文化和旅游厅检查组一行，前往金丝峡景区实地评定文明旅游示范单位，对金丝峡景区文明旅游示范创建工作成果给予充分肯定。

金丝峡荣获“商南形象我代言”银奖

12月1日，由中共商南县委宣传部主办、商南县文化和旅游局承办的“爱我商洛·奋进商南”系列活动之“商南形象我代言”文化旅游宣传推广大使选拔赛圆满落幕，金丝峡景区胡琴获得银牌文旅宣传推广大使称号。

金丝峡荣获2021年度消防安全工作先进单位

金丝峡景区始终将消防安全作为安全工作头等要事来抓，严格遵守国家消防法律法规，层层落实消防安全责任制，加大投入建立微型消防站，配齐灭火器材和应急照明灯等消防设施；定期开展消防培训和消防演练，提高应对火灾事故的处理能力，被商南县人民政府评为2021年度消防安全先进单位。

坚持旅游为民　优化服务环境

华山景区多措并举推动高质量发展

华山美景　崔建平／摄

【概述】 近年来，华山管委会在渭南市委、市政府的正确领导下，以党建统领全局，疫情防控、景区管理、智慧建设、文旅宣传等工作全面推进，全力推动景区高质量发展，建设“大华山国际旅游目的地”，取得了显著成绩。通过不懈努力，景区克服新冠肺炎疫情带来的困难，确保了华山一方净土；推出了“重走智取华山路，传承红色好基因”党史学习教育品牌线路；搭建“一卡通”旅游服务平台，建成了“实名制分时预约电子票务管理系统”；举办了秦岭旅游合作大会，奏响“华山之巅云海音乐会”，组织了“中国魂·华山情”全国摄影大赛；面向全国游客推出了免门票优惠政策，效果显著，影响巨大。景区“实名制分时预约电子票务管理系统”入选文旅部2021年国家智慧旅游典型案例；“重走智取华山路”品牌线路获评全省十条红色旅游精品线路；云海音乐会、秦岭旅游合作大会广受关注、好评如潮；免门票优惠政策被省文旅厅以“华山模式”在全省推广。

【党建工作】 景区党工委定期开展党工委中心组集体学习；持续开展党员“戴党徽、亮身份”、岗位学雷锋活动，积极发挥基层党支部的战斗堡垒和党员的先锋模范作用；全面开展党史学习教育，举办多样化党史学习教育活动，深化党建工作：组织党员干部赴红色革命教育基地实地参观学习，接受革命传统教育；与陕西广电融媒体联合举办“传承红色记忆，唱响华山乐章”红歌联唱主题活动；配合宣传部门在景区拍摄党史纪录片《挺进关中》；举办“百年礼赞颂党恩，西岳华山党旗红”党史学习教育主题演讲会和“智取华山”革命事迹展，在景区弘扬红色文化，传承红色基因。

华山是“智取华山”英雄故事的发生地，八勇士的精神激励着人们不畏艰险，敢于斗争，为传承和发扬勇士精神，打造具有渭南标识、华山特色的党史学习教育经典品牌，经多方讨论、实地调研、科学研判和方案筛选，景区党工委隆重推出了“重走智取华山路，传承红色好基因”党史学习教育品牌线路。通过重走智取华山路，让参与者实地重温英雄壮举，感悟革命先辈光辉历程，深化对传承红色基因的认知，提升干事创业的信心和决心。“重走智取华山路，传承红色好基因”党史学习教育品牌线路推出后，社会各方积极响应，影响广泛，总计有100余家单位5000余名党员干部来华山实地体验，反响良好。

【智慧建设】 近年来，景区客流量迅猛增长，为了顺应变化的旅游市场需求，给游客提供更优质的服务和全方位的安全保障，华山景区管委会在渭南市政府的大力支持和华山旅游集团公司的全力配合下，逐步搭建“智慧华山”管理系统，通过对空间、时间、游客三大维度的精细划分，最大限度做到对客流的有效、精准、灵活管控。

自2020年实名制分时预约电子票务管理系统全面试运行以来，华山景区基本实现了客流管控智慧化，有效引导游客错峰旅游，减少游客排队，提高旅游舒适度；人脸识别技术的应用，基本杜绝了倒票贩票现象，规范和净化了旅游市场。同时，通过对疫情防控中高风险区域的预约前端管控，使旅游开放和疫情防控两大工作得到兼顾统筹，作用明显，广受好评。

2021年12月24日，华山景区实名制分时预约电子票务管理系统入选文化和旅游部资源开发司发布的2021年国家智慧旅游典型案例。

【景区管理】 新冠疫情发生后，景区党工委高度重视疫情防控和经济发展双统筹工作。按照属地管理原则，华管委在华阴市防控指挥部统一组织下开展工作,成立了华山景区疫情防控工作领导小组，制定了防控工作方案和预案，先后多次举行新冠肺炎疫情突发事件防控应急处置大型联动综合演练，举办疫情防控专业技术培训，增强景区员工疫情防控意识，提升景区疫情防控和突发事件应急处置能力。景区开园期间，利用门票实名制线上分时预约系统，严控各时段入园参观人数；游客入园前对景区游客中心、观景平台、运输车辆、缆车索道等游客聚集或密闭区域进行定时防疫消杀；严格落实“扫码、测温、登记、消毒、戴口罩”等疫情防控措施。为了致谢疫情期间奋战一线的医务工作者，2月下旬景区面向全省广大医务人员推出了为期两个月的特别优惠政策，邀请他们携亲伴友共赏春日华山旖旎风光，受到了社会各界的普遍好评。目前，景区各项疫情防控措施收效良好，华山保持了一方净土。

受疫情影响，华山旅游人数骤减，旅游企业经营艰难维系，旅游发展面临巨大挑战。面对严峻形势，恰逢中省市稳经济工作会议召开，文旅部发布通知放宽出行限制，景区党工委经全面分析研判，在严格执行常态化疫情防控的前提下，以免门票优惠政策为突破口，整合景区各经营主体，于2022年5月下旬推出了《华山景区联合营销方案》，面向全国游客推出了为期两个月的免门票政策，努力激发景区旅游市场活力。与此同时，华旅集团、太华索道公司等景区单位线上线下一起发力，加大宣传促销力度：与西安铁路局联合推出华山旅游网红专列，通过铁路客运资源共享机制，助力景区游客流量快速增长；联合支付宝平台举办了“人在华中游”云端推介会，与杭州、成都、郑州三城联动，通过多家网络平台全程线上直播，发放了10万份价值2.67亿元的“华宝福袋”消费券，开启了文旅产业与数字科技产业融合发展的创新营销模式,在游客和业界引起强烈反响。免票政策的推动和立体联合营销引起了国内主流媒体的高度关注，中省市240余家主流媒体对“华山现象”进行了集中报道，各类报道达350余篇,点击阅读量超1.6亿次，在国内反响强烈，好评如潮，有力推动了华山景区旅游经济的迅速恢复。在今年6月份的全国5A级景区品牌影响力（MBI）百强榜单上，华山景区位列前三甲,在全国自然风光景区、西部景区排名均位居第一位。

【文旅宣传】 近年来，华山景区通过持续不断地对外宣传，努力向外界展示华山新形象。景区借助中央电视台、新华社、陕西电视台等主流官方媒体，对华山进行全方位深层次宣传报道，媒体热度持续保持全国前列。近几年黄金周、小长假期间，央视主流媒体分别从自然风光、人文风貌、地质奇观、非遗老腔和景区度节工作等多个角度宣传报道华山，热度空前。2020年7月4日，华山景区首次举办了“华山之巅 云海音乐会”，中央电视台、凤凰网、今日头条、央视海外频道等地面频道、国内外网络视频平台、卫星电视对音乐会在全球范围内进行同步直播，点击量超过5000万，景区知名度再上新台阶；2021年5月份举办的秦岭旅游合作大会，来自陕西、甘肃、河南、湖北、安徽、四川、重庆6省1市和大秦岭地区的城市、区县、景区、文旅企业、协会代表和专家学者近200人参加了会议，通过文化搭桥，推动美景共赏和合作共建，取得了明显效果；景区组织实施的“中国魂·华山情”大型媒体聚焦暨全国摄影大赛，以光影传播带动了华山文旅产业的发展；在华山西峰举办的“学党史践初心”铜管交响乐音乐会，让红色交响乐响彻华山之巅，各大媒体的点击量超过1000万次；景区管委会对清代道光年版《华岳志》进行了系统勘误和修复，全新设计、重新付印的《华岳志》内容丰富、涵盖广泛，为华山“文化立山、文化兴山、文化强山”战略起到了引路开山的作用。

华山之上华阴老腔表演

“重走智取华山路”品牌线路启动

华山之巅 云海音乐会

华山风景名胜区管委会／供图

2021年商南县文化和旅游发展大事记

【概述】 陕西省商南县，依秦岭而居、源丹江而兴，一山分秦楚、一脚踏三省、一鸡鸣八县。境内有国家5A级景区金丝峡，4A级景区阳城驿，3A级景区鹿城公园、金丝峡丹江漂流、文碧峰、后湾、太子坪、中国北茶小镇，以及西街古城、莲花湖、上苍坊、玉皇山等景区景点，被誉为“大秦岭的封面”。

以下为2021年商南县文化和旅游发展大事记，以此记录商南文旅发展历程。

1月7日　陕西省人民政府办公厅发布《关于命名全域旅游示范区的通报》，商南县被正式命名为陕西省全域旅游示范区。

1月19日　商南县文化馆编排的《花棍舞》被文化和旅游部全国公共文化发展中心收录。

1月19日　商南县获首批陕西省“森林旅游示范市县”，这也是商洛市唯一获此殊荣的县区。

3月29日　“中华秦岭大讲堂”首场在商南文化艺术中心剧院开讲。

3月30日　首届山花烂漫商洛行——春满秦岭·商南鹿茗开茶节启动仪式在国家4A级旅游景区阳城驿举办。

5月19日　中国旅游日，恰遇商南县城“四八”古会，当晚，2021中国旅游日主题活动在商南县文化广场隆重举行。

6月4日　2021商南县旅游暨项目招商（陕豫甘）推介活动首站在南阳市举行，多家平台直播活动盛况。

6月10日　商南县旅游暨项目招商推介会在兰州市举办，金丝峡、阳城驿以奇秀的山水生态、独特的资源禀赋“点靓”大西北。

6月22日　陕西省全域旅游示范区创建工作推进会暨培训会召开，会上对商南县等首批17家省级全域旅游示范区进行授牌。

7月9日　商南县旅游暨项目推介会在银川市举办，陕南明珠商南和塞上明珠银川在千里丝绸之路缔结良缘。

8月2日　文化和旅游部发布关于公示第一批全国乡村旅游重点镇（乡）名单的公告，商南县金丝峡镇名列其中。

9月3日　商南县虎之翼SPECODE柔光罩系列商品喜获2021中国特色旅游商品大赛银奖。

9月10日　“复兴号”动车组从西安方向驶入商南火车站，商南县首次融入省内复兴号“朋友圈”。

9月11日　陕西省国家级文化和旅游公共服务机构功能融合试点单位名单公布，商洛市商南县金丝峡景区游客服务中心通过验收。

10月25日　商南县后湾村入选农业农村部公示的2021年中国美丽休闲乡村。

10月27日　商南县召开全县旅游产业发展暨旅游名城建设座谈会。

11月2日　商南县再次入选中国县域旅游发展潜力百强县市。

11月18日　文化和旅游部组织开展了第五次全国文化馆评估定级工作，商南县文化馆进入公示名单。

11月27日　“秦岭封面 · 灵秀商南”宣传口号成功入选“丝路之路 · 神奇西北”优秀旅游形象宣传口号。

12月13日　陕西省林业局官网发布第一批陕西省森林康养基地（试点）名单，在20家入选基地中，金丝峡位列其中。

12月23日　商南县召开打造中国康养之都工作推进会。

商南县文化和旅游局
官方微信公众号

旅游咨询电话：
0914-6322290

美丽后湾　石宏伟 / 摄

白鹿原影视城　白鹿原影视城景区／供图

【概述】 白鹿原影视城位于西安城东南40千米，由陕西旅游集团投资打造，总占地面积0.7平方千米，是陕西首个集影视拍摄、精彩演艺、文化创意、科技体验、美食民俗、休闲游乐为一体的综合性旅游景区，也是秦岭北麓体验式中华文化大观园。自2016年7月建成以来，坚持文化、影视、旅游、科技、度假全融合的发展方式，在市场竞争和疫情侵扰下走出了一条创新型、复合式、体验性消费的新路径，成功塑造了品牌、树立了典型、建立了良好的社会信任度，是国家4A级旅游景区、陕西省文明旅游示范单位、陕西省重点文化产业项目、陕西省首批研学教育基地。

白鹿原影视城品牌发展历程大事记：

2016年7月16日，白鹿原影视城景区建成并对外开放。

2016年11月18日，3D巨幕电影《大关中奇幻之旅》首映。

2016年12月28日，国家旅游局副局长魏洪涛到白鹿原影视城调研。

2017年1月24日，白鹿原影视城获陕西最佳民俗文化体验旅游目的地。

2017年5月10日，陕西省省长胡和平到白鹿原影视城调研。

2017年5月11日，白鹿原影视城荣获中国旅游总评榜年度旅游景区人气奖。

2017年8月26日，大型全沉浸式互动演出《黑娃演义》正式公演。

2017年12月22日，中央电视台纪录片《大国仲裁》在白鹿原影视城取景拍摄。

2018年1月16日，白鹿原影视城被正式授牌“国家4A景区”。

2018年3月28日，白鹿原影视城景区被评选为陕西旅游名片百强榜“十大新锐景区”。《二虎守长安》被评选为陕西旅游名片百强榜“十大文化演艺项目”。

2018年6月11日，白鹿原影视城获评“陕西首批中小学研学实践教育基地”。

2018年7月5日，电视剧《白鹿原》全球首映礼在白鹿原影视城举办。

2018年8月13日，白鹿原影视城荣获2017年度西安市十佳文化企业。

2018年10月21日，电影《柳青》在白鹿原影视城开拍。

2019年6月1日，大型实景梦幻音乐剧《魔法公主》公演。

2020年5月28日，陕西省首个景区“全民健身大舞台”落地白鹿原影视城。

2021年3月27日，白鹿原影视城入选“陕西省旅游景区协会副会长单位”。

2021年4月18日，西安首个动感影院《穿越大峡谷》对外开放。

2021年4月19日，全国政协副秘书长、民进中央副主席朱永新到白鹿原影视城调研。

2021年5月15日，2021全球驻华使节经贸文化之旅，五十余个国家和国际组织、百余位驻华使节走进白鹿原影视城。

2021年5月29日，陕西省委副书记、省长赵一德，陕西省政协副主席魏增军到白鹿原影视城调研。

2021年7月1日，西北首个360极限飞球《长安翱翔》对外开放。

2021年7月20日，汉唐霓裳、仙侠奇缘两大主题换装馆对外开放。

2021年9月6日，白鹿原影视城被授予“关心下一代爱国主义教育基地”。

2021年9月7日，全国首个全沉浸梦幻山谷光影秀《夜谭·白鹿原》公演。

2021年10月21日，陕旅数控中心-白鹿原影视城数字化指挥决策中心建成并投入使用。

2021年12月1日，白鹿原影视城荣获第七届“陕西省平安景区”称号。

2021年12月15日，白鹿原影视城景区获评陕西省文明旅游示范单位。